光明社科文库
GUANGMING DAILY PRESS:
A SOCIAL SCIENCE SERIES

·法律与社会书系·

网络空间治理的
国内法域外效力研究

李　毅 | 编著

光明日报出版社

图书在版编目（CIP）数据

网络空间治理的国内法域外效力研究 / 李毅编著
. -- 北京：光明日报出版社，2022.10
ISBN 978 - 7 - 5194 - 6497 - 4

Ⅰ.①网… Ⅱ.①李… Ⅲ.①计算机网络—法律域外
效力—研究—中国 Ⅳ.①D922.174

中国版本图书馆 CIP 数据核字（2022）第 045379 号

网络空间治理的国内法域外效力研究
WANGLUO KONGJIAN ZHILI DE GUONEIFA YUWAI XIAOLI YANJIU

编　　著：李　毅

责任编辑：石建峰　　　　　　　　责任校对：杨静熙
封面设计：中联华文　　　　　　　责任印制：曹　净

出版发行：光明日报出版社

地　　址：北京市西城区永安路 106 号，100050

电　　话：010 - 63169890（咨询），010 - 63131930（邮购）

传　　真：010 - 63131930

网　　址：http：// book. gmw. cn

E - mail：gmrbcbs@ gmw. cn

法律顾问：北京市兰台律师事务所龚柳方律师

印　　刷：三河市华东印刷有限公司

装　　订：三河市华东印刷有限公司

本书如有破损、缺页、装订错误，请与本社联系调换，电话：010 - 63131930

开　　本：170mm×240mm

字　　数：238 千字　　　　　　　印　　张：16.5

版　　次：2023 年 1 月第 1 版　　　印　　次：2023 年 1 月第 1 次印刷

书　　号：ISBN 978 - 7 - 5194 - 6497 - 4

定　　价：95.00 元

目 录
CONTENTS

第一章 "国内法的域外效力"之界定及其在网络空间治理中的体现

一、"国内法的域外效力（extraterritorial effect）"之界定

在法律语境中，"域"有"法域""领域"之分。法域强调的是法律有效管辖所及的区域范围，而领域则强调主权所及的领土地理范围。在单一制国家之中，法域与领域的范围往往完全一致，但对于多法域的国家，该国的领域可能包含了若干个法域，如英国的领域就包括英格兰、苏格兰、威尔士和北爱尔兰等不同的法域。此外，还可能存在法域大于领域的情形，例如欧洲联盟（以下简称"欧盟"）法之法域就大于其成员国的法律生效领域。① 由于"法域"与"领域"并不完全相同，特别是"法域"有可能小于"领域"，在谈论某一国内立法的域外效力时，也包括某一法域的立法在同一领域之中其他法域的效力这一情形。因此，使用"法域"这一界定可能更为准确。本书所研究的"国内法之域外效力"之中的"域"，也是指的"法域"。

在法理学意义上，通常认为，法律效力是指"法律的约束力及其生效范围"，② 或者是"法对其所指向的人们的强制力或约束力③"。陈世荣在

① 孙国平. 论劳动法的域外效力 [J]. 清华法学，2014，8（04）：18-46.
② 文正邦. 当代法哲学研究与探索 [M]. 北京：法律出版社，1999：442.
③ 张文显. 二十世纪西方法哲学思潮研究 [M]. 北京：法律出版社，1996：433.

《法律效力论》一文中指出："所谓法律效力是指，法律及其部分派生文件、文书所具有的，以国家强制力为保证的，在所适用的时间、空间范围内，赋予有关主体行使其权利（或权力）的作用力以及约束有关主体履行其义务（或责任）的作用力的总和。"① 姚建宗在《法律效力论纲》一文中对理论界存在的几种主要的效力观作了简洁而精当的概括："分析实证主义法学派坚持法律的逻辑效力观，认为法律效力不过是国家的强制力与约束力，故举凡出自有立法权的立法机关的规则便当然成为有效力的法律；自然法学派捍卫其基本传统，持法律的伦理效力观，认为从终极意义上看，法律的效力就是法律的道德约束力，因而有效力的法律必定是符合正义原则和道德要求的法律；社会法学派认为，法律的效力本质上乃是法律的实际效果，即法律对社会成员在事实上的实际约束力，这是一种法律的事实效力观；现实主义法学派则干脆将法律效力归结为人们的心理因素，持法律的心理效力观，认为人们对法的态度是法律效力的标准，有效的法律也就是被社会成员认同与肯定并作为其行为指南的法律。这四种法律效力观的根本区别实质上在于法律效力的基础或者说法律效力的来源。"② 而归根结底，不同的效力观同时也是人们用以判断某一规则体系是否属于在法律上有效的效力标准。张文显教授从效力标准的角度对于前面提及的几种不同的效力观作了分析，他指出："逻辑的效力观是法的效力的内在标准，而伦理效力观、事实效力观和心理效力观是法的效力的外在

① 陈世荣.法律效力论［J］.法学研究，1994（04）：58-63.

② 姚建宗.法律效力论纲［J］.法商研究，1996（04）：18-24.此外，张文显也持类似观点，他指出："在当代西方方法哲学中，实证主义法学派认为，法的效力是一个'逻辑的观念'（logic notion），法的效力就是国家的约束力，因而凡是出自有立法权的机关的规则就是有效力的法。自然法学派认为，法的效力是一个'伦理的观念'（ethical），法的效力也最终是法的道德约束力，因而有效力的法律必须是符合正义的和道德的。社会法学派认为，法的效力是一个'事实的观念'（factual notion），法的效力就是法对社会成员的实际的或事实上的约束力，亦即'实效'（efficiency，efficacy），因而那些从未对或不继续对社会生活起实际控制和指引作用的法律规则不能被看作是真正有效力的法。现实主义法学派认为，效力是一个'心理的观念'（psychological notion），法的效力取决于法对人民施加的心理影响和人民（主要是官员）接受其约束的心理态度。"见张文显.二十世纪西方法哲学思潮研究［M］.北京：法律出版社，1996：423.

标准。正确而实用的效力标准（效力观）应是内在标准和外在标准的统一。"他进而强调："我们既要以法之所以成为法，并具有形式上的效力的内在标准对待法的效力的问题，又要以法之所以成为法，并在社会生活中具有法的权威、法的强制性、约束力和效果的外在标准看待法的效力问题，使法的效力及其检验标准问题得到科学的回答。"① 不难看出，张文显教授这种内在标准和外在标准的划分，是以法律规范逻辑本身为出发点的，相对于法律规范逻辑而言，事实的、伦理的或心理的标准等都属于外在的标准。

周忠海教授从国际法的角度对法的域外效力下了定义，指出法的域外效力是指国家通过立法、司法和行政等手段管理和处置本国领土范围之外的一定的人、物、事件的权力。② 齐爱民等认为，根据国家主权原则，一国的法律只能在该国国家主权管辖范围内的领域生效，称为法律的空间效力。法律的域外效力是指法律的空间效力扩展到该国国家主权主管范围之外。③

参考前述观点，本书所讨论的法律的域外效力，主要是指有立法权的立法机关制定并主张某些法律规则可以在其域外予以适用，以及该法律规则事实上对于域外的有关人、物、事件的约束力。

二、"国内法的域外效力"与"域外适用""域外管辖""长臂管辖"等若干概念辨析

在讨论国内法的域外效力这一问题时，人们往往还习惯于使用一些经常被混用的概念，如域外适用、域外管辖、广义的长臂管辖等。

（一）域外效力与域外适用、域外管辖

1. 域外效力与域外适用

孙国平教授指出，域外适用（extraterritorial application）是指法律在本

---

① 张文显. 二十世纪西方法哲学思潮研究 [M]. 北京：法律出版社，1996：446.
② 周忠海. 国际法 [M]. 北京：中国政法大学出版社，2004：190.
③ 齐爱民，王基岩. 大数据时代个人信息保护法的适用与域外效力 [J]. 社会科学家，2015，（11）：101-104.

法域外得以适用，域外效力正是基于法律的域外适用而产生拘束力。① 英文中"extraterritoriality"一词常被译为治外法权，指一国法律的域外适用，即该国法律对该国境外的个人、权利及法律关系的适用。也有学者将其翻译为"法的域外效力"②。徐崇利教授在讨论经济立法的域外适用时提出，经济法的域外适用是指各国在运用这些经济立法调整涉外经济关系时，不但针对发生在本国域内的行为，而且把它们的适用范围扩大到域外。③ 杨峰教授在讨论证券法的域外适用时提出，证券法的域外适用制度是指法律明确规定国内证券法被赋予域外适用效力，管辖权扩张至本国领域之外的某些证券行为以及相关当事人，即本国国内证券法规得以在域外适用的一种法律制度。④ 韩书立在讨论专利法的域外适用时对其概念进行了定义，提出"一国的行政机关和法院将立法机关通过的具有域外效力的专利法适用于其领土之外的人、财产和行为。它不包括本国专利法经由冲突规范的指引或作为直接适用的法而适用于本国的涉外专利权纠纷的情形"⑤。

还有一些学者在讨论国内法的域外适用时，将一国的司法机关（如法院）在审理民商事案件时根据其冲突规范的指引适用另一国家的实体法，视为该另一国家法律的域外适用。例如，张晓玉教授在分析中国法律在美国的适用时指出："国外法院对中国法律的认可、采纳、适用与查明表明了我国法律域外适用的国际影响力。"⑥ 笔者认为，一国法律经由他国的法院基于冲突规范的指引而成为准据法并被他国所适用，应属于该准据法所属国法律的被动的域外适用，本书探讨的侧重点并非被动的域外适用，而是一国通过立法、司法、行政等活动，主动地主张或推动本国国内法适用于域外的人、物或行为，在域外产生法律效力的情形。

---

① 孙国平. 论劳动法的域外效力 [J]. 清华法学, 2014 (04)：29.
② 韩书立. 我国专利法的域外适用问题研究 [J]. 法学评论, 2021 (04)：151-162.
③ 徐崇利. 美国及其他西方国家经济立法域外适用的理论与实践评判 [J]. 厦门大学法律评论, 2001 (01)：249-282.
④ 杨峰. 我国证券法域外适用制度的构建 [J]. 法商研究, 2016, (33)：166-176.
⑤ 韩书立. 我国专利法的域外适用问题研究 [J]. 法学评论, 2021 (04)：151-162.
⑥ 张晓君, 石晓玉. 中国法在美国适用的司法实践与对策 [J]. 政法论丛, 2019 (05)：151-160.

2021 年 1 月 9 日，中国商务部经国务院批准公布并试行《阻断外国法律与措施不当域外适用办法》，其中第二条规定："本办法适用于外国法律与措施的域外适用违反国际法和国际关系基本准则，不当禁止或者限制中国公民、法人或者其他组织与第三国（地区）及其公民、法人或者其他组织进行正常的经贸及相关活动的情形。"① 这一规定显示出国内法的"域外适用"如果违反国际法和国际关系的基本准则，可能表现为对域外实体有关行为的不当限制或禁止，其后果之一是可能导致受害国采取有关的反制措施。

从概念的角度来看，相比较而言，国内法的域外适用强调的是国家将国内法适用于其管辖领域之外的人、物和行为的过程，而域外效力侧重于强调国内法在域外得以适用的效果，二者并无本质差别，在多数情况下可以相互替代。

2. 域外效力与域外管辖

管辖权是指一国在国际法的限制范围内，依据国内法调整人、物、行为的能力。② 相应地，域外管辖（extraterritorial jurisdiction）是指一国依据其国内法调整域外的人、物、行为的能力。

关于域外效力与域外管辖的关系，一方面，有观点认为国家行使管辖权是法律具有域外效力的前提。法律的域外效力来源于立法管辖权，是对他国主权的合理限制。③ 例如，有学者在分析专利法的域外效力时就强调："一国专利法被赋予域外效力以国家行使域外管辖权为前提。"④ 另一方面，也有观点认为，域外效力与域外管辖并无本质差别。有学者明确指出："法律的域外效力有时又称域外管辖权。"⑤ 王中美教授和孙国平教授

---

① 中华人民共和国商务部. 商务部令 2021 年第 1 号阻断外国法律与措施不当域外适用办法［A/OL］. 中华人民共和国商务部网站，2021-01-09.

② 迈克尔·施密特. 网络行动国际法塔林手册 2.0 版［M］. 黄志雄，等译. 北京：社会科学文献出版社，2017：75.

③ 张哲，齐爱民. 论我国个人信息保护法域外效力制度的构建［J］. 重庆大学学报（社会科学版），2021（03）：1-18.

④ 韩书立. 我国专利法的域外适用问题研究［J］. 法学评论，2021（04）：151-162.

⑤ 张利民. 经济行政法的域外效力［D］. 苏州：苏州大学，2007：39.

也认为:"法律的域外效力有时又称为域外管辖权,互为表里,域外效力可能更多的是一种表象性的描述,域外管辖权才是较为规范的国际公法用语。……主权国家对其领土之外的人、物、事件行为等,制定规范和标准设定义务和要求,并通过强制力执行这种规范和标准,则行使了域外管辖权,推行了法律的域外效力。"①

3. 域外适用与域外管辖

有学者在对域外适用与域外管辖进行比较时强调,域外管辖是国内法域外适用的前提,域外适用则是国家行使域外管辖的过程和结果。② 也有学者在分析涉及网络空间的管辖权时强调,国家一般在有能力推行其国内法的域外适用的情况下才会行使管辖权,指出国家行使管辖权的前提往往取决于各国对互联网控制的范围、能力和程度,以及各国法律的规定和域外适用的能力。③

(二) 域外效力与"长臂管辖"

"域外效力"与"长臂管辖"概念在很大程度上也存在相关性,甚至在一些语境下与广义的"长臂管辖"概念相互替换使用。

1. 狭义的"长臂管辖"

狭义上的"长臂管辖"(longarm jurisdiction) 最初源于美国法,是美国民事诉讼的司法管辖权制度中确立管辖权的一种方法。这种管辖权最初在本质上是在美国司法实践中逐渐确立的一种对人管辖权(personal jurisdiction)之下的特别管辖权(或称专门管辖权)。④ 在法理上,这一概念是围绕着如何对非居民行使管辖权这一核心问题展开的。有学者指出,美国民事诉讼中的"长臂管辖权"是指"当被告的住所不在法院所在州,但是

---

① 王中美. 竞争规则的国际协调 [M]. 北京:人民出版社,2005:46;孙国平. 论劳动法的域外效力 [J]. 清华法学,2014,8 (04):18-46.
② 廖诗评. 中国法域外适用法律体系:现状、问题与完善 [J]. 中国法学,2019 (06):20-38.
③ 李智. 国际私法中互联网管辖权制度研究 [D]. 厦门:厦门大学,2006:47.
④ 张国亮. 美国"长臂管辖"法下的十大经典案例 [EB/OL]. 搜狐网,2018-12-19.

和该州有某种最低限度的联系，而且所提权利要求的产生又和这种联系有关时，就该项权利要求而言，该州对于该被告具有属人管辖权（虽然被告的住所不在该州），可以在州外对被告发出传票"①。美国学者布赖恩·加纳主编的《布莱克法律词典》在"jurisdiction"词条下指出，"长臂管辖权"是法院对不在法院地居住，但与法院具有某种联系的被告所享有的管辖权。②

简而言之，狭义的"长臂管辖"是指美国法院在民事案件中可以依据"长臂法规"（long-arm statutes）对非本国（州）的居民被告行使司法管辖权。③

2. 广义的"长臂管辖"

有学者指出了美国民事诉讼中的"长臂管辖"与近年来中国法律界所广泛关注的广义上的"长臂管辖"的不同，指出美国法院一般将"长臂管辖"视为"专门管辖"的同义词，"长臂管辖"或者"专门管辖"特指美国法院的域外民事案件司法管辖权。中国法律界倾向于用"长臂管辖"一词来泛指不同类型的管辖概念，与美国的用法不一致。④

如前所述，"长臂管辖权"起初仅作为美国法院处理州际案件时确立管辖权的规则，仅适用于美国居民。随着时间的推移，美国逐渐开始以强大的政治、经济实力作后盾，不断扩大长臂管辖权的行使范围。二战后，随着全球化的深入发展，美国有关"长臂管辖"的实践也不断丰富，逐渐形成了由美国总统行政令、国会立法、部门法规条例规章等构成的宽领域、成体系的"长臂管辖"规则，其适用的领域主要包括政治军事制裁领域的 2001 年《美国爱国者法案》（*USA Patriot Act*）、2012 年和 2015 年分

---

① 徐卉. 涉外民商事诉讼管辖权冲突研究［M］. 北京：中国政法大学出版社，2001：104.

② 肖永平. "长臂管辖权"的法理分析与对策研究［J］. 中国法学，2019（06）：39-65.

③ 理查德·D. 弗里尔. 美国民事诉讼法［M］. 张利民，孙国平，赵艳敏，译. 北京：商务印书馆，2013：47.

④ 刘相文，ADRIA G，王涛. 美国长臂管辖规则及其适用之解读［J/OL］. 中伦网站，2019-04-15.

别在众议院、参议院获得通过，并于 2016 年附加在年度《国防授权法》中的《全球马格尼茨基人权问责法》（*The Global Magnitsky Human Rights Accountability* Act）；针对古巴、伊朗、朝鲜、利比亚、叙利亚等国的国别制裁法；出口管制领域的 1969 年《出口管理法》（*Export Administration Act*，EAA）、1979 年《出口管制条例》（*Export Administration Regulations*，EAR）、1994 年《武器出口管制法》（*Arm Export Control Act*），以及重新修订并于 2020 年 3 月 9 日生效的《国际武器贸易条例》（*International Traffic in Arms Regulations*）。2018 年 8 月，美国总统签署了《2018 出口管制改革法案》（ECRA，*Export Control Reform Act of* 2018），这一改革法案取代了 EAA，为 EAR 提供了永久性的法律基础；经济金融制裁领域的 1976 年《国家紧急状态法》（*National Emergencies Act*）、1977 年《国际紧急经济权力法》（*International Emergency Economic Powers Act*）；以及海外反腐败领域的 1977 年《反海外腐败法》（*Foreign Corrupt Practices Act*）等。① 相应地，原本为了美国在跨州和跨境诉讼中尽可能保护原告利益，防止其受到外部管辖权损害的"专门管辖"，已经逐渐扩展成为美国凭借自身在国际政治经济中的绝对优势地位推行强权政治的披着合法性外衣的有力工具。例如，1998 年以前，美国《反海外腐败法》的适用范围并不包括外国自然人或外国公司，该法 1998 年的修订版则将其适用扩展到外国公司或自然人。据此，外国企业或个人在美国境内直接或间接违反该法的行为将有可能直接受到美国法律的制裁。

美国的前述实践，拓展了原本仅限于民事诉讼领域的狭义的"长臂管辖"的范围。人们开始突破原有的界定，将一些可能产生域外效力的行政管辖、刑事管辖活动，也纳入"长臂管辖"的范畴。例如，在美国的反洗钱法《爱国者法案》中，其第 317 条的标题即为"对国外洗钱的长臂管辖权"（Long-Arm Jurisdiction over Foreign Money Launderers），该条的内容是规定美国当局对在美国境外卷入洗钱活动的外国金融机构既可以行使司法

---

① 王静."长臂管辖"：美国的胳膊伸得太长［EB/OL］.半月谈网，2019-06-25.

方面的长臂管辖权，也可以行使行政方面的长臂管辖。① 著名的经典国际法著作《奥本海国际法》（第九版）在分析一些国家所主张的国内法的域外适用时指出，美国法院和当局认为，其有关船运等方面的立法应适用于在美国之外发生的外国人所进行的交易，"对这种所谓的'长臂'管辖权的主张并不限于反托拉斯的事项，例如，它也扩展到 1976 年《外国主权豁免法》所规定的与国外商业活动有关但发生'在美国的直接效果'的行为有管辖权。"② 可见，该书也是从广义的角度来界定"长臂管辖权"，认为反垄断、航运、国家主权豁免等方面的国内立法对域外主体、域外活动的适用，属于长臂管辖的范畴。

2018 年 9 月 24 日，中国国务院新闻办公室发布《关于中美经贸摩擦的事实与中方立场》的白皮书，该白皮书在专门分析美国"以国内法'长臂管辖'制裁他国"的"美国政府的贸易霸凌主义行为"时指出："'长臂管辖'是指依托国内法规的触角延伸到境外，管辖境外实体的做法。近年来，美国不断扩充'长臂管辖'的范围，涵盖了民事侵权、金融投资、反垄断、出口管制、网络安全等众多领域，并在国际事务中动辄要求其他国家的实体或个人必须服从美国国内法，否则随时可能遭到美国的民事、刑事、贸易等制裁。"③ 2019 年 6 月 2 日，中国国务院新闻办公室又发布了《关于中美经贸磋商的中方立场》的白皮书，其中在分析美国贸易霸凌行径时指出："近期，美国政府以所谓国家安全的'莫须有'名义，连续对华为等多家中国企业实施'长臂管辖'制裁，中国同样坚决反对"，④ 该白皮书再次将美国对中国企业实施的出口管制方式的制裁表述为"长臂

---

① CONGRESS. GOV. H. R. 3162 – Uniting and Strengthening America by Providing Appropriate Tools Required to Intercept and Obstruct Terrorism（USA PATRIOT ACT）Act of 2001［A/OL］. CONGRESS. GOV, 2001-10-26.

② 拉萨·奥本海. 奥本海国际法：第一卷第一分册［M］. 王铁崖，陈公绰，汤宗舜，等译. 北京：中国大百科全书出版社，1995：327-328.

③ 国务院新闻办公室. 关于中美经贸摩擦的事实与中方立场（2018 年 9 月）［R/OL］. 国务院新闻办公室网站，2018-09-24.

④ 国务院新闻办公室. 关于中美经贸摩擦的事实与中方立场（2019 年 6 月）［R/OL］. 国务院新闻办公室网站，2019-06-02.

管辖"制裁。不难看出，中国国务院新闻办公室发布的前述《白皮书》中所提到的"长臂管辖"已经超出了美国民事诉讼上狭义"长臂管辖权"的内涵，实际上主要是指一国的域外管辖权。

从前述《白皮书》的界定来看，"长臂管辖"既包括一国基于其国内法规中司法管辖的程序规则，在国内司法机关处理案件时对域外实体行使司法管辖权的做法，也包括一国司法机关或行政机关基于其国内法规的实体法的规定，主张该实体法的域外效力，要求域外实体根据该实体法承担义务的做法。在行使或实现"长臂管辖"的手段方面，该白皮书强调美国"在国际事务中动辄要求其他国家的实体或个人必须服从美国国内法，否则随时可能遭到美国的民事、刑事、贸易等制裁"，说明广义的长臂管辖涉及一国以制裁为后盾，主张其国内法的域外适用。

我国也有学者坚持对"长臂管辖"作狭义的界定，认为美国法上的长臂管辖与扩张本国法域外效力之间存在区别，主张"长臂管辖"仅局限于民商事领域，只涉及私人主体之间的争议，适用的是私法性质的规则，而国内法的域外效力主要涉及公法领域，调整的主要是公法关系，并认为长臂管辖仅限于是指法院在民事领域进行的司法长臂管辖，而国内法域外适用是指一个国家的行政部门根据法律执行其管理权力以及法院行使刑事司法管理权力的结果。① 可见，这一认识是将长臂管辖限于国内法院在民事诉讼方面的司法管辖，而将国内法的域外适用局限于行政执法及法院的刑事司法管辖活动。还有一些学者，例如肖永平教授则采用了前述国务院新闻办公室在有关白皮书中所主张的广义的界定，认为长臂管辖不仅限于法院在民事诉讼方面的司法长臂管辖，还包括立法长臂管辖、行政机关的行政执法的长臂管辖以及法院在刑事案件中行使的长臂管辖等。他明确指出："'长臂管辖权'是域外管辖权的美国表达，一般包括立法管辖权、司法管辖权和执法管辖权……在实践中，起源于解决州际问题的'长臂管辖权'同时在民商事和刑事领域不断向域外立法管辖权与执法管辖权扩张，

---

① 霍政欣，金博恒. 美国长臂管辖权研究——兼论中国的因应与借鉴 [J]. 安徽大学学报（哲学社会科学版），2020，44（02）：81-89.

其适用深受美国政治和外交政策的影响",肖永平教授还强调:"中国语境下的'长臂管辖权'实质上是一种域外管辖权。"① 戚凯教授在分析这一问题时也指出:"在国际关系中,'长臂管辖'一般被认为属于域外管辖权(extraterritorial jurisdiction)问题。域外管辖权是指国家在其控制领域以外的地方所行使的管辖权,由于超出一国领土主权的范畴,因而属于国际法问题。"②

综上,广义的"长臂管辖"是指一国以民事、刑事或行政性质的制裁为后盾,基于其国内法的规定管辖位于其域外的主体,以便实现其国内法的域外效力的做法。本书参考中国国务院新闻办公室发布的前述《白皮书》对于长臂管辖的界定,采取广义长臂管辖的视角。

总体看来,一国欲将其国内法适用于其法域之外,无外乎在确立管辖权的基础上,将国内法所规定的权利、义务施加于域外的实体或个人,以实现国内法的域外效力。

在引用或使用域外效力、域外适用、域外管辖、长臂管辖等有关概念时,只要是指一国通过以强制力为后盾的活动(如立法、司法、行政活动)促使本国法对域外的实体或个人进行约束的情形,即视为本书研究视角之下的"域外效力"。

三、国家主张国内法的"域外效力"的方式及其在网络空间的体现

(一) 网络空间及其特征

2003 年,美国政府出台的《保障网络空间安全国家战略》首次给出了对网络空间的初步定义"由信息技术基础设施组成的相互依存的网络",并将网络空间比拟为国家关键信息基础设施的"神经系统"——网络空间由成千上万彼此连接的计算机、服务器、路由器、交换机和光缆构成,它使

---

① 肖永平."长臂管辖权"的法理分析与对策研究 [J]. 中国法学,2019 (06):39-65.

② 戚凯. 美国"长臂管辖"与中美经贸摩擦 [J]. 外交评论,2020,37 (02):23-50.

得（我们的）关键基础设施得以正常运行。① 国际电信联盟（International Telecommunication Union，简称 ITU）将网络空间定义为："由包括计算机、计算机系统、网络及其软件支持、计算机数据、内容数据、流量数据以及用户在内的所有要素或部分要素组成的物理或非物理领域。"② 因此，广义的网络空间既包括网络信息基础设施、网络数据信息等技术、物质要素，也包括网络用户、网络服务提供者或经营者等与网络活动有关的主体要素。

对于网络空间的特性，很多学者都做出了自己的归纳，如有学者认为，无边界性、虚拟性、高度自制性这三点是网络空间的特征；③ 还有学者则强调网络空间具有服务全球性、客观存在性、无领土边界性、管理非中心化性、地理位置不确定性等特征。④ 网络空间不同于传统空间的前述一系列特征，特别是虚拟性、无边界性、开放性等是国家彼此间对于涉及网络空间的国内法是否具备域外效力容易产生争议的根本原因。

（二）国家主张国内法的"域外效力"的方式及其在网络空间的体现

国家在实践中主张国内法域外效力的方式，通常表现为采取立法、司法和行政等手段推行其有关国内法对域外的实体、物、事件或行为的约束力。

1. 制定具有域外效力的国内立法

具体到网络空间，对于各国在实践中制定具有域外效力的立法，可以作不同的分类。

从立法内容的角度看，相关立法大致可以分为两类：第一，制定具有域外效力的国内法规范。第二，制定可排除外国法在本国境内或对本国实

---

① The White House Washington. The National Strategy to Secure Cyberspace [EB/OL]. CYBERSECURITY&INFRASTRUCTURE SECURITY AGENCY，2012-06-22.

② International Telecommunication Union. ITU Toolkit for Cybercrime Legislation [EB/OL]. IT Law WiKi，2020-02-12.

③ 李智. 国际私法中互联网管辖权制度研究 [D]. 厦门：厦门大学，2006：9-13.

④ 罗艺方. 论网络空间侵权行为的管辖权之确定 [J]. 华南理工大学学报（社会科学版），2003（03）：24-30.

体或个人适用的阻断法令。

从立法模式的角度看，各国的立法模式也存在一定的差异：在成文法国家，立法一般表现为特定的立法机关制定相关立法；而在美国、英国等一些判例法国家，法院的一些司法判例，也具有立法的性质，因此法院的这类司法实践本身既是行使司法管辖权，同时也应被视为是行使立法管辖权的方式。

从立法主体的层级角度来看，既存在国家层面的主张域外效力的立法，也存在地方层面的相关立法。以美国为例，其"长臂管辖"立法上的实践通常存在于国家层面，如 2018 年《澄清境外数据的合法使用法案》（*Clarifying Lawful Overseas Use of Data* Act，简称 CLOUD Act）、2019 年"确保信息通信技术与服务供应链安全"行政令（Executive Order on Securing the Information and Communications Technology and Services Supply Chain）、2019 年《打击假冒和盗版商品交易备忘录》（*Memorandum on Combating Trafficking in Counterfeit and Pirated Goods*）等；美国近年来也出现了地方层面的有关立法，例如 2020 年美国加利福尼亚州的《物联网网络安全法案》（SB 327）、《加州消费者隐私法》（CCPA）等。美国加利福尼亚州自 2020 年 1 月 1 日开始实施的《物联网网络安全法案》所具有的"长臂管辖"效果并没有因为州与联邦的关系而打折扣。《物联网网络安全法案》1798.91.05.（b）项规定，"任何能够直接或间接连接到互联网并拥有 Internet 协议地址或蓝牙连接的设备、物理对象"均要受到该法案的约束。换言之，该法案虽然名义上是加利福尼亚州政府对该州范围之内的物联网设备所提出的要求，但实际上如果该州之外的设备制造商试图在加州销售产品，也必须遵守该规定。因此，加利福尼亚州的《物联网网络安全法案》理论上能够实现与之前联邦制定的立法类似的效果。这意味着，该法案不仅对所有美国国内生产相关设备的企业，还可能对其他国家的某些企业产生约束力。

2. 在行政管辖过程中主张国内法的域外效力

就行政管辖而言，国家在网络空间通过行政管辖主张其国内法的域外效力主要是指一国的行政机关在行使执法管辖权的过程中，要求域外实体遵守本国的涉及网络空间治理的行政性质的立法，根据此类国内立法承担法律上的义务，并对相应的违反前述立法的行为实施处罚、追究相关法律责任。

以美国的实践为例，在美国得到其国会授权，主要由行政部门执行的域外管辖性质的立法，除了专门调整网络空间活动的立法之外，还包括一些可以扩展适用于网络空间的立法。前者如 1984 年《计算机欺诈与滥用法》（*Computer Fraud and Abuse Act*，CFAA）、1996 年《电信法》（*Telecommunications Act*）、1997 年《公共网络安全法》（*Public Cyber Security Act*）、1997 年 9 月通过并于 2000 年修订《加强计算机安全法》（*Computer Security Enhancement Act*）、2015 年《美国网络安全法》（*Cyber Security Act*）、2018 年《云法案》（CLOUD Act）等有关法律；后者则包括主要由美国商务部主导实施的 1969 年《出口管理法》（*Export Administration Act*）、美国财政部主导实施的有关经济制裁立法，以及针对外国不正当竞争的《美国贸易法》（*US Trade Act of* 1974）中的"301 条款"，针对知识产权侵权的《1988 年综合贸易与竞争法》（*Omnibus Trade and Competitiveness Act of* 1988）中的"特殊 301 条款"，涉及外商投资的安全审查的《外国投资风险审查现代化法案》（*Foreign Investment Risk Review Modernization* Act），涉及证券监管的《外国公司问责法案》（*Holding Foreign Companies Accountable Act*）等。美国以总统为首的行政部门在执行这些管制措施的过程中，具有高度的自由裁量权。

3. 在司法管辖过程中主张国内法的域外效力

国家的司法机关在司法实践活动中，还可能会主张本国的有关程序性的国内立法具有域外效力，对域外实体享有司法管辖权，并主张相关国内法的域外适用，具体可能表现为对于网络电子商务交易活动、网络侵权活动等所实施的民事管辖，也包括对于涉及网络空间的违反出口管制、贿赂、洗钱、恐怖主义、跨境网络攻击等活动所实施的刑事管辖等。

第二章　国家主张国内法的域外效力之影响因素及其在国际法上的合法性判别

国家主张其国内法的域外效力，主要存在实效性和合法性两方面的核心问题。就实效性而言，主要是指一国的国内法在该国的法域之外客观上能否得到域外实体的实际遵守，能否客观地影响域外实体的行为和决策。就合法性而言，主要是指一国主张并推行其国内法的域外效力是否符合有关的国际法规则。

一、国内法的域外效力影响因素

（一）实效性的视角——国家是否能够针对域外实体采取具体的执行或制裁措施

法律效力与法律实效二者之间存在密切的联系，如郑玉波指出："法律效力，即建筑于妥当性与事实性之综合状态上，换言之，二者缺一，则法律便不存在。盖无论何种法律，其本质上均不外对人要求服从其指示而营造社会生活，但实际上，始终无人奉行时，则此种法律纵令其具有妥当性，亦不免等于具文，有若无耳。故法律之妥当性……与实效性必须同时具备。"① 还有的学者主张法律效力主要指法律的实效，如美国学者弗里德曼认为，法律效力本身就应该包括法律的实效，而且法律效力主要应该指

---

① 郑玉波. 法学绪论 [M]. 台北：三民书局，1984：39.

法律的实效。①

一国主张其国内法的域外效力，从实效性的角度来看主要受该国用以推行依其国内法而做出的决定、裁决的实际执行的手段、措施的影响，例如所涉及的域外主体在国内是否存在可供执行的财产，是否有能力对其他国家或地区或相关的域外主体实施经济制裁等，从而使得其他国家、地区或有关的域外主体实际遵守该国的有关法律规定或行政决定、司法裁决。实践中，一些国家通过实施或威胁实施经济制裁以确保本国某些国内法的域外效力的例子并不罕见。经济制裁通常可以分为初级制裁和次级制裁。初级制裁亦称直接制裁，是指制裁方直接对被制裁方实施的制裁行为。次级制裁则是在初级制裁的基础上，制裁方对被制裁方进行制裁的同时，限制第三国的公司或个人与被制裁方进行贸易经济往来，并对违反规定的第三国公司或个人施加处罚的制裁行为。② 在一国为促使其国内法域外效力的实现而采取制裁措施的场合，或者是该国制定的初级制裁的有关国内法规则得到了域外实体的直接遵守，或者由于该国实施次级制裁，迫使与被制裁的域外实体进行交易的第三方实体予以遵守，从而使得作为被制裁对象的域外实体利益受损，这些都是该国国内法域外效力的实效性在一定程度上的体现。

综合实力较强的国家，由于其在国际政治、经济乃至军事领域的优势地位，在推行其国内法的域外效力方面，相对于其他国家具有比较优势。例如，美国借助其经济影响力，经常使用或威胁使用自己在国际经济领域的霸权地位而实施制裁措施，包括在国际金融领域借助本国对"环球同业银行金融电讯协会"（SWIFT）系统的掌控实施金融制裁，在技术领域借助本国的技术优势通过出口管制实施技术制裁等。同样，美国作为互联网技术强国，在实践中也一再借助本国在这一领域的优势地位实施某些涉及网络空间的产品、零部件及相关的技术制裁措施。"美国强有力的域外执法制度，与其严密的金融体系、发达的资本市场、友好的商业创新环境和

---

① 张根大. 法律效力论［M］. 北京：法律出版社，1999：42.

② 李寿平. 次级制裁的国际法审视及中国的应对［J］. 政法论丛，2020（05）：60-69.

强大的科技创新实力密切相关。"① 有学者在分析这一问题时指出，广阔的情报网络是美国得以通过长臂管辖准确打击境外企业的重要物质基础，而国际议题制造力和国际舆论控制力，则可以进一步有效推进美国对不符合美国利益的境外企业的打击。据此，美国肆意扩张长臂管辖范围，将长臂管辖权作为其霸权主义护持战略的重要组成部分。②

（二）合法性的视角——国家主张其国内法的域外效力是否符合国际法规则

在荷花号案中，国际常设法院提出：国际法加之于国家的第一个也是最重要的一个限制是，国家不得以任何形式在他国领土内行使权力，不存在相反的允许性规则。从这个意义上来说，管辖权是具有属地性的。国家不能在其领土以外行使管辖权，除非能从国际习惯或从条约中找到允许这样做的规则。③ 进而言之，国家行使主张国内法的域外效力受到国际法规则的限制，只有根据普遍接受的国际法规则证明其这一主张是正确的，其主张才具备国际法上的合法性，这一般要求域外适用与该立法国的利益存在正当合理的联系。

一国所主张的某一国内法的域外效力是否能够得到国际社会的认可，首先要看此种主张是否符合国际法基本原则及有关的其他国际习惯法规则。违反主权平等原则、不干涉内政原则、善意履行国际义务原则、和平解决国际争端原则等国际法基本原则而主张本国国内法的域外效力，会因为在国际法上缺乏合法性而很难得到支持。例如，1996 年，美国就曾通过臭名昭著的《赫尔姆斯-伯顿法》（又名《古巴自由和民主声援法》，Cuban Liberty and Democratic Solidarity Act of 1996），该法案规定，为加强对古巴

---

① 商舒. 中国域外规制体系的建构挑战与架构重点——兼论《阻断外国法律与措施不当域外适用办法》[J]. 国际法研究，2021（02）：63-80.

② 戚凯. 美国"长臂管辖"与中美经贸摩擦 [J]. 外交评论（外交学院学报），2020，37（02）：23-50.

③ WORLDCOURTS. The Case of the S.S. Lotus France v. Turkey [EB/OL]. WORLDCOURTS，1927-09-07.

的国际制裁，禁止各方与古巴进行经济往来，并规定违反此禁令的他国公民、法人，甚至是国家将面临美国制裁的威胁。根据该法案，美国国民有权向美国法庭起诉与被古巴政府没收其财产有牵连的外国人，美国政府有权拒绝向与被没收的美国财产有牵连的外国人发放签证。由于该法二次制裁的有关规定所主张的域外管辖违反了前述的有关国际法基本原则，该法出台之后，遭受到包括美国盟友在内的各国广泛的抵制，美国政府被迫一再推迟、搁置该法的实施和执行。

其次，判断一国所主张的域外管辖的合法性，还应考查所涉及的域外主体、行为或事件与该国之间所存在的"联系"的充分性程度。一般来说，国家对于域外主体、行为或物所主张的管辖权，应以存在国际法所认可的"充分的联系"为前提。此种"充分的联系"可以表现为领土、国籍、国家的重大利益所遭受的影响等。实践中，一国即使以国籍、效果等联系因素主张域外管辖，也并不一定就必然是符合国际法的，尤其是在可能存在管辖权冲突的情况下，更是如此。

二、国家主张国内法的域外效力所可能引起的冲突

（一）一般国际法所认可的国家管辖权

管辖权是指国家对有关的人、物和事件的管理和支配权。从国内法的角度看，"一国在其领土内拥有立法、司法和行政管辖的绝对权力，通常称为享有立法管辖、司法管辖和执法管辖。"[①] 日本学者松井芳郎指出，除立法管辖权之外，国家采取征税、搜查、没收、逮捕等强制措施的权限称为执行管辖权。将事件依法审理、判决或决定的权限属于司法管辖权。但他还认为，执行管辖权和司法管辖权也被统称为强制管辖权或执行管辖权。[②] 英国学者马尔科姆·N.肖认为，管辖权可以通过立法、行政或司法

[①]　张乃根. 国际法原理 [M]. 上海：复旦大学出版社，2012：113.

[②]　松井芳郎. 国际法 [M]. 辛崇阳，译. 北京：中国政法大学出版社，2004：86；安晨曦，王琦. 国家海上民事管辖权：概念及其展开 [J]. 中国海商法研究，2015，26（03）：73-82.

行为得以实现，司法管辖权又包括民事管辖权与刑事管辖权。① 前述学者观点在分类或表述上虽然不完全相同，但综合看来，并无本质上的差别，基本上都认可国家的管辖权往往可以分为立法性、行政执法性和司法性的管辖权。

从国际法的角度看，国际法所认可的国家管辖权通常可分为属地管辖、属人管辖（国籍管辖）、保护性管辖和普遍性管辖权。

属地管辖也称属地优越权，依领土内的一切属于领土之规则，国家对其领域内的一切人和物以及所发生的事有管理和支配的权力。

属人管辖也称国籍管辖或属人优越权，是指国家对具有本国国籍的人的管辖，而不论本国人的行为发生在何处。根据国籍管辖，国家可以对本国人在外国的犯罪行为行使管辖权，但行使这种刑事管辖权往往受到所在国属地管辖权的限制。

国家基于国籍进行的管辖，往往可以分为积极国籍原则和消极国籍原则两种情形。积极国籍原则是指国家对本国国民在境外的行为享有或行使的管辖权。泽克曾在《哈佛企业社会责任倡议》报告中指出，各国将积极的国籍原则视为直接域外管辖的最强有力的基础。② 消极国籍原则也被称为消极属人主义，是指一个国家有权以受害者具有本国国籍为根据，对根据本国法在域外构成犯罪行为的加害者行使管辖权。伊恩·布朗利教授则认为："几乎所有国家对影响其本国安全的外国人在国外的行为都推定行使管辖权。这一概念大多涉及政治性行为，但不必然只限定为政治行为。"③

保护性管辖是指国家为了保护本国的安全、独立和利益，对于外国人在该国领域外侵害该国的国家和公民的重大利益的犯罪行为有权行使管辖。这种管辖的适用应遵从双重犯罪原则。保护性管辖与消极国籍原则存

---

① 马尔科姆·N. 肖. 国际法（第六版）（上）[M]. 白桂梅，高健军，朱利江，等译. 北京：北京大学出版社，2011：510.

② A. ZERK J. Extraterritorial Jurisdiction：Lessons for the Business and Human Rights Sphere from Six Regulatory Areas [EB/OL]. HARVARD Kennedy School，2020-06-25.

③ 伊恩·布朗利. 国际公法原理 [M]. 曾令良，余敏友，等译. 北京：法律出版社，2003：333.

在一定的相似之处，但一般认为，保护性管辖权的管辖依据是本国的国家或国民的重大利益，而消极属人原则是以国籍为纽带，即只要受害人是本国人，则无论加害人触犯何种罪名，都应该受到本国刑法管辖，这一点比保护性管辖更能保护在域外的本国国民的合法权益。

普遍管辖则是指所有国家对于普遍地危害国际和平与安全以及全人类的利益的国际犯罪行为，均有权实行管辖，而不论罪行发生在何处和罪犯的国籍。

一国行使立法管辖权，制定在名义上主张具有域外效力的国内法，与其实际适用此种国内法用以调整域外的行为或事件，是两个不同的问题。仅仅行使立法管辖权，在其制定的某些国内立法中主张其国内法具有域外效力，除非承担了具体条约上禁止制定此种立法的义务，否则其立法行为本身通常并不涉及承担国际法律责任的问题。多数国家的国内法都或多或少有这类主张域外效力的条款或规定，关键应考查国家是否在实际行使司法管辖或行政管辖权的过程中主张、促使其国内法域外效力的实现。在后一种情况下，如果国家管辖权的实际行使超越了一般国际法规则的限制，构成管辖权的过度行使或滥用，则在国际法上不具合法性，并可能导致其他国家采取具有针对性的对抗或反制措施。

（二）国家主张的域外管辖权与他国依据国际法规则享有的管辖权之冲突

国家在主张和行使管辖权方面的冲突在现实中时常发生，不仅不同类型的管辖权之间可能会存在冲突，有些情况下，主张同一种类型的管辖权彼此间也可能会出现冲突。国际法经典著作《奥本海国际法》（第九版）在论及国家行使域外管辖权及其可能引起的冲突时指出："管辖权的国际问题几乎完全在下述情况下发生，即一个国家直接或通过它的法院程序，对在国外或发生在国外（至少可以辩称是如此）的人、财产或情况，设法主张它的权威。在这种情形下，通常发生的问题所涉及的是有关的人、财产或情况的实际或推定的位置；如果它们的位置是在国外，法院地国就要解释法院地法律的范围，使其在领域外适用；如果法院地法律被这样解释，管辖权的行使是否包含对其他国家的权利或国家管辖权的公认限制的任何侵犯。"①

如前所述，国家行使域外管辖权是一国以民事、刑事或行政性质的经济制裁为后盾，基于其国内法的规定管辖域外实体，以便实现其国内法的域外效力的做法。国家主张域外管辖权所依据的管辖连接点往往有属地、属人、本国的重大利益、国际社会的普遍利益（维护国际社会的共同利益）等等，这些管辖连接点很容易与其他国家主张的管辖连接点发生重叠，进而引起管辖权的冲突。

1. 国家主张的域外管辖权与他国的管辖权发生冲突的主要表现形式

（1）与他国依据传统国际法规则享有的属地管辖权相冲突

由于行使域外管辖的国家主张其国内法对域外适用，通常可能以行为人具有本国国籍、在本国境内有住所或居所、影响本国国家安全或者与本国存在某种"最低限度的联系"作为管辖的连接点主张行使管辖权，主张本国的国内法适用于发生在他国境内的人、事件、行为，从而与他国的属地管辖权产生冲突。

此外，主张行使域外管辖的国家如果采取客观属地原则的立场，对始于他国境内而完成于或结果发生于本国内的犯罪行为行使管辖权，也很容易与行为发生地国的属地管辖权发生冲突。

（2）与他国依据传统国际法规则享有的属人管辖权相冲突

由于行使域外管辖的国家主张其国内法适用于域外的具有他国国籍的行为主体，从而很可能与行为人的国籍国享有的属人管辖发生冲突。

特别值得关注的是，一些国家如美国为达到域外管辖的目的，采用了"资本控制主义"或"特殊国籍原则"的做法，前者是主张管辖本国公司的海外子公司在海外的行为，后者则是以"产品国籍""技术国籍"作为其行使域外管辖的连接点。例如，美国的一些国内立法在以"国籍"为管辖连接点时，往往要求美国公司的海外子公司也应遵守该法的规定，禁止

---

① 奥本海. 奥本海国际法：第一卷第一分册 [M]. 王铁崖，陈公绰，汤宗舜，等译. 北京：中国大百科全书出版社，1995：327-328.

此类在外国的子公司与制裁目标国的交易主体从事经济交往活动，"这是在国籍原则的伪装下，在另一国家行使权力。"① 美国 1982 年的《管道禁运命令》（*The Pipeline Embargo Order*）即规定所有"受美国管辖的人"，包括美国公司的外国子公司、美国公司的被许可人，如果从事向苏联出口的活动，均须在获得美国政府批准的前提下才能进行，否则将实施制裁。针对美国这一主张具有域外效力的立法，法国政府采取了对抗性的阻断措施予以回应，要求法国的公司不得遵守美国的前述法令，从而导致当时涉及向苏联出口管道设备的有关公司陷入进退两难的境地，直至美国当局 1982 年 11 月取消此项出口制裁，这一域外效力的纠纷才最终获得解决。② 美国还经常以原产于美国的产品（包括零部件）或来源于美国的技术（包括在产品生产过程中占比不高的某些技术）作为其出口管制立法在域外适用的依据，这种对产品的"国籍"或技术的"国籍"做扩大解释，或强行要求国内法对他国境内的子公司或他国的交易主体适用的做法，也很容易导致与他国对本国国籍的交易主体享有的属人管辖权发生冲突。

美国的许多国内立法还以维护其泛化的国家安全为理由行使域外管辖并导致与他国的管辖权冲突。例如，美国财政部设置的海外资产控制办公室（OFAC）职责为对目标国家和政权、恐怖分子、国际毒品贩子、从事大规模杀伤性武器扩散活动的人以及对美国国家安全、美国的外交政策或经济造成其他威胁的主体实施经济和贸易制裁。美国海外资产控制办公室（OFAC）实施制裁所依据的主要立法如下：（1）1917 年《与敌国贸易法》（*Trading With the Enemy Act*，TWEA）；（2）在 1976 年生效的《国家紧急状态法》（NEA）禁止美国总统在和平时期行使《与敌国贸易法》（TWEA）所授予的权力进行紧急制裁后，美国国会于 1977 年通过的《国际紧急经济权力法》（*International Emergency Economic Powers Act*，IEEPA）；（3）克林顿总统于 1997 年 11 月签署的第 13067 号行政命令（也称《苏丹制裁条例》），在该行政令中宣称苏丹"对美国的国家安全和外交政策造

---

① 张利民. 经济行政法的域外效力 [D]. 苏州：苏州大学，2007：234.
② 张利民. 经济行政法的域外效力 [D]. 苏州：苏州大学，2007：163.

成严重威胁", 禁止苏丹政府在美国拥有任何财产, 该行政令同时还禁止
一系列美国人士与苏丹政府、实体及个人相关的进出口、投融资行为;
(4)《古巴资产管制条例》(Cuba Asset Control Regulations, CACR) 等。美
国前述的有关国内法大多规定, 对违反美国制裁禁令的主体追究民事或刑
事责任。其中, 民事责任一般是将违规者纳入"被特别指定国民和被禁阻
者名单"(SDN) 或处以民事罚金,① 刑事责任则包括处以刑事罚金或最高
20 年的监禁。2019 年 2 月 14 日, 美国海外资产控制办公室(OFAC)指控
德国的艾普力公司先后将大约三百万元的货物销售至古巴, 违反了《古巴
资产管制条例》, 因此决定将其纳入 SDN 名单, 并处以 551. 2564 万美元的
罚款。2019 年 9 月 25 日, 美国海外资产控制办公室以违反美国对伊朗石
油禁令为由, 将中国的某些运输公司列入 SDN 名单。截至 2020 年初, 美
国的 SDN 名单上有超过 7400 个实体的名字, 其中和中国有关的超过 170
个。② 在这些案例中, 美国的域外管辖侵犯他国的属人管辖权是显而易见
的。有学者在评论美国所主张的贸易管制法的域外效力时指出: "美国的
贸易管制法对域外效力的主张更缺乏国际法上的依据, 因为它所指控的外
国国民的行为通常是不违反其本国法的, 也不是国际公认的违法行为。"③

(3)与他国依据传统国际法规则享有的保护性管辖权、普遍性管辖权
相冲突

保护性管辖是一国对于外国人在该国领域外侵害该国的国家和公民的
重大利益的犯罪行为主张行使的管辖权, 此种管辖所针对的犯罪行为, 例
如洗钱、贿赂、跨国网络攻击等所侵犯的可能不止一个国家的利益, 声称
本国的国家安全等有关的国家利益遭受威胁或受到损害的国家如果主张域
外管辖权, 则有可能与其他国家所主张的保护性管辖产生冲突。有学者指
出, 跨国网络犯罪往往具有波及范围广的特点, 当多个国家均出于保护本

---

① 企业被列入 SDN 的后果是被禁止使用美元、美国金融系统, 并被禁止与美国企业从
事交易活动等。
② 朱帅. 起底美国财政部海外资产控制办公室 [EB/OL]. 新华网, 2020-02-24.
③ 张劲松. 论欧盟对美国经济法域外效力的法律阻却 [J]. 欧洲, 2001 (02): 50-57.

国公民和国家利益行使管辖权，则会造成多个国家之间管辖权的冲突。①
阿拉伯联盟理事会于 1954 年通过了《对以色列抵制的统一法》，禁止与位
于以色列的人、具有以色列国籍的人和为以色列工作的人从事任何交易、
缔结任何协定，这部由 20 个阿拉伯国家参与的联合抵制以色列法令，显然
也具有域外管辖的性质。经常以国际法上的保护性原则为由对他国实施制
裁措施的美国，则在《对以色列抵制的统一法》出台后采取了反制措施。
美国于 1976 年制定的《税收改革法》（*The Tax Reform Act of* 1976）及 1979
年修改的《出口管理法》（*Export Administration Act*），对拒绝与以色列做生
意的美国纳税人和关联公司（包括为美国企业控制的其他国家的子公司）
实施处罚。② 可见，在这一案例中，阿拉伯国家与美国分别制定了相关的
具有经济制裁性质的立法主张域外管辖，其所依据的管辖连接点也都涉及
了"保护性原则"。

在一个国家以保护其"安全利益"作为其主张国内法域外效力的场
合，判断其在国际法上的合法性可能存在一定的灰色地带，因为国家或国
民的安全利益究竟应如何解释，存在较大的弹性空间，而一些国家往往会
倾向于对此做扩大解释，从而在实践中导致更多的管辖权冲突。

如前所述，普遍性管辖权是指各国对于普遍地危害国际社会根本性共
同利益的国际罪行均可行使的管辖权。在两个以上的国家都坚持对某一特
定主体或行为行使管辖权的情况下，冲突往往难以避免。例如，在针对一
些恐怖主义犯罪行为的管辖方面，一国主张本国有关国内法的域外效力，
很可能会与另一国家所主张的普遍性管辖发生冲突。

2. 国家为实现域外管辖而可能采取的强制措施及其可能导致的冲突

如前所述，一国仅仅在立法上主张其特定的国内法的域外效力，而未
付诸行动，往往并不会引起与他国之间的国际争端。但实践中，有些国家
很可能基于国内法的规定过度行使管辖权，其作为管辖依据的连接点并非

---

① 刘海燕，王凯. 论网络犯罪管辖权的确定 [J]. 现代商贸工业，2011，23 (03)：
　　245-246.

② 张利民. 经济行政法的域外效力 [D]. 苏州：苏州大学，2007：235-236.

合理，且构成对他国的基于国际法所享有的某种管辖权的侵犯，但前者可能仍然采取种种措施，如追究有关域外主体的民事、刑事或行政责任，或实施经济制裁等，以促使本国法的域外效力得以实现。

美国在促使域外主体遵守其国内法方面的典型做法是实施单边经济制裁，包括一级制裁、二级制裁（或称次级制裁）和三级制裁措施。其中，一级制裁是指禁止本国国民与制裁目标国从事经济往来活动。二级制裁则是指禁止第三国国民与一级制裁之下的制裁目标国从事经济往来活动。三级制裁则是对第三国实施制裁，理由是该第三国与制裁目标国从事了经济往来活动。二级制裁和三级制裁也被称为"具有域外效力的经济制裁"（extraterritorial economic sanctions）或"域外适用的经济制裁"（economic sanctions with extraterritorial applications）。实践中，美国政府经常试图通过单边制裁迫使域外主体遵守其国内法。例如，克林顿政府首先于 1995 年开始禁止所有美国公司投资伊朗的石油产业，其推动制定的《伊朗交易监管法》（Iranian Transaction Regulations，"ITR"）全面禁止美国与伊朗的一切贸易和投资，这属于一级制裁。1996 年，美国通过了《伊朗制裁法案》（Iranian Sanctions Act，"ISA"），将制裁措施的适用对象扩大到美国公司以外的主体：《伊朗制裁法案》禁止任何人向伊朗的石油工业进行大规模的投资，此即所谓的二级制裁。另外，这一系列法案还特别禁止第三方国家的企业或个人在下列两种情况下，自美国进口相关物品、技术或服务，然后直接或间接地再出口至伊朗或伊朗政府：（1）明知或应知该物品、技术或服务将被再出口至伊朗或伊朗政府；（2）根据美国 1995 年 5 月 6 日及之后生效的法律，该物品、技术或服务自美国出口至伊朗需要申请获得美国政府颁发的出口许可，而未获得出口许可。① 面对美国的制裁，时任伊朗总统的赛义德·穆罕默德·哈塔米（1997 年 5 月—2005 年 8 月）奉行"温和"的外交政策，美伊关系以及伊朗与世界其他重要势力之间的关系也得到一定程度的改善。2004 年，日本石油株式会社（INPEX）不顾美国

---

① Legal Information Institute. 31 CFR Part 560 - Iranian Transactions and Sanctions Regulations [EB/OL]. Legal Information Institute，2012-10-22.

的再三警告，与伊朗签订了开放阿扎德甘这一 10 亿吨级可采储量油田的"世纪合同"，但最终 INPEX 公司还是屈服于美国的压力，在 2006 年底退出该项目。在此期间，伊朗与美国之间的关系依然保持着猜疑和不信任。①

2012 年 1 月 3 日，美国财政部依据第 13382 号行政命令认定德佳拉特银行（BankTejarat）向因参与伊朗大规模杀伤性武器（WMD）扩散活动而受到国际制裁的实体（包括伊朗原子能组织）提供金融服务，并根据 2010 年《伊朗全面制裁、问责与撤资法》（*Comprehensive Iran Sanctions*, *Accountability*, *and Divestment Act of* 2010）将其列入 SDN 名单。第 13382 号行政命令规定，已经或试图向扩散大规模杀伤武器的相关活动或交易或者向根据该 13382 号行政命令被实施冻结的主体提供财务、物质、技术、商品、服务或其他支持的主体亦将被实施冻结制裁。因此，该制裁具有次级效力。②

2012 年 7 月 31 日，时任美国总统奥巴马签署第 13622 号行政命令——《授权对伊朗实施额外制裁》（*Authorizing Additional Sanctions With Respect to Iran*）。同日，根据该行政命令的授权，美国财政部基于《伊朗全面制裁、问责和撤资法》（CISADA）将中国昆仑银行和伊拉克艾拉法穆斯林银行（Elaf Islamic Bank）列入"561 清单"，禁止美国金融机构为这两家银行开设代理行或通汇账户，并且当前持有此类账户的任何金融机构须在 10 日内予以关闭。根据美国财政部的公告，美国财政部实施上述制裁的原因在于该两家银行被指控在"明知"的情况下，仍向伊朗多家被制裁的银行提供重大金融服务或促成其开展重大交易。在数额上，昆仑银行向包括被列入 SDN 的 Tejarat 银行在内的至少六家伊朗银行提供了重大金融服务，包括开设/维护账户、资金转账和信用证服务，涉及金额约合数亿美元。③ 本案中，若昆仑银行与 Tejarat 银行的交易中涉及了美国的连接点

---

① 新浪财经. 风雨四十载：美国对伊朗制裁的前世今生 [EB/OL]. 新浪财经网站，2018-08-14.

② FAS. Executive Order 13382 [EB/OL]. FAS, 2020-06-28.

③ 蔡开明. 案例分析：昆仑银行违反美国《伊朗全面制裁、问责和撤资法》一案 [EB/OL]. CGGT 走出去智库网，2020-07-31.

（例如使用了美国金融系统），则会违反美国的一级制裁，进而可能会引发高管的刑事责任；若上述交易中无美国连接点，则仅违反了次级制裁，不会触发刑事责任，而是面临被列入 SDN 清单或被切断美国金融服务的情况。

对美国当局而言，与被制裁的伊朗进行交易的第三国主体（自然人或法人），因有关交易可能对伊朗有利并可能对美国产生不利后果，因此，美国无须再考虑该第三国主体的正当权益，而依据美国单边的制裁法令实施制裁。有学者对美国的这种二级制裁、三级制裁提出反对意见，认为其不考虑境外主体所实施的活动与美国之间是否存在真正的实际联系，构成管辖权的滥用违反了国际法的基本原则。①

总之，国家为实现本国制裁法令的域外效力，既有可能针对域外实体如自然人或法人采取冻结资金、扣押财产、限制或禁止进出口、拒绝签证等措施，也有可能针对有关的国家采取暂停或取消贸易优惠待遇、禁止或限制进口、提高关税等贸易制裁措施。前述措施之中的那些属于二级或三级制裁性质的措施，如果并非基于联合国安理会的授权或国际条约的规定，而仅仅属于一国的单边制裁行为，则除非此种行为构成对他国某种国际不法行为的反措施，否则很可能在国际法上缺乏合法性，并在实践中与其他国家之间发生上述的各种形式的管辖权冲突，导致有关国际争端的升级。

（三）国家在行使网络空间管辖权时对相关管辖连接点的把握及其对管辖权冲突的影响

网络空间的虚拟性、无国界性和全球性很容易导致各国相关的公法冲突、私法冲突交织并存，网络空间治理的复杂程度也与日俱增。就对网络事项的管辖权而言，网络的复杂性决定了单一的属地、属人等判断标准难以满足互联网时代的管辖权需求。在这一意义上，有学者指出，在网络空

---

① 杜涛. 欧盟对待域外经济制裁的政策转变及其背景分析［J］. 德国研究，2012，27（03）：18-31.

间的管辖中，传统的管辖权理论与网络空间的特征存在着一定的失配。①
对于网络空间管辖权，不同国家出于自身利益考量会有着不同的主张。以
美国为例，尽管美国一直主张网络空间的全球公共领域属性，但是当美国
在网络空间收集他国信息、干涉他国网络政策时，则宣称空间的"全球公
域"属性。当需要加大网络监管，推动国内的公共—私营（Public -
private）合作时，即认为网络是主权领域，即使网络基础设施是私营部门
所有，国家对网络也有管辖权。②

　　国家在主张网络空间管辖权时，往往对一些管辖连接点（如属地、国
籍、国家的重大利益等）存在不完全相同的认识。还有学者认为，随着各
国行使管辖权的实践，管辖权基础又有了新的拓展，一些新型连接点也逐
渐成为管辖权的依据，例如物项与技术等。③ 而国家之间也很容易因为对
管辖连接点的把握的不同而导致彼此之间的管辖权冲突。

　　1. 在确立网络空间管辖权时对"属地"因素的把握及其对管辖权冲突
的影响

　　国家行使管辖权最为普遍的基础是属地原则。传统的属地管辖权基于
物理空间的领土、领海、领空等。这些物理空间本身有着明确的边界，基
于其边界确立管辖权。有学者在分析国家在网络空间行使管辖权的基础时
指出，网络空间的不确定性使传统的管辖基础陷入困境。当事人的住所、
国籍、财产、行为、意志等因素之所以能成为管辖的基础，是因为它们和
某管辖区域存在着物理空间上的关联，如住所和财产的所在地、行为的发
生、国籍的归属、意志的指向等。然而，一旦将这些因素适用到网络空
间，它们与管辖区域的物理空间的关联性顿时丧失。④ 根据属地管辖标准，

---

①　闫飞. 网络安全法律涉外管辖权问题研究 ［J］. 网络空间安全，2019，10（03）：
　　53-57.
②　鲁传颖. 主权概念的演进及其在网络时代面临的挑战 ［J］. 国际关系研究，2014
　　（01）：73-81.
③　廖诗评. 中国法域外适用法律体系：现状、问题与完善 ［J］. 中国法学，2019
　　（06）：20-38.
④　戴元光. 美国关于网络空间管辖权的立法与争论 ［J］. 新闻大学，2018（02）：93-
　　102.

管辖权行使的重要考量因素中住所地、居所地、诉讼标的物所在地等连结点无一例外有着显著的地域性。在现实空间中，往往可以通过领土边界线来确定主权边界的范围，但在网络空间中，属地的概念却变得模糊起来，尽管仍然可以基于主体国籍或设备所在地进行划分，但数据传输的便利让边界变得异常模糊，现实空间的边界难以直接延伸至网络空间。① 网络空间作为一个开放的虚拟空间，在网络空间内进行的活动往往很难基于地理位置的相对存在或者当事人及有关行为特定性和唯一性来确定管辖权，且行为本身和所属地域也往往缺乏直接关系，或者说，其呈现方式不同于传统空间中的方式。②

从网络空间所涉及的与网络信息相关的活动来看，互联网的信息流动是跨国的，很难定义某一信息究竟属于哪个国家。实际上，大多数信息和数据都由多个国家共享，而信息传播又是无间断的。因此，如果简单地将信息来源国或特定时刻信息传播的目的国作为享有属地管辖的国家，并不一定具有合理性。"就管辖权的确定而言，网络空间的无国界性所可能导致的后果大致是，依传统管辖规则，一方面网络行为人对有关法院的管辖权往往难以预见，而另一方面，任何国家的受案法院都有可能以本国法为据而确立管辖权。"③

关于属地原则在网络空间的适用，哈佛大学的杰克·戈德史密斯（Jack L. Goldsmith）教授强调国家有权对其境内的网络基础设施行使管辖权，他指出，鉴于构成互联网的硬件和软件都位于一国领土之内，基于领土的主权，使国家对其网络使用者的管辖正当化了。因此，各国可以对本国境内的网络基础设施行使完全和排他的管辖权，包括有权采取措施保护

---

① 史宇航. 主权的网络边界——以规制数据跨境传输的视角 [J]. 情报杂志, 2018, 37（09）: 160-166.

② BOELE-WOELKI K, KESSEDJIAN C. Internet: Which Court Decides? Which Law Applies? [M]. Netherlands: Kluwer Law International, 1998: 23-24.

③ 孙尚鸿. 传统管辖规则在网络背景下所面临的冲击与挑战 [J]. 法律科学, 2008（04）: 160-168.

本国境内的网络基础设施不受攻击和威胁。① 但网络空间的跨国性、虚拟性所可能导致的后果是，属地界定的复杂化、模糊化。有学者在分析对网络犯罪行使属地管辖所面临的挑战时指出，根据传统管辖理论的属地原则，至少犯罪的行为地或者结果地之一需要处于某一管辖区域内，但是由于网络空间交互的无中心性以及无边界性，网络犯罪的场所或者网络犯罪的结果地很难界定，对于传统属地原则形成了强烈的冲击。② 在网络活动中，与属地相关的"地点"包括了行为地和结果地，以及信号传输的途径地。在网络空间内进行的活动往往面对究竟是基于网络基础设施的所在地，还是所发布或存储的信息所在地、数据途径地、IP 地址所在地，还是行为人的所在地，抑或是行为结果所在地来确定管辖权的问题。而且，前述所在地本身的确定也缺乏唯一性。即使是行为地和结果地的确定，也往往存在争议。以计算机终端的 IP 地址为例，计算机终端的 IP 地址是确定且唯一的，因此有些学者主张以 IP 地址作为主要的行为地认定方式，IP 地址也曾长期作为各国网络犯罪的主要行为地判定依据。③ 但 IP 地址完全有可能被位于第三国的他人不法盗用，而且，实践中存在大量的代理服务器和虚拟专用网络（VPN），经由代理服务器或虚拟专用网络而实施的网络行为，其 IP 地址将显示为代理服务器或虚拟专用网络的 IP 地址，从而造成以 IP 地址作为管辖依据的合理性疑问。而且，同一数据可能同时存储于多国的服务器上，具有唯一性的 IP 地址可以通过技术手段实现多主机共享，网站所在国不一定是结果发生地所在国，某一网络行为的结果可能发生于多个国家，这些可能性导致任何国家或地区都有可能依据本国法行使管辖权，以至于网络空间活动的行为人对何国行使管辖权难以预见。由于互联网地址和物理地址无法一一对应，因而在网络空间中，不仅主权国家

---

① L. GOLDSMITH J. The Internet and the Abiding Significance of Territorial Sovereignty [J]. Indiana Journal of Global Legal Studies, 1998, 5（02）: 475-491.

② 吴华蓉. 浅论网络犯罪刑事司法管辖权的建构 [J]. 犯罪研究, 2006（04）: 69-72.

③ 陈结淼. 关于我国网络犯罪刑事管辖权立法的思考 [J]. 现代法学, 2008（03）: 92-99.

难以知晓数据是否在跨境传输，即使是信息数据传输者本人可能也并不知晓。①

对于网络空间活动，不少国家的主管部门还习惯以服务器在本国境内作为行使属地管辖权的连接点，但是，一国企业或公民个人拥有或处理的数据可能存储于多国的服务器上，而位于本国的服务器可能存储有他国国民的数据信息，因而难以确定究竟是对数据享有属地管辖，还是对本国国内服务器享有属地管辖。IP 地址所指引的主机所在地、服务器所在地与当事人住所地、行为地往往也有可能不同，从而可能引发复杂的管辖权冲突。以国际刑事犯罪案件所涉及的网络空间管辖权为例，由于网络的全球化特征，网络犯罪受害者和网址服务器会出现跨国的情形，此时就会出现网络犯罪行使管辖权的冲突。② 此外，"虚拟主机"技术可以将一个 IP 地址提供给几台虚拟的主机使用，而与该 IP 地址有关联的几个服务器的地址都有所不同。虽然服务器的地理位置比较稳定，但是一个存在跨国业务的网站，其在不同的国家可能都存在支持其网络服务的服务器，此种情况下，基于服务器主张属地管辖权就可能出现冲突。

此外，涉及网络空间的"抽象"越境也非常可能造成不同国家主张的属地管辖权的彼此冲突。"抽象"越境是指行为人本身或者其犯罪行为并未在某一国家的领域内实施，而只是在网络上以信号或者数据传输方式跨越了某国国境。例如，几名前联邦德国的学生通过国际互联网从西德登录到日本，然后再从日本登录到美国的一所大学，再从这所大学登录到美国国防部的信息系统，为苏联克格勃窃取军事秘密。③ 在该案中，行为人的犯罪行为在网络空间中同时跨越了几个国家，其中，单纯的信号越境国（如上述案件中的日本）是否有管辖权，是一个尚待研究的问题。④

---

① 杜雁芸. 大数据时代国家数据主权问题研究 [J]. 国际观察，2016（03）：1-14.

② 杜永平，饶光兰. 网络犯罪刑事管辖权冲突之协调 [J]. 世纪桥，2015（06）：43-44.

③ 黑客——游荡在 INTERNET 上的又一"幽灵"[J]. 电脑报，1995-12-29，转引自：于志刚. 关于网络空间中刑事管辖权的思考 [J]. 中国法学，2003（06）：102-112.

④ 于志刚. 虚拟空间的刑事思考 [M]. 北京：中国方正出版社，2003：371.

北约网络合作防御卓越中心特邀专家组编写的《网络行动国际法塔林手册 2.0 版》(以下简称"《塔林手册 2.0 版》")对国家在网络空间行使属地管辖权做了具体列举:(1)在其境内的网络基础设施和从事网络活动的人;(2)在其境内发生或完成的网络活动;(3)对其境内具有实质影响的网络活动。①

首先,前述列举中的第 1 项,一国基于属地管辖权对境内从事网络活动的自然人和法人,以及该国境内的网络基础设施和数据享有管辖权,已被世界各国的立法实践所公认。在网络活动发生在国家领土内、涉及有形物体并且是由个人或实体实施的情况下,国家可以对此行使主权权利。②例如,甲国的个人通过控制乙国的网络基础设施设置了一个僵尸网络,进而对丙国的系统实施分布式拒绝服务行动。因为对被控制网络基础设施的使用并非程度轻微,因此也属于第 1 项的调整范围,乙国基于第 1 项享有管辖权。但是,如果有关行动与一国境内的网络基础设施只有微弱联系,则应当否认该国的属地管辖权,或即使享有管辖权也应当让位于其他国家的管辖权。例如,一项网络行动发起于甲国,数据通过位于乙国并在乙国监控下的路由器,在丙国产生了实际的影响。该行动与乙国基础设施以及乙国相关利益的联系都是微弱的,尤其是考虑到网络行动发生地国或完成地国的管辖利益,乙国对该网络行动不享有刑事管辖权。

其次,前述列举中的第 2 项"在其境内发生或完成的网络活动"可以解释为,一国在对于网络空间所涉的活动享有"主观"属地管辖权和"客观"属地管辖权。主观属地管辖权适用于在一国境内发生的任何网络活动,而无论其是否具有域外效果。而对于在一国境外发生但在该国境内完成的网络活动,如果活动针对的是该国境内的人或物,则该国享有客观属地管辖权。

最后,前述列举中的第 3 项"对其境内具有实质影响的网络活动"是

---

① 迈克尔·施密特. 网络行动国际法塔林手册 2.0 版 [M]. 黄志雄,等译. 北京:社会科学文献出版社,2017:75.

② 迈克尔·施密特. 网络行动国际法塔林手册 2.0 版 [M]. 黄志雄,等译. 北京:社会科学文献出版社,2017:46.

效果原则的体现，它针对的是并非在一国发起、完成或实质发生，但在该国产生效果的行为，包括网络行动。换言之，依据效果原则对犯罪行使管辖权并不要求犯罪的一个构成要素发生在该国境内或具有其他属地联系。① 由于数字网络的使用和其他一些因素，特定犯罪行为发生在何处以及何时开始或结束有时难以确定。网络技术使罪犯得以对犯罪行为进行规划，以规避严格的管辖权规定或隐藏行为发生地或目标地。因此，确定管辖权可能是困难的。结果就是，管辖权规则不断朝着如下模式演变，即犯罪行为与一国境内具有实质联系就可作为该国行使管辖权的依据。② 并且，网络方式使既非发生也非完成于某一国的行动仍然可以在该国产生影响。例如，一国境内的行为人针对另一国银行发起的网络行动可能对第三国的存款人具有显著影响。因此，效果原则在网络环境下尤为重要。但毫无限制地适用效果原则来主张管辖权很容易导致国家之间的管辖权冲突，典型的例子是一国对外国国民在境外实施、但对该国的经济产生了影响的经济或金融活动主张管辖权。由于目前国际法上效果原则的限制条件并不十分确定，而且效果原则本身存在一定争议，其适用就需要在个案的基础上解决。通常认为，如果一国基于效果原则对与网络相关的活动及行为人行使管辖权，该国必须以合理的方式行使，并且要充分考虑其他国家的利益。普遍认可的条件包括：基于效果原则制定法律的国家具有明确的和国际上认可的利益；该国将要规制的效果必须是足够直接的、意图发生的或可预见性的；必须存在实质性的效果，以至于有理由将本国法律适用于境外的外国居民；基于效果原则行使的管辖权不应因为与意图行使该管辖权的国家缺乏显著联系，而不合理地侵犯其他国家或外国国民的利益。③

---

① Canlii. Libman v. The Queen, 1985 CanLII 51 (SCC), [1985] 2 SCR 178 [EB/OL]. Canlii, 1985-10-10.

② 加拿大的案例参见：Murray A. Libman v. Her Majesty the Queen；英国的案例参见：R. v. Smit (Wallace Duncan) [2004] QB 1418. 至少就普通法国家而言，这一趋势很大程度上可追溯至迪普洛克 (Diplock) 法官的以下反对意见：Treacy v. DPP [1971] AC 573 at 561-562.

③ MICHAEL A. Jurisdiction in International Law [J]. British Year Book of International Law, 1975, (46)：145-257.

总之，网络空间中属地管辖的确立存在很大的弹性空间，也因此很容易引起管辖权的冲突，对网络空间所涉的"属地"做过于宽泛的解释并主张和行使属地管辖权，会导致法律域外适用的过度扩张，并可能会产生不公正的后果。

2. 在确立网络空间管辖权时对"属人"因素的把握及其对管辖权冲突的影响

《塔林手册2.0版》在阐述"域外立法管辖权"的有关国际法规则时针对属人管辖原则在网络空间的适用时指出："一国可对其国民在境外从事或实施的各种网络活动行使立法管辖权。例如，一国可根据其国内法，将该国自然人、法人所实施的知识产权网络侵权、涉及敏感技术信息转让的网络行动规定为犯罪。同样，一国也可制定法律或规章来规范完全发生在境外，由其本国自然人或法人实施，但违反该国或者超国家机构所颁布的制裁或者禁令措施的数字金融交易。这里需要特别注意的是，一国可对境外的本国国民通过网络活动针对其母国或他国政府的煽动暴力行为行使立法管辖权，并将其列为犯罪。就针对他国政府的煽动暴力行为而言，该外国也可基于保护性原则行使立法管辖权。"① 可见，一国在网络空间主张行使的属人管辖权有可能与他国的保护性管辖权发生冲突。

属人管辖权的确立标志是国籍，而网络空间的虚拟性使得身份确认成为难题。互联网上的注册信息大多为网名，一人可以注册多个账号，即使采取网络账号实名认证系统，也同样存在漏洞，如注册信息时网民可谎报姓名、电话等信息，或者不排除通过技术手段盗取他人信息以冒充他人的可能。"对美国佐治亚工学院近2万人的调查表明，有6096人在上网注册时会提供伪造的姓名、地址、电话等个人资料。"② 网络是一个开放的系统，很多国家或地区也并不要求上网者必须表明其真实身份，因此以国籍作为管辖权连结点很可能并不可靠。同时，一些犯罪分子可能故意利用其

---

① 迈克尔·施密特. 网络行动国际法塔林手册2.0版［M］. 黄志雄，等译. 北京：社会科学文献出版社，2017：83.
② 杨帆. 网络环境下的国家管辖权冲突与重构［J］. 理论观察，2015（03）：22-23.

国籍国与犯罪发生国的不同，从事跨国犯罪活动，使得被害人遭受损害但行为人却无法得到应有追诉。① 对此，肖永平教授也指出，网络是一种面向任何国家和任何人开放的、独立的、自主的网络，用户在上网时往往不被要求确认身份，用户与国家之间的联系并不紧密，时刻对网民国籍和住所进行监管难以实现，因此，在网络犯罪案件中以国籍作为连接点的意义不大。②

两个以上的国家在网络空间所主张的属地管辖权与属人管辖权很容易彼此发生重叠或冲突，对此，《塔林手册 2.0 版》指出："以一国国民在另一国境内从事网络行动为例。前一国家基于属人原则享有境外立法管辖权，后一国家则基于属地原则同样享有此种管辖权。如果两国都将该行为规定为犯罪，这在国际法上是合理的。同样的结果也适用于几个国家的国民组成黑客小组在某一国家实施网络行动的情形，后一国家基于属地原则享有立法管辖权，而前几个国家基于属人原则分别对其国民享有管辖权。"③

3. 在确立网络空间管辖权时对"保护性管辖权""普遍性管辖权"原则的把握及其对管辖权冲突的影响

互联网的特性同样对保护性管辖权和普遍性管辖权形成冲击。《塔林手册 2.0 版》在分析保护性管辖权对于网络空间的活动的适用时指出，"一国有权基于保护性原则对外国国民在境外实施的危害国家安全、国家财政支付能力及金融稳定和其他国家基本利益的网络活动行使立法管辖权……鉴于网络能够使这些行为的实施更加便利，一国原则上可以对此类行为行使保护性管辖权。例如，一国可以立法保护其在境外的军事指挥、控制和通信系统免受外国国民在境外实施的严重危害行为的破坏；禁止在

---

① 魏逸远. 论跨国网络犯罪给我国刑法管辖原则带来的冲击与挑战 [J]. 网络安全技术与应用，2020，(11)：176-178.

② 肖永平，李臣. 国际私法在互联网环境下面临的挑战 [J]. 中国社会科学，2001 (01)：100-112.

③ 迈克尔·施密特. 网络行动国际法塔林手册 2.0 版 [M]. 黄志雄，等译. 北京：社会科学文献出版社，2017：76.

其境内使用网络煽动暴力；以及禁止在社交媒体或网络虚拟空间招募本国公民从事恐怖活动。需要注意的是，对此类犯罪行为也可能基于其他管辖依据来主张管辖权。"①

互联网信息传播的即时性和广泛性往往会导致对多个国家同时产生影响，而多国都主张保护性管辖权无疑会引起冲突。同时，保护性管辖权还会受到属地和属人管辖权的制约，还可能受其他互联网环境的影响，从而使得管辖权行使失去合法性。双重犯罪原则一般是行使保护性管辖权的条件之一，但一些网络活动是否被受害国和行为地国均视为犯罪行为，可能存在较大的不确定性。以网络犯罪为例，网络病毒传播、国际网络恐怖主义活动、网络途径窃取或泄露国家秘密、网络走私或洗钱等是否在行为地国和受害国均构成其国内法上的犯罪以及相关网络犯罪的构成要件如何把握等问题都难免存在不同的认识，值得进一步研究和讨论。可以预见，在一定时期内，涉及网络的保护性管辖权及普遍性管辖权的行使仍会主要遵循传统的判断标准，而难以在网络空间中有所创新。

《塔林手册2.0版》对构成国际罪行的一些网络活动做了举例说明，"就网络活动构成了国际法上犯罪的实质要件来说，这一活动也属于普遍管辖的范围。比如，在武装冲突时通过网络攻击在平民中制造恐怖，或是入侵一国人口普查系统获取特定种族国民名录以进行种族屠杀，这些行为都属于普遍管辖权的范围。"②

网络空间所涉的普遍性管辖权有可能涉及的冲突，一方面，相关网络活动是否构成国际罪行的问题。例如，除传统的国际罪行战争罪、破坏和平罪、反人类罪、种族灭绝罪之外，各国在实践中还面临跨国网络攻击或病毒传播行为，借助跨国网络进行的贩毒、洗钱、传播色情信息等行为是否构成国际罪行的问题；另一方面，同一国际罪行可能在多国造成损害后果，从而导致了管辖权的冲突和协调的问题。

---

① 迈克尔·施密特. 网络行动国际法塔林手册2.0版［M］. 黄志雄，等译. 北京：社会科学文献出版社，2017：84.
② 迈克尔·施密特. 网络行动国际法塔林手册2.0版［M］. 黄志雄，等译. 北京：社会科学文献出版社，2017：86.

三、国家主张其国内法的域外效力在国际法上的合法性判别

有学者认为，如何判断一国主张本国法的域外适用是否符合国际法，原则上取决于是否存在国际法的明确禁止。换言之，一国主张国内法的域外效力应推定为合法的，除非能够证明存在禁止这种主张的国际法原则。①总体来看，一国主张或推行其国内法的域外效力，应以不违反基于条约、国际习惯等国际法的渊源而承担的国际法义务为前提。

在分析一国主张其国内法域外效力是否具备国际法上的合法性时，著名国际法学者奥肯耐尔指出："判断一部法律的域外效力是否符合国际法，要看它所适用的事件、行为或人是否与立法国的和平、秩序和良好统治有关联。"②

韩德培教授指出，国际法的目的就在于"建立有关国家间分配行使管辖权的规则"③。一国行使长臂管辖权，主张其国内法的域外效力，一般应遵守有关条约和国际习惯法的限制或约束，避免管辖权的过度行使或滥用。

（一）国家行使涉及网络空间的域外管辖权应遵守有关国际条约所规定的义务

国家所参加的双边及多边条约之中，如果存在有关协调管辖权行使的规定，则无疑应受此种规定之约束。例如，许多有关引渡的双边条约，往往会对特定的犯罪行为的引渡条件做出规定，如果一国基于引渡条约的规定提出引渡请求，被请求国通常有义务基于条约的规定进行审查，并相应做出同意或拒绝引渡的决定。再如，美国与加拿大、丹麦、法国、荷兰及瑞典签订的税收条约，往往包含了彼此协助征税的条款，实质上赋予了当事国税收法律的跨国执行效力。④

---

① 霍政欣. 国内法的域外效力：美国机制、学理解构与中国路径 [J]. 政法论坛，2020（02）：173-191.

② 王宇辰. 美国《出口管制条例》域外适用新动向 [J]. 对外贸易，2019（09）：19.

③ 韩德培. 现代国际法 [M]. 武汉：武汉大学出版社，1992：112.

④ 张利民. 经济行政法的域外效力 [D]. 苏州：苏州大学，2007：197.

多边条约对于特定事项的管辖权的分配或协调，或者对何种情况下应承认成员国国内法的域外效力做了规定的，当事国也应一秉善意予以遵守。例如，1944 年签订并于 1945 年生效的《国际货币基金组织协定》（*Agreement of the international monetary fund*，以下简称《协定》）允许成员国采取限制资本项目外汇转移的措施。《协定》第 8 条第 2 款（b）项规定："涉及任何成员国货币的汇兑契约，如与该国按本协定所施行的外汇管理规定相抵触，在任何成员国境内均属无效。"根据该规定，某一成员国符合《协定》规定的外汇管制立法中的限制资本项目外汇转移条款，在其他成员国应承认其具有域外效力。再如，世界贸易组织（WTO）的成员方在行使对有关经贸活动的管辖权时，应遵守该组织的一系列多边协议的规定。美国《1974 年贸易法》（*The Trade Act of* 1974）的"301 条款"规定美国政府为维护其贸易利益可以实施单边经济制裁，从而涉嫌与 WTO 的争端解决机制相抵触。1998 年 11 月，欧洲共同体（以下简称"欧共体"）就前述"301 条款"向美国提出磋商的请求，随后成立的 WTO 专家组经审理认为，"301 条款"授予美国在解决经济争端时的自由裁量权，构成了对 WTO《争端解决程序的谅解》的"初步违反"，美国政府在专家组审议期间提交了"政府行政声明"，明确承诺将与 WTO 有关的事项排除在被诉的 1974 年的《贸易法》"301 条款"的适用范围之外。因此，争端解决机构最终通过的报告认为美国尚未在实质上违反《争端解决程序的谅解》的有关规定。①

国家在网络空间行使长臂管辖权，理论上也可能与其他国家在国际法上的属地管辖权、属人管辖权、保护性管辖权或普遍性管辖权发生冲突。判断前者在国际法上的合法性，也需要从国际条约、国际习惯法规则等方面来加以考查。如果国家所参加的有关条约涉及网络空间管辖权的分配或协调的规定，则国家应予遵守。

目前一般性的全面调整网络空间活动所涉管辖权的国际条约并不多见，但在涉及网络空间活动某些特定的领域，也开始出现一些有影响的条

---

① 张利民. 经济行政法的域外效力［D］. 苏州：苏州大学，2007：294-297.

约。例如，在网络空间的个人隐私保护方面，美国和欧盟就先后签订过两个协议。2000 年 7 月 26 日，为处理欧洲公民的个人数据被跨境传输至美国所涉及的保护问题，美国和欧盟达成《安全港协议》（*Safe Harbour Agreement*），规定如果美国互联网企业因美国法律明示（而不是默示的）规定的强制性义务而不得不违反安全港原则，则此种违反可以得到欧盟的豁免。由于美国在反恐方面赋予美国国家安全部门更多的监控网络个人信息的权利，《安全港协议》在 2015 年被欧盟法院判决无效。2016 年 2 月，欧盟和美国又达成了取代《安全港协议》的《隐私盾协议》（*EU-US Privacy Shield*），规定用于商业目的的欧洲个人数据传输到美国后，将享受与在欧盟域内同样的数据保护标准。美国政府部门承诺其国家安全部门不会对这些个人数据采取任意监控或大规模监控措施，《隐私盾协议》还就个人数据保护所涉的争议规定了争端解决程序。2020 年 7 月 16 日，欧盟法院再次做出判决，认定欧美之间签署的《隐私盾协议》无效。欧盟法院认为，美国的数据监视制度不尊重欧盟公民权利，并将美国国家利益置于公民个人利益之上。如无法确保目的国数据保护合乎欧盟准则，则禁止转移数据。此后，美国进一步与欧盟开启讨论，筹备出台新的制度以取代《隐私盾协议》。①

　　一些条约中对于管辖权分配或协调所作的一般性规定，理论上也是可以解释适用于网络空间活动的。例如，1948 年《防止及惩治灭绝种族罪公约》（*Convention on the Prevention and Punishment of the Crime of Genocide*）第 3 条第 3 款规定，直接和公开煽动灭绝种族行为可以依据普遍管辖原则加以惩罚，显然，这一规定也应适用于在网络空间实施的直接和公开的煽动灭绝种族的行为。

（二）国家行使涉及网络空间的域外管辖权应遵守的国际习惯法规则

　　从国际习惯法的角度看，一国行使域外管辖，主张本国国内法的域外效力，除应遵守该国依据双边或多边条约的有关规定所可能受到的限制，

---

① 中华人民共和国商务部. 欧盟法院裁定欧美"隐私盾"协议无效［EB/OL］. 中华人民共和国商务部网站，2020-08-17.

还应遵守有关的国际习惯法规则。《塔林手册2.0版》基于国际法理论研究的视角，对国家行使立法管辖权和执行管辖权所应遵循的国际习惯法规则进行了阐述。关于立法管辖权，《塔林手册2.0版》指出，一国对网络活动行使域外立法管辖权可以基于以下依据：（1）网络活动为该国国民在境外实施；（2）网络活动在一国境外的但具有该国国籍的船舶或航空器上实施；（3）网络活动由外国国民在境外实施，旨在严重破坏一国核心国家利益；（4）网络活动是一定条件下外国国民针对该国国民实施；（5）网络活动根据普遍性原则规定构成国际法上的犯罪。① 《塔林手册2.0版》认为，域外管辖权的行使应该受实际联系原则和国际礼让原则的制约，即一国对境外从事网络活动的人、网络基础设施以及网络活动行使立法管辖权时，必须合理且应当尊重他国利益；不应该对没有实质联系的人或活动行使管辖权；或者行使管辖权会侵犯外国主权或外国国民利益，从而构成国际不法行为时，一国也不应行使此类域外管辖权。② 另一方面，对于执行管辖权，《塔林手册2.0版》指出，执行管辖权具有强烈的属地性，国家一般只能在其境内行使执行管辖权。③ 如果要到境外行使执行管辖权，则必须具有国际法上的授权或者获得外国政府的同意。国际法上的授权包括条约或习惯国际法的授权。国际法对域外执行管辖的授权必须是明示的。在国际习惯法上，国家在公海、专属经济区以及任何国家管辖范围以外的地方都对海盗犯罪具有域外执行管辖权，在交战国占领期间，占领国在被占领土上可以行使执行管辖权，这些都可以适用于网络活动。④ 外国政府的同意包括临时同意和长期同意。临时同意常常适用于一国同意外国对所属船舶、航空器或者航天器行使执行管辖权。长期同意则往往表现为通过缔结双边条约或参加多边公约等方式表示同意。

---

① 迈克尔·施密特.网络行动国际法塔林手册2.0版［M］.黄志雄，等译.北京：社会科学文献出版社，2017：145.
② 迈克尔·施密特.网络行动国际法塔林手册2.0版［M］.黄志雄，等译.北京：社会科学文献出版社，2017：176.
③ 周鲠生.国际法［M］.武汉：武汉大学出版社，2007：198-199.
④ 迈克尔·施密特.网络行动国际法塔林手册2.0版［M］.黄志雄，等译.北京：社会科学文献出版社，2017：201.

一些公认的传统国际习惯法规则，如国家主权平等、不干涉内政等国际法的基本原则，或者"属地管辖权优先"原则等，也应拓展适用于网络空间并作为协调、分配国家管辖权的依据。

中国商务部于 2020 年 9 月发布的《不可靠实体清单规定》第三条也明确强调中国遵守一系列国际法的基本原则："中国政府坚持独立自主的对外政策，坚持互相尊重主权、互不干涉内政和平等互利等国际关系基本准则，反对单边主义和保护主义，坚决维护国家核心利益，维护多边贸易体制，推动建设开放型世界经济。"

1. 应遵循作为国际习惯法的国际法基本原则

（1）国家主权平等原则

国家主权平等原则，是指各国不论经济、社会、政治或其他性质有何不同，在国际关系中一律享有主权平等的权利和地位。国家主权平等原则还是其他国际法基本原则的基础，是现代国际法体系的基石。根据 1970 年的《国际法原则宣言》的解释，主权平等应包括以下要素：各国法律地位平等；每一国均享有充分主权之固有权利；每一国均有义务尊重其他国家之人格；国家之领土完整及政治独立不得侵犯；每一国均有权利自由选择并发展其政治、社会、经济及文化制度；每一国均有责任并一秉诚意履行其国际义务，并与其他国家和平相处。

国家享有主权的同时，也应尊重他国的主权。因此，一国行使主权权利实施长臂管辖，并不意味着就不受限制。对此，《奥本海国际法》（第九版）指出，"管辖权以主权为依据的事实并不意味着，每一个国家在国际法上有在它所选择的任何情况下行使管辖权的主权权利。管辖权的行使可能影响其他国家的利益。一个国家所认为的它的管辖权的主权权利的行使，而另一个国家则可能认为是对它自己的属地或属人权威的主权权利的侵犯。"①

一国无视国家主权平等原则，单方面坚持本国的某些国内法在他国领域范围内的适用或效力，很容易损害他国主权，并引起国际争端。例如，

---

① 拉萨·奥本海. 奥本海国际法：第一卷第一分册 [M]. 王铁崖，陈公绰，汤宗舜，等译. 北京：中国大百科全书出版社，1995：328.

美国的出口管制法令就一直受到国际社会的抵制和反对。根据国际法的基本原则，各国未经他国同意不应单方面在他国领土上行使管辖权。尽管美国政府坚持认为，对外贸易管制常被用作国家外交政策的工具，是行使美国主权的体现。但从国际法的角度来看，在国际法上获得普遍承认的管辖权基础理论并不能为美国出口管制方面的国内法的域外适用提供有力的支撑。①

正如国家主权原则是现代国际秩序和国际法的基石，网络主权原则也理应是网络空间国际秩序和国际法的基石。② 各国在针对网络空间活动（如处理跨境数据流动、网络个人隐私保护、网络侵权、打击网络犯罪、跨国网络攻击等领域）主张或行使长臂管辖时，应彼此尊重对方的网络主权。在必要的情况下，可以考虑根据"国际礼让原则"，通过适当的自我约束来体现对"国家主权平等原则"的尊重。《塔林手册2.0版》在其"规则3"中分析国家在网络空间享有的对外主权时指出："本规则明确承认，一国基于对外主权实施网络行动不得违反对其具有约束力的条约或习惯国际法规范。值得在此特别提及的有对侵犯他国主权（规则4）、干涉（规则66）以及使用武力（规则68）的禁止。"③

（2）不干涉内政原则

不干涉内政原则作为公认的国际习惯法规则，也是国际法基本原则之一。根据1945年的《联合国宪章》（Charter of the United Nations）、1965年的《关于各国内政不容干涉及其独立与主权之保护宣言》（*Declaration on the Inadmissibility of Intervention in the Domestic Affairs of Sates and the Protection of Their Independence and Sovereignty*），以及1970年的《国际法原则宣言》（*Declaration of Principles of International Law*）等重要的国际文件或条约对不干涉内政原则所作的规定或解释，不干涉内政原则是指国家在其相

---

① EDITORS. Extraterritorial Application of United States Law：The Case of Export Controls [J]. University of Pennsylvania Law Review，1984，（132）：355-390.
② 黄志雄. 网络主权论法理、政策与实践 [M]. 北京：社会科学文献出版社，2017：75.
③ 迈克尔·施密特. 网络行动国际法塔林手册2.0版 [M]. 黄志雄，等译. 北京：社会科学文献出版社，2017：49.

互关系中，不得以任何借口或任何方式直接或间接地干涉在本质上属于任何国家国内管辖之事项，也不得以任何手段强迫他国接受自己的意志、社会制度、经济制度和意识形态。内政是指那些在本质上属于国内管辖的事项。内政并非一个单纯的地理概念，内政的范围并不与领土范围完全相对应，不能说一国领土内的事项都属于该国的内政，如在某一国国内发生的种族隔离、种族灭绝事项不属于纯粹的内政事项；另一方面，在一国领土外的事项也可能属于该国的内政，如在公海等不属于任何国家的领域发生的船舶内部事件通常是船旗国的内政。

一国主张本国国内法的域外效力，如果超过一定的限度，可能构成对他国内政的干涉。例如，美国为达到制裁古巴、伊朗、利比亚等国家的目的，曾先后制定了一系列的单边经济制裁法令，其中包含了一级制裁、次级制裁乃至三级制裁的条款或规定，由于次级或三级制裁是要求对美国之外的第三国领域内的交易主体或活动加以适用，阻挠第三国与制裁目标国之间的符合国际法的国际经济贸易交往，将自己的对外政策凌驾于第三国的主权之上，因此在性质上除非经第三国同意，否则即违反了不干涉内政原则。

美国近年来一再以所谓的威胁国家通信安全为借口，在缺乏充分证据的情况下，指责中国在第五代移动通信技术（简称"5G"）领域的领先企业，如华为技术有限公司、中兴通讯股份有限公司等主体的业务活动"威胁"美国的"国家安全"，并将这些公司甚至其子公司列入"实体清单"，强令即便使用了少量美国技术或产品的外国企业也遵守美国的单边制裁法令，甚至通过次级制裁、三级制裁限制有关的中国公司与第三国的经济、技术交易活动。这些滥用管辖权的做法，不仅是其贸易保护主义政策的体现，同时在本质上也属于干涉中国内政的国际不法行为。

（3）和平解决国际争端原则

和平解决国际争端原则是指各国应以和平方法解决与其他国家之国际争端，禁止采用武力或武力威胁等非和平的强制手段或方式解决国际争端。1970 年的《国际法原则宣言》的有关规定概括了该原则的主要内容：

（1）各国应以谈判、调查、调停、和解、公断、司法解决、区域机关或办法之利用或其他种和平方法寻求国际争端之早日及公平之解决；（2）争端各方遇未能以上述任一和平方法达成解决的情形时，有义务继续以其商定之他种和平方法寻求争端之解决；（3）国际争端的当事国及其他国家应避免从事使情势恶化之任何行动；（4）国际争端应根据国家主权平等之基础并依照自由选择方法原则解决。

如果一国为行使长臂管辖权，抛开既有的多边国际争端解决程序，例如联合国安理会的有关程序、WTO 争端解决程序、区域性国际经济组织的争端解决程序等，以实施经济制裁甚至军事制裁的方式，迫使他国妥协，以便达到推行本国法域外适用的目的，则可能构成对和平解决国际争端原则的违反。

网络空间的管理存在国别差异是客观现实，如何在存在网络监管冲突、监管标准差异的情势下和平解决国际争端，亦成为各国需要重视的问题。各国遭受的网络安全威胁，以及受到的网络攻击经常来自国外。因此，政府之间通过及时的沟通、协调，排查问题来源并妥善处理冲突显得尤为重要。应尽量使用谈判、协商、提供司法协助的合作等和平手段解决相关问题，避免仅仅基于对于一些跨境网络攻击活动的缺乏根据的猜测而单方面滥用长臂管辖权。

（4）其他有关的国际法基本原则

除上述原则外，国家在行使管辖权时还应遵守善意履行国际义务原则、禁止使用武力或以武力相威胁原则、国际合作原则等。

关于善意履行国际义务原则，"约定必须遵守"是国际法最基础的规范之一，国家对其国际法义务的善意履行是维持国际秩序和国际法律关系稳定性的重要基础。一国在实践中行使长臂管辖权也应受到其基于条约或国际习惯等国际法规则而承担的义务的约束，否则即为违反"善意履行国际义务原则"。例如，WTO 的《1994 年关贸总协定》（General Agreement on Tariffs and Trade）规定了成员方应给予其他成员方以最惠国待遇的义务、取消数量限制的义务等，美国的出口管制法令则明确对不同的国家产品施加不同的管制，如果此种做法不能满足《1994 年关贸总协定》第 20 条、

21 条所规定的一般例外、安全例外的规定，则违反了最惠国待遇原则、取消数量限制原则，从而也违反了"善意履行国际义务原则"。在 WTO 于 2020 年 10 月 2 日举行的一次服务贸易理事会的会议上，中方代表指责美印两国封禁中国多款 APP 应用程序的做法"明显违反世贸组织规则，限制跨境贸易服务，违反多边贸易体系的基本原则和目标"。中方表示，美印两国所声称的"窃取用户数据""威胁国家安全"的说法并没有证据支持，而 TikTok 对数据的收集也是全球数千款应用程序的标准做法，美印的做法违反了 WTO 开放、透明、非歧视的原则。①

禁止使用武力或以武力相威胁原则是指各国在其国际关系上不得以侵害任何国家领土完整或政治独立为目的，不得以威胁或使用武力的行为作为解决国际争端的方法。显而易见，国家在采取措施强化本国的国内法域外效力方面，也不能违反"禁止使用武力或以武力相威胁原则"。在网络空间中进行的有关活动在何种程度上构成"使用武力"，国家面对何种程度的网络攻击活动才有权主张国际法上的"自卫权"等等，是禁止使用武力或以武力相威胁原则在网络空间适用需要解决的主要问题。学界普遍认为，只有在网络攻击行动造成严重的伤亡后果以及武力损害的前提下才能够允许行使自卫权。根据实际情形来看，国家更容易遭受一些低强度的网络攻击行为。在这种背景下，国际社会开始逐渐重视制定限制国家实施特定的网络行为的国际法规则。② 同样，国家对跨国网络攻击行为行使管辖权，或为达到行使管辖权的目的而采取相关的措施，也应遵守禁止使用武力或以武力相威胁原则的限制。

"国际合作原则"则要求各国在面对管辖权冲突这一问题时，应通过双边或多边协商等方式寻求解决的途径。例如，在打击国际洗钱、跨国网络攻击或侵权、反垄断等领域，国家应尽可能通过双边或多边协商、签订条约等方式的合作，协调彼此的管辖权冲突。

---

① 刘程辉．WTO 官员：闭门会议上，中方怒斥美印封禁中国 APP［EB/OL］．观察者网，2020-10-06．

② 陆睿．网络攻击中的国际法问题研究［D］．上海：华东政法大学，2014：76．

2. 应遵循"属地管辖权优先"原则

根据确立久已的国际习惯法，在条约对有关管辖权冲突未做规定的情况下，一般来说，属地管辖权优先于其他类型的管辖权。《奥本海国际法》（第九版）指出，"属地性是管辖权的首要根据，即使另一个国家同时有行使管辖权的根据，如果它行使管辖权的权利是与具有属地管辖权的国家的权利相冲突的，该另一个国家行使管辖权的权利就受到了限制。"①《牛津法律大辞典》也指出，管辖权指"法院审理提交给它的事项以及对这些事项做出裁决的权力和权限。……管辖权在国内几乎是排他的，而在域外，只有经其他国家允许才能行使"②。可见，作为属地管辖权优先性的体现，任何国家如未经他国同意，原则上不得在他国的领土上行使公权利，例如实施抓捕行动、设立监狱、征税等，否则就侵犯了该他国的属地管辖权。

1926 年的"荷花号案"确立了客观属地管辖权原则，使属地管辖权在一定程度上突破了领土的界限。该案中常设国际法院认为，虽然在任何法律制度中，刑法的属地管辖是一项基本原则，但同时，尽管管辖方式有所不同，几乎所有的法律制度又把各自的管辖权扩展到在其领土之外的犯罪。因此，刑法的属地管辖并不是一项绝对的国际法原则，也并不与领土主权完全一致。土耳其行使管辖的合法性不是基于受害者的国籍，而是因为犯罪行为的后果产生在土耳其船上，即产生在一个"比作土耳其领土的地方，在那里适用土耳其刑法是无可争议的"③。但《奥本海国际法》（第九版）指出这种针对在国外发生但在国内构成犯罪效果的行为行使管辖权的主张是有争议的。与之类似的是，一些国家采用"效果原则"，即特殊的属地原则，针对在国外发生但在国内产生效果（即便这一效果并不是作

---

① 拉萨·奥本海. 奥本海国际法：第一卷第一分册 [M]. 王铁崖，陈公绰，汤宗舜，等译. 北京：中国大百科全书出版社，1995：328-329.

② 戴维·M·沃克. 牛津法律大辞典 [M]. 北京社会与科技发展研究所，译. 北京：光明日报出版社，1988：488.

③ 何铁军. 国际法上的管辖权制度刍议——以"荷花号案"为视角 [J]. 齐齐哈尔大学学报（哲学社会科学版），2008（04）：12-15.

为犯罪构成要件的效果）的行为主张行使管辖权。① 实践中，一些国家如美国常常以域外发生的行为在域内产生"效果"为由，主张行使长臂管辖权，并在对"效果"原则进行把握时存在扩大化的滥用倾向，从而引起管辖权的冲突，对此，著名国际法学者肖永平教授指出："美国法院采取'效果'原则，无论行为发生地有多远，只要该行为的影响或效果及于美国境内，美国就主张域外管辖权。该原则遭到了世界上多数国家（包括英国、澳大利亚等）的反对。"②

美国于 1977 年修订的《古巴财产管制法》（*Cuban Assets Control Regulations*），规定美国公司的境外子公司也须遵守对古巴制裁的规定，加拿大于 1978 年 9 月 29 日向美国提交了交涉的照会，指出根据国际法，国家在执法方面享有自由裁量权，但除非国际习惯法或国际条约有相反规定，国家只能在其领域内执法。国家法对国家行使域外管辖的限制之一是"一国不能要求其在境外的国民从事当地法律禁止的行为，不能命令它们不要实施当地法律所要求实施的行为。"③

1982 年，欧共体专门针对美国 1982 年 6 月 22 日的《石油和天然气管制修正案》（*Amendment of Oil and Gas Controls to the USSR*）向美国提交抗议声明，指出美国依据该法案所采取的域外管辖措施根据国际法是不可接受的，美国试图对非美国国籍的公司在美国境外的行为进行管辖，在贸易领域推行歧视性的制裁，而美国所主张管辖的这些公司所从事的交易也并非在美国境内发生。因此，美国的前述做法违反了国际法上两个得到普遍承认的管辖权基础：属地管辖原则和属人管辖原则。④ "美国国务院公报"（Department of State Bulletin）于 1983 年 6 月发布了《域外性与管辖权冲突》

---

① 李庆明. 论美国域外管辖：概念、实践及中国因应 [J]. 国际法研究，2019（03）：3-23.

② 肖永平. "长臂管辖权"的法理分析与对策研究 [J]. 中国法学，2019（06）：39-65.

③ 张利民. 经济行政法的域外效力 [D]. 苏州：苏州大学，2007：163-164.

④ 杜涛. 欧盟对待域外经济制裁的政策转变及其背景分析 [J]. 德国研究，2012，27（03）：18-31.

（*Extraterritoriality and Conflicts of Jurisdiction*）的声明，主张美国扩张管辖外国的行为在国际关系中长期以来一直得到承认，因此，欧洲盟友也应该对美国扩张制裁有预期。但欧共体则明确对此表达了反对，认为从属地原则、保护原则、国籍原则和效果原则来看，美国对位于欧共体境内的欧洲法人在美国境外的行为实施管辖违反了国际法。①

由于网络空间所设的"属地"认定标准的复杂性，客观属地管辖和"效果原则"在网络空间违法犯罪活动中具有更广阔的适用。因此，国家在"属地"的判断和认定方面应注重其合理性，尽量避免夸大、滥用属地管辖。同时，对于确实应由他国行使属地管辖权的事项，也应尊重该他国管辖权的优先性。

3. 应遵循其他相关的国际习惯法规则

国家行使域外管辖权，还应遵守其他相关的国际习惯法规则。例如，国家在行使管辖权时应遵循国际习惯法中有关国家主权豁免的规则，一般情况下应给予其他主权国家或外交官员、领事官员等特殊身份的主体以相应的司法管辖豁免、诉讼程序豁免及执行豁免。《塔林手册 2.0 版》在其"规则 12"中分析涉及网络空间的"国家管辖豁免"时指出，依据国际习惯法，国家通常对非商业性活动和纯属政府职能性质的行为享有不受他国管辖的豁免权。除非在某些有限的情形下，例如经国家同意，一国国内法院不得对他国非商业性的政府职能性质的网络活动行使司法管辖权。同时，"国家元首、政府首脑以及外交部部长等高级官员，只要是在位期间，其与网络有关的个人行为和职务行为都对外国的执行管辖和外国法院的诉讼程序享有绝对的人身豁免（属人原则）。"② 再如，国家在进行引渡时应遵循相关的习惯法规则，作为引渡的前提条件之一，拟引渡的对象被指控的行为应符合"双重犯罪原则"。对于他国公民在我国领域外实施并在我国境内产生损害后果的严重犯罪，理论上我国主管部门应适用我国刑法追

---

① 李庆明. 论美国域外管辖：概念、实践及中国因应 [J]. 国际法研究，2019（03）：3-23.

② 迈克尔·施密特. 网络行动国际法塔林手册 2.0 版 [M]. 黄志雄，等译. 北京：社会科学文献出版社，2017：90.

究刑事责任，向嫌疑人所在国提出引渡请求。但在有些国家，跨国网络犯罪的具体行为按照其国内法可能不构成犯罪，即便我国与该国签订有引渡协议或刑事司法协助条约，最终可能因为该国不认为是犯罪而不能对犯罪分子适用相关司法程序。①

国家在指责其他国家从事违反国际法义务的情况下，行使域外管辖权对该他国实施单边制裁措施，也应符合国际法律责任制度中"报复"或"反措施"的相关国际习惯法规则。例如，"反措施"的实施应符合有关的前提和限制条件，并遵循相称性原则等。

肖永平教授在分析美国所实施的域外管辖在国际法上的合法性时指出："事实上，不管是民事案件还是刑事案件，也不管是行使域外立法管辖权，还是司法管辖权或执法管辖权，如果美国的做法并不被国际法明文禁止或者授权，也不符合习惯国际法或多数国家的实践，就需要根据具体领域和案件的具体情况才能判断其是否符合国际法。"② 总体来看，一国实施的域外管辖活动是否符合国际法，需要根据具体情况加以分析和判断，考察其做法是否符合国际条约、国际习惯法规则，而缺乏国际条约、国际习惯法等方面依据的域外管辖活动，如果侵犯了他国基于国际法享有的权利，则很可能构成国际不法行为。

---

① 魏祎远. 论跨国网络犯罪给我国刑法管辖原则带来的冲击与挑战 [J]. 网络安全技术与应用, 2020, (11): 176-178.
② 肖永平. "长臂管辖权"的法理分析与对策研究 [J]. 中国法学, 2019 (06): 39-65.

第三章 欧美有关国家在民事领域主张涉及网络空间的有关国内法的域外效力

从民事诉讼的角度来看，一国主张本国法的域外效力，分为两种情形，其一是主张本国关于民事诉讼程序的国内立法具有域外效力，主张此类立法——如管辖权及相关诉讼程序的规定——对域外的行为主体具有约束力，主张本国法院对域外主体及其所涉及的相关行为、物等享有管辖权，并有权对于所做出的判决或裁定予以强制执行；其二是主张本国的有关实体法直接适用于域外主体，为其设定了义务或创设了权利。本章侧重于对美欧有关国家主张其国内法域外效力的相关实践进行分析。

一、美国在民事诉讼方面确立的具有域外效力的管辖权规则——长臂管辖

如前所述，长臂管辖最初体现于美国的国内法之中，从源头上讲是一个国内的民事诉讼管辖制度，原本是为了协调美国各州之间的管辖权而确立的原则，后来逐渐扩张适用于国际关系之中。根据美国的普通法传统，其民事诉讼分为对人诉讼与对物诉讼，其民事诉讼管辖制度也分为对人管辖权和对物管辖权，长臂管辖是对人管辖权发展的结果。

美国早期的"长臂管辖"（long-arm jurisdiction）在其司法实践中表现为狭义的长臂管辖，是美国根据经济社会变革对民事诉讼管辖制度进行调整的结果，旨在解决经济发展所带来的人员流动所涉及的民事诉讼管辖问

题，赋予法院管辖未在法院所在地实际出现的被告人的权利。李庆明研究员在分析美国狭义的长臂管辖时指出：“长臂管辖只是对人管辖权（personal jurisdiction）中的一种特别管辖权，强调的是法院管辖谁，法院依据‘长臂法规’（long-arm statutes）对非本国（州）居民被告行使司法管辖权。”①

从法律渊源的角度来看，美国各州的长臂法规和联邦最高法院的有关长臂管辖权判例法构成了联邦法院和州法院行使长臂管辖的法律依据。此外，美国联邦法院有时也会引用有关州的立法作为判决的依据。② 自伊利诺伊州1955年制定最早的州长臂管辖法案以来，美国50个州先后制定了自己的长臂法规，明示其立法管辖权。一半以上的州对其长臂法规的适用范围没有限制；即使是有限制的州，其法院也常常作扩张解释。③ 从立法模式的角度看，美国长臂管辖立法模式主要有两种，分别是概括式和列举式。概括式立法模式一般规定本州法院在符合宪法规定的正当程序和效果原则的情况下可以对非居民行使长臂管辖权，以加利福尼亚州、新泽西州、得克萨斯州等为代表。列举式立法模式则明确列举了可以针对非居民行使长臂管辖权的事项范围，如“商业交易”“侵权行为”等，以伊利诺伊州和纽约州为代表。

美国的长臂管辖是属人管辖发展的结果，是经由一系列判例逐渐确立起来的。以下拟通过对相关典型案例的梳理，分析长臂管辖原则在美国民事诉讼实践中的确定和发展过程。

（一）美国法院在民事诉讼中行使属人管辖权的“实际存在”标准

根据美国民事诉讼程序规则，美国法院受理一项诉讼必须满足三个基

---

① 李庆明. 论美国域外管辖：概念、实践及中国因应 [J]. 国际法研究，2019（03）：3-23.

② 郭玉军，甘勇. 美国法院的长臂管辖权——兼论确立国际民事案件管辖权的合理性原则 [J]. 比较法研究，2000（03）：266-276.

③ 肖永平. “长臂管辖权”的法理分析与对策研究 [J]. 中国法学，2019（06）：39-65.

本条件：属人管辖权（personal jurisdiction）、事务管辖权（subject-matter jurisdiction）和适当审判地（proper venue）。属人管辖权要求诉讼当事人必须与受诉法院具有充分的最低限度的联系；事务管辖权则是基于美国的联邦制原则将不同类型的诉讼置于不同法院的管辖之下，尤其是用来确定联邦法院和州法院之间的分工；适当审判地则是指具体案件由哪一地方的法院受理。①

长臂管辖原则在美国正式确立以前，美国法院行使属人管辖权依据的是普通法管辖原则。所谓普通法管辖原则是基于"权利支配"理论，并通过著名的1877年"彭诺耶诉纳夫案"所确立的"领土主权的方法"来确定管辖权的。美国普通法管辖原则中的"领土主权"主要是指美国各州除受宪法及一些公法原则的限制之外，对其州内的人和物拥有管辖权，这种管辖权行使的依据是presence，即"存在"。在1877年"彭诺耶诉纳夫案"中，美国联邦最高法院认为，被告是否在法院地"实际存在"（physical presence）是确定对其行使管辖权的基本依据。这种"实际存在"表现为以下几种情形：被告的住所或者居所在该州内；被告出现在该州并被送达传票；被告放弃管辖权异议。最高法院强调，各州法院不能随意对一个持异议的非居民被告行使管辖权，除非当被告出现在该州时被合法传唤。②这意味着当时的美国各州的法院对其法域范围内的人和物具有司法管辖权，非法院地无此项管辖权，并且表明任何行使域外管辖权的行为均是对他州主权的侵犯。

（二）美国法院在民事诉讼中行使属人管辖权的"最低限度的联系"标准

随着美国州际贸易和人口流动的不断发展，交通设施和技术的快速发展使得美国州际交往更加便捷和频繁，新的商业组织形式出现，法人等公

---

① 杜涛. 论反垄断跨国民事诉讼中域外管辖权和域外适用问题的区分——以中美新近案例为视角 [J]. 国际经济法学刊, 2019（01）：72-84.
② C. CASAD R. 论美国民事诉讼中的管辖权 [J]. 刘新英, 译. 法学评论, 1999（04）：109-115.

司制度的变革，对法律适用的统一性和稳定性也提出了挑战，传统的管辖权理论和规则已无法适应这一新的情势。在这一背景下，美国民事诉讼管辖权制度中的上述传统的"实际存在"标准得以突破，以"最低限度联系"理论为基础的长臂管辖权应运而生。该理论最早来源于"国际鞋业公司诉华盛顿州"（International Shoe v. State of Washington）一案（以下简称"国际鞋业公司案"）。

在1945年的"国际鞋业公司案"中，美国联邦最高法院需要解决的一个重要问题是在第十四修正案正当程序条款的限制范围内，成立于特拉华州且主要营业地点位于密苏里州的上诉人国际鞋业公司，是否通过其在华盛顿州的活动，使其符合华盛顿州法院的诉讼程序，即华盛顿州是否可以依据《华盛顿州失业补偿法》《华盛顿州修订法规》要求其缴纳州法律规定缴纳的税款，作为对失业补偿基金的强制性缴款。①

当国际鞋业公司被认为未能遵守华盛顿州的税收规定时，华盛顿州向其中一名常驻推销员送达了纳税通知书，并以挂号信的方式向该公司密苏里州总部寄出了一封信。华盛顿州政府依其法律提起诉讼，试图基于该公司付给居住在本州的推销员的佣金向公司征收失业救济基金。国际鞋业公司一开始就提出管辖权异议，辩称公司并未在华盛顿州从事任何经营行为，不符合"实际存在"的标准，华盛顿州法院无权行使管辖权，主张法院应以缺乏属人管辖权为由驳回该案。但这一主张在州法院系统的诉讼中并未得到支持。② 在州法院败诉后，国际鞋业公司向联邦最高法院提起上诉，辩称其不是华盛顿州的公司，在华盛顿州也没有营业活动，因而公司没有"出现"在华盛顿州，美国宪法修正案第14条明确规定："非经正当法律程序，不得剥夺任何人的生命、自由或财产"，因此，华盛顿州法院对其不享有管辖权，其行使管辖权行为违反了宪法的正当程序规则。

上诉人国际鞋业公司在华盛顿没有办事处，也没有订立在华盛顿销售

① H20. International Shoe Co. v. Washington ［EB/OL］. H20, 2017-05-22.
② JUSTIA. International Shoe v. State of Washington, 326 U.S. 310（1945） ［EB/OL］. JUSTIA, 2010-01-14.

或购买商品的合同。它在该州没有商品库存，在州内贸易中也没有货物交付。在 1937 年至 1940 年期间，国际鞋业公司雇用了 11~13 名推销员，由位于圣路易斯的销售经理直接监督和控制。这些推销员居住在华盛顿；他们的主要活动仅限于该州；他们得到了基于销售额的佣金补偿。每年的佣金总额超过 31 000 美元。国际鞋业公司向其销售人员提供一系列样品，每个样品由一双鞋中的一只组成，他们向潜在的购买者展示这些样品。有时，他们会在商业建筑中租用永久性样品室，或为此临时在酒店或商业建筑中租用房间。这些租金的费用由国际鞋业公司补偿。销售人员的权限仅限于按国际鞋业公司确定的价格和条件展示样品和向潜在买家招揽订单。销售人员将订单发送至国际鞋业公司在圣路易斯的办公室，以接受或拒绝订单，当接受订单时，用于填写订单的商品将从华盛顿以外的地点以船上交货价（又称"离岸价"）的价格运给该州内的购买者。所有运到华盛顿的商品都在收款地开具发票。任何销售人员都无权签订合同或收款。①

最高法院却对宪法"正当程序条款"限制下的属人管辖权做了新的解释。最高法院裁定，正当程序条款允许各州对位于本州之外的人行使对人管辖权，如果被告不在法院所在地州，正当程序仅仅要求上诉人与法院地州之间存在某种最低限度的联系，判断所谓存在"最低限度联系"主要取决于满足两个方面的条件：（1）被告是否在法院地从事系统的和连续的商业活动；（2）原告的诉因是否源于这些商业活动。至于上诉人是否在法院地实际出现，则无关紧要。美国联邦最高法院强调，该案中鞋业公司与华盛顿州存在持续的联系，且华盛顿州要求鞋业公司缴纳失业税的诉讼请求来自鞋业公司在法院所在地的活动，作为"交换条件"，该企业在华盛顿州享有好处和法律保护，所以法院所在地对其行使管辖权是正义的、公平的。② 在该案中，联邦最高法院在行使管辖权的连接点由"存在"向"联

---

① Cornell Law School. International Shoe Co. v. Washington［EB/OL］. Cornell Law School, 2011-03-13.

② L. RAPOSA B. International Shoe Co. v. Washington［EB/OL］. CASE BRIEFS, 2012-03-17.

系”转变，这一转变标志着“存在”这一因素在确定管辖权中的淡化。可见，该案拓宽了美国司法实践中对人管辖的依据，标志着美国联邦最高法院放弃了在“彭诺耶诉纳夫”一案所坚持“领土主权原则”的传统，确立了长臂管辖中的“最低限度的联系标准”。

从“国际鞋业公司案”的判决来看，长臂管辖适用的首要前提是，被告未在法院所在地出现，在法院所在地也没有代理人，法院无法依据被告在法院地的“存在”或是“出现”来行使管辖权。其次，被告应与法院所在地存在某种联系，而且此种联系应当是持续的、系统的联系（regular and systematic），而非偶尔的活动，且原告的诉讼请求应与这些活动存在一定联系。最后，行使长臂管辖应符合宪法修正案第 14 条正当程序的限制，即要满足公平对待和实质正义。①

1945 年的“国际鞋业公司案”是美国州际民事诉讼中的一个重要里程碑。长臂管辖权理论表明，即使一个非居民被告没有在法院地“出现”，只要他与法院地有某种联系时，法院倾向于对被告行使一种特别管辖权。此后的案件管辖中，美国法院不再限于“出现”这一因素，转而强调存在“最低限度联系”即可行使管辖权。

（三）美国司法实践中对“最低限度的联系”标准之发展

1945 年的“国际鞋业公司案”在民事诉讼方面确立长臂管辖规则之后，这一规则逐渐为美国各州法院普遍采用，美国各州纷纷立法，制定所谓的长臂法规，扩大自己的司法管辖权。1955 年伊利诺伊州颁布了全美首部长臂法案，之后，美国各州和联邦政府都引入了长臂管辖法案或者条款。尽管各州在“长臂管辖法令”中对管辖权的标准规定不尽一致，但基本上都采用了“最低限度的联系”标准。

从判例的角度看，美国法院在 1945 年的“国际鞋业公司案”之后，又先后通过 1957 年麦吉诉国际人寿保险公司（McGee v. International Life

---

① POORTVLIET K. International Shoe Co. v. Washington［EB/OL］. Study. com，2012-05-11.

Ins.）案、1958 年汉森诉登克拉（Hanson v. Denckla）案、1980 年的世界大众汽车公司诉伍德森（World-Wide Volkswagen Corp. v. Woodson）案等一系列案例，发展了"最低联系标准"，进一步完善了"长臂管辖"制度。①

1. 1957 年的"麦吉诉国际人寿保险公司案"与 1958 年的"汉森诉登克拉案"

1957 年的"麦吉诉国际人寿保险公司案"中，联邦最高法院认为，诉讼所依据的保险证书构成了与加州的"最低限度联系"，因为合同订立地与保险费寄出地均在加州，这些事实足以使加州法院对被告（国际人寿保险公司）的管辖是合宪的。②

在 1958 年的"汉森诉登克拉案"中，联邦最高法院指出，不论当事人因在特定法院参加诉讼所承受的负担如何轻微，正当程序条款都要求被告直接参与了与法院地之间发生联系的活动。这种活动指被告"有目的利用"其在法院地进行活动的权利。③

由以上两个案例可以看出，在联邦最高法院为确定管辖权的依据，在司法实践中对"最低限度联系"作了进一步具体化的解释。

1963 年，美国统一州法委员会制定了一项长臂管辖的标准示范法——《统一州际和国际诉讼法》（Uniform Interstate And International Procedure Act），该法第 103 节规定，由于下列原因或接触之一而提起的诉讼，法院可以行使对人的管辖权：（1）在该州经营商业的；（2）签订合同在该州供应劳务或货物的；（3）在该州的作为或者不作为造成损害，如果他在该州经常从事商业或招揽商业，或从事其他任何持续性的行为，或从在该州所使用或消费的商品或提供的劳务获得相当收入者。④ 美国统一州法委员会制定的前述长臂管辖的标准示范法仍然过于宽泛，联邦最高法院在随后的

---

① 丁文严. 跨国知识产权诉讼中的长臂管辖及应对［J］. 知识产权，2018，（11）：28-34.

② JUSTIA. McGee v. International Life Ins. Co.，355 U. S. 220（1957）　［EB/OL］. JUSTIA，2010-01-14.

③ JUSTIA. Hanson v. Denckla，357 U. S. 235（1958）［EB/OL］. JUSTIA，2010-01-14.

④ 戴元光. 美国关于网络空间管辖权的立法与争论［J］. 新闻大学，2018（02）：93-102.

判例中进一步发展出新的标准。

2. 1980 年的"国际大众汽车有限公司诉伍德森案"

1980 年"国际大众汽车公司诉伍德森案"是长臂管辖权发展的重要判例，在该案中法院又提出了"可预见性"的标准。

在"国际大众汽车公司诉伍德森案"中，哈雷（Harry）和罗宾森（Robinson）是一对夫妇，他们于 1976 年居住在纽约时向国际大众汽车有限公司（地区经销商）和航海大众汽车有限公司（零售经销商）购买了一辆奥迪新车。第二年，他们举家开此车从纽约迁往亚利桑那州，在途经俄克拉荷马州时，该车因另一辆车的追尾碰撞而着火，致使原告全家严重烧伤。原告夫妇向俄克拉荷马地区法院提起诉讼，称其所买的汽车油箱及燃料系统设计和安装存在缺陷。在该诉讼中，原告夫妇将汽车制造商（德国奥迪 NSU 汽车公司）、汽车进口商（美国大众汽车公司）、汽车的地区经销商和零售商（国际大众汽车有限公司和航海大众汽车有限公司）作为共同被告。该汽车的地区经销商和零售商提出对人管辖权的异议，认为地区经销商的营业处设在纽约，且仅经销纽约、新泽西州和康涅狄格州三个州的业务。而作为零售商的航海大众汽车有限公司的营业处也在纽约，其业务范围更小，其汽车展室也设在纽约。他们既没有在俄克拉荷马州销售汽车也没有在该州从事其他业务。①

俄克拉荷马州最高院支持对国际大众汽车有限公司和航海大众汽车有限公司的对人管辖权，但联邦最高法院推翻了这一裁决，只维持了俄克拉荷马州法院对进口商和制造商的管辖权，但认为零售商和地区代理商（国际大众汽车有限公司和航海大众汽车有限公司）不受俄克拉荷马州的管辖，原因在于这两个被告未有意图利用该州的任何好处，不存在必要的联系。联邦最高法院判称，最低限度联系原则并非是无条件限制的，行使最低限度联系原则首先需要满足下列条件：存在"有意利用"的意图、相关性及合理性。"有意利用"的意图，是指被告故意或者特意地、明确表现出运用法院地州的规定的便利为自己谋取利益；存在相关性即诉讼原因和

---

① 李芊. 论美国民事诉讼中的长臂管辖权［D］. 重庆：西南政法大学，2007：17-18.

被告的行为有因果联系，直接导致诉讼或者是诉讼的主要原因；合理性，即适用法院地法律进行管辖要有正当的理由，不能是牵强的或者不合理的。因此，"最低限度的联系"应当是指被告在法院所在地州的活动和该活动与法院所在地州的联系使其应合理地预计到可能在该州被诉，而外州被告对其所售产品将途经法院所在地州的可能性的应当预见并不能说明其与法院所在地州存在"最低限度的联系"。本案中，原告购买汽车的行为发生在纽约，而且其购买汽车时是纽约州居民，在俄克拉荷马州使用该汽车仅仅是由于原告单方的行为所致，除此之外，两被告与该州再无其他联系。因此，两被告同俄克拉荷马州的最低限度联系不能成立，俄克拉荷马州的法院不能对其行使对人管辖权。①

该案的判决提出了美国州法院行使长臂管辖权的三个条件：（1）被告是否有意地利用法院地州的便利。（2）原告的诉因是否产生于被告在法院地州的行为。（3）管辖权的行使是否公正合理。② 该案的意义在于将"有意利用"（purposeful availment）作为判定"最低限度联系"的一个基本标准：即如果被告为自己的利益有目的地利用法院地的商业或其他条件，以取得在法院地州从事某种活动的权利，进而得到该州法律上的利益与保护，则该州法院可以行使管辖权。③

3. 1985 年的"汉堡王公司诉鲁泽维奇案"

汉堡王公司是佛罗里达州的一家公司，其主要办事处在迈阿密。汉堡王采用"销售统一和优质食品的综合餐厅格式和操作系统"，允许其加盟商使用其商标和服务标志，期限为 20 年，并在同一期限内将标准化的餐厅设施租赁给他们。此外，加盟商还获得有关"标准、规格、程序和操作方法"的各种专有信息。作为回报，加盟商向汉堡王支付最初的 40000 美元

---

① JUSTIA. World-Wide Volkwagen Corp. v. Woodson，444 U. S. 286（1980）［EB/OL］. JUSTIA，2010-01-14.

② 袁海龙，何荣华. 长臂管辖权理论在电子商务管辖中的运用［J］. 重庆科技学院学报（社会科学版），2010，（20）：43-45.

③ 戴元光. 美国关于网络空间管辖权的立法与争论［J］. 新闻大学，2018（02）：93-102.

的特许经营费，并承诺每月支付版税、广告和促销费，以及部分按月总销售额计算的租金。汉堡王通过两层行政结构来监督其特许经营系统。其规定特许经营关系在迈阿密建立，并受佛罗里达州法律管辖。迈阿密总部制定政策，并直接与其特许经营商一起努力解决重大问题。密歇根州居民约翰·鲁泽维奇是底特律一家会计师事务所的高级合伙人。1978年秋，鲁泽维奇和麦克沙拉联合向密歇根州伯明翰的汉堡王地区办事处申请特许经营权。他们的申请被转发给汉堡王的迈阿密总部，后者于1979年2月与他们签订了初步协议。在随后的四个月中，双方同意鲁泽维奇和麦克沙拉将承担密歇根州德雷顿平原现有设施的运营。在此期间，麦克沙拉参加了在迈阿密开设的管理课程，从汉堡王的达夫莫尔工业分部购买了价值165000美元的餐厅设备。1979年年末由于生意萧条，鲁泽维奇和麦克沙拉无法及时负担每月支付给迈阿密的款项。因此，汉堡王总部发出了违约通知，经谈判无果后终止了特许经营权，并命令鲁泽维奇和麦克沙拉离开该店，但遭到拒绝。汉堡王于1981年5月在美国佛罗里达州南区地区法院提起诉讼，声称鲁泽维奇和麦克沙拉违反了他们的特许经营义务。鲁泽维奇和麦克沙拉辩称，他们是密歇根州的居民，而且由于汉堡王的主张没有"出现"在佛罗里达州南区，地区法院对他们缺乏个人管辖权。

尽管佛罗里达州地区法院认为被告的行为与法院地形成"最低限度联系"，但是，上诉法院却以管辖权的行使违背了正当程序条款为由而拒绝。

最终，美国最高法院认为在确定被告是否与法院地建立最低限度的联系时，必须评估以下因素：先前的谈判和设想的未来后果，以及合同条款和双方的实际处理过程。在这种情况下，除了麦克沙拉在迈阿密的短期训练课程外，与佛罗里达没有任何身体联系。鲁泽维奇没有在佛罗里达设有办事处，而且，从记录上来看，他从未访问过那里。然而，这种特许经营权纠纷直接源于"一份与佛罗里达州有实质性联系的合同"。由于鲁泽维奇与汉堡王的迈阿密总部建立了实质性和持续的关系，从合同文件和交易过程中收到了公平通知，表明他可能在佛罗里达州受到诉讼，并且未能证明该地区法院的管辖权是不公平的。因此最高法院认为地区法院行使管辖权没有违反正当程序条款。①

二、美国在涉及网络空间的民事案件中行使长臂管辖的典型案例

长臂管辖原则在美国确立以后，呈现不断扩张的状态，不仅涉及侵权和商业领域。近年来，随着网络技术的发展和成熟，美国法院将长臂管辖权延伸至网络案件，随着长臂管辖权在网络案件中的反复出现和应用，也确立或发展了有关的标准和原则。

美国联邦各州在行使长臂管辖权方面，目前尚缺乏全国统一的成文法规定。尽管美国各州法院对行使长臂管辖权的标准存在一定的差异，但是总体上是围绕"最低限度联系标准"展开，主要从"可预见性""有目的利用""相关性"与"合理性"四个方面进行考察。② 美国各州通常会根据州内情况订立长臂法规，地方法院可依据所在州的长臂法规行使管辖权，但是长臂管辖权的行使不能违背联邦宪法第十四修正案规定"正当程序"条款。

由于最低限度联系原则在解释上存在较大的弹性空间，可能一个极其微弱的连接点都能成为法院实施管辖的依据，因而在具体案件的适用中容易引起争议。

美国的有关判例显示，法官在将长臂管辖运用于网络空间时，往往对管辖权判断标准做扩大解释，使案件尽可能适用法院地法律或者纳入自己的管辖范围之内。美国法院在涉及网络空间活动的人格侵权、知识产权侵权案件中，都曾适用长臂管辖权规则，对传统的"最低限度接触"（minimum contacts）进行解释，用来解决相关案件的管辖权问题。③

总体来看，美国法院对网络案件的管辖经历了由最初的盲目扩大管辖权转向对管辖权合理限制的发展进程；同时，美国法院在司法实践中对于

---

① JUSTIA. Burger King Corp. v. Rudzewicz，471 U.S. 462（1985）［EB/OL］. JUSTIA，2010-01-14.

② 魏健. 互联网环境下美国法院"最低限度联系"标准的确定［D］. 厦门：厦门大学，2009：4.

③ 范江波. 网络侵权中对确认管辖权的探讨［EB/OL］. 中国法院网，2009-03-27.

如何把握"最低限度联系标准",也随着互联网相关实践的不断发展而有所调整。

（一）以被告设立了在法院地可以被访问的网址或网站作为判断标准

网络案件的管辖的难点在于其虚拟性,学界一直存在争论,但在实际判例中,美国法院倾向于以被告在法院地设立了可以被访问的网址或者网站作为其确定管辖权的标准,笔者认为这是参考了长臂管辖案件中在法院地从事商业活动的标准原则；同时,这也符合"最低限度联系标准"原则。

在 1996 年的"加利福尼亚软件公司（California Software Inc.）诉某研究公司（Reliability Research, Inc.）案"中,内华达州的一名被告因为通过 E-mail 和 BBS 对原告进行诽谤而受到指控。因为电子邮件被发往了加州,而 BBS 的内容可能被加州的网民看到,加州法院以"最低限度联系"原则对被告行使了管辖权。加州法院指出,现代科技使得全国性的商业活动变得简单可行,即使是普通的商业活动,也可能导致网络管辖权的扩大,据此根据州长臂管辖法令判决自己拥有管辖权。[1] 可见,加州法院认为网络联系可使得长臂管辖权应用得到扩大。

在 1996 年密苏里州院审理的"莫里茨公司（Maritz, Inc.）诉网金公司（Cybergold, Inc）案"中,州法院在进行审理时首先对是否拥有管辖权进行了两方面的考虑：是否处于本州的长臂法令之下；法院必须确定管辖权的行使是否符合正当程序。法院经过审查得出结论,被告网金公司通过其互联网活动,有目的地利用了该网站做生意的特权,从而能够合理地预期法院地拥有管辖权的可能性,符合了州长臂法令的最低限度联系原则标准。[2]

1996 年的"莫赛特公司（Inset Systems, Inc.）诉莫斯科申公司（In-

---

[1] JUSTIA. California Software Inc. v. Reliability Research, 631 F. Supp. 1356 （C. D. Cal. 1986）[EB/OL]. JUSTIA, 2010-01-14.

[2] JUSTIA. Maritz, Inc. v. Cybergold, Inc., 947 F. Supp. 1328 （E. D. Mo. 1996） [EB/OL]. JUSTIA, 2010-01-14.

struction Set，Inc.）案"，① 也涉及了对有关网络活动满足"最低限度联系"标准的解释。在该案中，位于康涅狄格州的原告起诉马萨诸塞州的被告商标侵权，理由是被告使用了原告已经注册的互联网域名。被告与法院地康涅狄格州的联系，包括一个可供约一万名康涅狄格州居民浏览的网站，以及向网络用户提供免费电话。州法院最终依据州长臂管辖法令判定拥有管辖权的依据是互联网广告构成了在康涅狄格州有目的的商业行为，因为通过互联网进行的广告具有足够的重复性，满足了康涅狄格州长臂法规的"招揽业务"条款，构成有意利用网络在法院地进行商业活动，符合最低限度联系的标准。

综上，我们可以看出法官往往依据被告在法院地设立了可以被访问的网址或网站或在有关网站上发布特定信息这一事实，认定被告存在有意利用法院地州的便利的意图，从而认为满足了"最低限度的联系"这一要求，并得出对该案件有管辖权的结论。这种推理不违背州的长臂管辖法令且符合正当程序原则，但是其弊端在于管辖权依据过于宽松，容易将全球的网络纠纷都纳入美国法院的管辖之下。②

（二）"滑动标尺"分析法或"按比例增减"分析法

滑动标尺分析法（Sliding scale approach），是指法院据以判断管辖的标准并非一成不变，而是在将涉案网站确定为主动型、被动型、交互式网站中的某一类型的基础上，依据被告通过互联网进行的商业活动的性质和质量等实际情况，具体判断是否拥有管辖权。

在 1996 年的"芝宝制造公司（Zippo Manufacturing Co.）诉芝宝网络公司（Zippo Dot Com，Inc）案"中，美国宾夕法尼亚西区联邦地区法院创立了"滑动标尺"分析法（Sliding scale approach）。芝宝制造商根据

---

① JUSTIA. Inset Systems，Inc. v. Instruction Set，Inc.，937 F. Supp. 161（D. Conn. 1996）[EB/OL]. JUSTIA，2010-01-14.

② 鞠海亭. 网络环境下的国际民事诉讼法律问题 [M]. 北京：法律出版社，2006：43-45.

《美国商标法》和州法律对使用"zippo. com""zippo. net"和"zipponews. com"等域名的芝宝网络公司提起诉讼。法院在分析管辖权时提到，管辖权依法行使的可能性与实体通过互联网进行的商业活动的性质和质量直接成正比。该法院将有关网站划分为三种类型：（1）主动型网站（active sites）。此种情况下，被告与外国司法管辖区的居民订立的合同，法院拥有管辖权；如"在线服务公司（CompuServe, Inc.）诉帕特森（Patterson）案"。（2）被动型网站（passive sites）。被告只是在互联网网站上发布信息，供外国司法管辖区的用户访问，但没有更进一步的行动。（3）交互式网站（interactive sites）。用户可以在其中与主机交换信息，但管辖权的行使是通过审查网站上发生的信息交换的互动性和商业性来确定的，在"马里兹公司（Maritz, Inc.）诉网金公司（Cybergold, Inc）案"中，虽然被告网金公司的服务尚未投入使用，但鼓励用户将自己的地址添加到邮件列表中，以接收关于该服务的更新。法院认为，被告的行为等同"积极招揽"及"促销活动"，目的是"发展互联网用户的邮寄名单"，而被告"不加区别地回应"每一位进入网站的用户，最终通过信息交换的互动性和商业性确定属于交互式管辖，因而判定法院对该案享有管辖权。①

"滑动标尺"分析法是美国法院为了适应互联网案件而进行的创新式的尝试，也一度成为美国确定互联网案件管辖权的经典标准，但该分析法在对网站进行分类方面缺乏清晰的判断标准，且在适应网络技术与商业模式快速发展方面也存在一定的滞后性。

（三）"进一步活动"说

"进一步活动"说（additional activity），是指被告除了在网站上发布信息之外，还进一步实施了有关行为，此种行为显示出被告有意服务于法院所在地的市场，被告也因此意识到自己的行为应受到该地法律的调整或约束。

---

① JUSTIA. Zippo Mfg. Co. v. Zippo Dot Com, Inc., 952 F. Supp. 1119（W. D. Pa. 1997）[EB/OL]. JUSTIA, 2010-01-14.

在"在线服务公司（CompuServe, Inc.）诉帕特森（Patterson）案"中，联邦第六巡回法院在判定非居民被告是否与法院地州有足够的联系，即地区法院行使管辖权是否符合"公平竞争和实质正义的传统观念"时提出了三项标准：首先，被告必须有目的地利用在法院地州行事的特权或在法院地州造成后果，然而，这一要求并不意味着被告必须亲自在法院地州；其次，案由必须来自被告在那里的活动；最后，被告的行为或由被告造成的后果必须与法院地有足够的实质联系，使对被告行使管辖权具有合理性。在该案中，被告帕特森选择将他的软件从得克萨斯州传输到俄亥俄州的在线服务公司系统，无数其他人通过该系统访问帕特森的软件，帕特森通过该系统宣传和销售他的产品。尽管这一切都是在明显缺乏有形物证的情况下发生的，但毫无疑问，帕特森是有意在俄亥俄州做生意的。这是一种持续的关系，而不是"一次性事件"，帕特森将软件反复发送到在线服务公司大约三年，记录显示他打算继续在在线服务公司上销售他的软件。此外，法院还引用了俄亥俄州最高法院审理的 U. S. Sprint Communications Co. Limited Partnership v. Mr. K's Foods, Inc. 中的观点。在该案中，法院认为，一家外国公司在俄亥俄州"经营业务"，因此受属人管辖，该公司经常打长途电话到俄亥俄州销售其产品，在俄亥俄州设有产品分销设施，并将货物运往俄亥俄州进行最终销售。同样，帕特森经常联系俄亥俄州，通过在线服务公司位于俄亥俄州的系统销售他的计算机软件。实际上，在线服务公司是帕特森的分销商，虽然是电子的，而不是物理的。虽然仅与在线服务公司签订一份合同，如果没有更多的合同，就不能证明帕特森与俄亥俄州存在最低联系。但除此之外，帕特森只在俄亥俄州的在线服务公司上发布、营销和销售其软件，他应该合理地预见到这样做会在俄亥俄州造成后果。① 基于以上原因，法院认为帕特森与俄亥俄州有足够的联系，支持对他行使个人管辖权，所以撤销了地方法院的驳回，并将其

---

① Find Law, CompuServe, Incorporated. v. Patterson［EB/OL］. United States Court of Appeals, Sixth Circuit. July 22, 1996, https：//caselaw. findlaw. com/us-6th-circuit/1206141. html（Last visited on Mar 25, 2020.）

发回。

在 1996 年的"本苏珊餐厅（Bensusan Restaurant Corp.）诉理查德·金（King）案"中，法院指出，本案的争议焦点在于，是否存在一个网站，在没有其他任何内容的情况下，可依据美国的长臂法令和宪法的正当程序对个人拥有管辖权。法院经审理最终判称，被告只是设立了在一个网上并未有"进一步活动"的网站，并没有提供在纽约销售产品的服务，也未有获益情况，属于被动型网站，据此不构成有意利用，法院因此驳回了原告的请求，认定法院不对此案具有管辖权。①

（四）"滑动标尺"分析法与"进一步活动"说相结合的判断标准

随着美国法院对网络空间案件实践的发展和探索，美国法院的长臂管辖理论进一步完善，出现了两种理论结合适用的趋势，这种理论克服了二者的缺点，在实际适用中更具合理性。

在"千禧年企业（Millenium Enterprises，Inc.）诉千禧年零售商（Millenium Music，LP）案"中，② 原告起诉被告在他州开设了与原告名称相同的商店，并设立了网站，指控其侵犯了自己的商标权。法院审理认为被告不受俄勒冈州一般管辖权或个人管辖权的限制。根据"滑动标尺"分析法，被告的网站属于交互型网站，判断其是否有意利用法院地便利，需要根据其信息交换的互动性和商业性来确定，虽然被告在网站上有交易行为，但其行为并未针对原告所在地的居民，即被告并未有意地针对法院地实施进一步活动。③

此案件表明，法院在强调考察被告所实施的网络活动的交互性和商业性的同时，还强调应考察其网络活动相对于法院地的"针对性"。同时被告的行为与法院地存在连续的、实质性的联系，而不能是偶然、独立的联系。

---

① JUSTIA. Bensusan Restaurant Corp. v. King，126 F. 3d 25（2d Cir. 1997）　［EB/OL］. JUSTIA，2010-01-14.

② H20. Millennium Enterprises v. Millennium Music LP［EB/OL］. H20，2000-12-09.

③ 郭玉军，向在胜. 网络案件中美国法院的长臂管辖权［J］. 中国法学，2002（06）：155-168.

（五）效果原则

效果原则（effects doctrine）亦被称作 Calder 标准，是美国联邦最高法院在"雪莉·琼斯（Shirley Jones）诉伊恩·凯尔德（Iain Calder）案"的判决中提出的。琼斯是加州的一名职业艺人，声称凯尔德撰写和编辑并在佛罗里达州发表的一篇文章对自己构成诽谤，而这个杂志在加州大量发行对自己构成严重伤害。琼斯向加州高等法院提起诉讼，但是高等法院认定对凯尔德无管辖权，但是琼斯上诉后，加州上诉法院推翻了加州高等法院的前述认定，认为凯尔德意图并确实造成了琼斯的伤害结果，加州法院拥有有效的管辖权；凯尔德则上诉至联邦最高法院。最高法院法官伦奎斯特认为，加州法院对凯尔德提起的诽谤诉讼行使管辖权是恰当的，因为他和另一位作者约翰索思（John South）在佛罗里达州的故意行为对加州的琼斯造成了伤害。[①]

本案中确立适用长臂管辖的判断标准，主要看当事人的行为是否给法院地造成了影响，以行为给法院地造成了影响作为法院行使管辖权的依据。这一规则后来被法院引入互联网案件的审判实践之中，以网站是否在受诉法院所在地对原告产生影响或效果作为判断是否行使管辖权的依据，而不是仅仅关注被告设立的网站是主动型、被动型或者交互型去判断管辖权。效果原则通常在网络侵权案件中得到采用，有学者总结了效果原则之下，美国州法院主张网络侵权行为案件管辖权所应符合的条件：（1）存在被告有意的侵权行为；（2）该被诉行为明确地指向法院地，也就是具有针对性；（3）给法院地的原告造成损害，且该损害为被告悉知或者理应悉知或者应该知道其行为的结果是原告遭受损害。[②]

有学者对效果原则进行分析时指出，在发生在网络空间的案件中，效果原则经常被作为判断一国法院有无对人行使管辖权的依据，并与其他依

---

① JUSTIA. Calder v. Jones, 465 U.S. 783（1984）[EB/OL]. JUSTIA, 2010-01-14.
② 孙尚鸿. 效果规则在美国网络案件管辖权领域的适用 [J]. 法律科学（西北政法学院学报），2005（01）：116-123.

据结合适用。①

（六）目标指向方法

目标指向方法（Targeting approach）是 21 世纪后美国法院开始采纳的一种新的管辖判断标准，其核心观点是以被告实施的网络活动是否将受诉法院所在地的用户作为目标用户，提供给用户的信息或服务等是否具有针对性，且对法院地是否存在可预期的影响作为确定法院是否具有管辖权的标准。在"目标"的把握方面，该方法重点考察交易、涉案网站的技术特点是否为特定的用户所设计，用户与作为被告的网站运营者是否明知或应知网站内容会服务于特定的用户等因素。②

该标准在一定程度上是对浮动标准的替代，据此，可以看出，目标标准在构成要件上亦将 Calder 案中的效果原则标准纳入其中作为一部分考量因素，而判断何谓"目标"，则是该标准适用的核心问题。

总体来看，由于缺乏统一的成文性的联邦长臂法规，美国各州在涉及网络的互联网空间的案件中在确立长臂管辖权时所采用的方法存在一定的差异。近年来，由于网络科技的快速发展，网络空间涉及的经营模式也不断发展，这一事实使得法院更加难以将所采用方法固化或统一化。在这一情况下，许多法院在司法实践中往往并不执着于上述的某一特定方法或标准来确定是否应当行使长臂管辖权，而是综合参考上述方法或标准，结合具体的个案来认定"最低限度的联系"是否得到满足。此外，值得关注的是，美国法院在审理国际民事诉讼的案件，对境外主体行使长臂管辖的时候，对"最低限度的联系"标准的把握并未完全遵循美国审理国内州际案件时所受到的一些约束，如美国《宪法》上的正当程序原则等，从而导致

---

① 姜帅合. 美国对人管辖权的效果标准研究［J］. 信阳师范学院学报（哲学社会科学版），2019，39（06）：42-47.

② THIERER A，WAYNE CREWS C. Who Rules the Net：Internet Governance and Jurisdiction［M］. Washington：Cato Institute，2003：105-106，转引自：刘单单. 美国涉外互联网版权侵权案件的管辖确定、法律适用与应诉策略［J］. 电子知识产权，2018（06）：45-53.

长臂管辖权更有可能被滥用。

（七）美国法院基于最低限度联系标准对中国网络公司行使长臂管辖权时涉及的有关典型案例

1. "EPIA，L. L. C. 诉阿里巴巴网络有限公司和阿里巴巴集团案"

美国法院曾在"CEPIA，L. L. C. 诉阿里巴巴网络有限公司和阿里巴巴集团案"中，基于最低限度联系的标准主张对中国公司行使管辖权。在该案中，原告是位于密苏里州的公司，主要从事各种儿童玩具的开发、制造和销售。该公司于 2010 年在美国专利商标局注册了"猪猪宠物"（ZhuZhu Pet）标识以及图示，并拥有"猪猪宠物"产品设计和包装的若干著作权。被告阿里巴巴网络有限公司是阿里巴巴集团的子公司，二者的注册地均不在美国。被告阿里巴巴网络有限公司在美国属于一个网络交易平台，允许大量的第三方卖家向消费者展示用于销售的商品。原告以阿里巴巴网络有限公司在其网站上将访问者导向由各种未经授权的销售商销售仿制的"猪猪宠物"产品的微站点链接为由，向密苏里州东区法院诉被告侵犯其知识产权。二被告均主张密苏里州东区法院没有管辖权。针对阿里巴巴集团的主张，因原告没有提供足够的证据证明其存在有意利用密苏里州的特权，法院判决其没有管辖权。另一方面，法院则确定在该案中对阿里巴巴网络公司有管辖权，主要基于以下几个方面的因素认定阿里巴巴网络公司在该案中满足了最低限度联系标准：（1）该网站可以从密苏里州访问；（2）至少有 1211 名来自密苏里州的第三方卖家与阿里巴巴网站建立了业务关系，在该网站上销售他们的产品；（3）阿里巴巴网络公司与密苏里州的联系是系统和持续的。① 综上可知，针对阿里巴巴网络公司一案，密苏里州法院确定自己有管辖权主要是依据以下理由：一是满足长臂管辖法案；二是被诉行为与密苏里州存在充分的最低限度联系；三是长臂管辖

---

① CASEMINE. CEPIA, L. L. C. v. ALIBABA GROUP HOLDING LIMITED［EB/OL］. CASEMINE, 2011-08-11.

权的行使不违反正当程序原则。①

2. "Triple Up 诉优酷土豆公司案"

2016 年 2 月 1 日，一家在塞舌尔共和国注册的公司 Triple Up Limited 向美国首都华盛顿特区联邦地区法院提起诉讼，状告在美国纽约证券交易所上市，在开曼群岛注册的中国概念股公司 Youku Tudou Inc.（优酷土豆公司，以下简称"优酷"）版权侵权和不正当竞争的诉讼，指控优酷未经许可而故意有"预谋"地将 Triple Up Limited 在美国享有版权的三部台湾地区的电影（包括《松鼠自杀事件》《对不起、我爱你》和《沉睡的青春》）上传到优酷和土豆的网站上，位于美国的用户可以通过优酷在线观看这三部电影。起诉状指控优酷的商业模式存在污点，靠系统化和大量的故意侵犯版权来扩大用户的数量并且从中获得广告商业利益。根据公开资料显示，优酷旗下有优酷和土豆网站，是中国领先的视频分享网站。② 被告优酷公司针对原告的起诉提出了管辖权异议。

在该案中，原告提出下列证据证明优酷应接受美国受诉法院的属人管辖：（1）优酷未针对北美设定地域访问限制；（2）美国视频上有第三方英语视频广告，这些广告有时在优酷网站上的视频出现，并且是按地理位置定位的；（3）优酷网站的"互动性"——优酷网站与美国存在有意建立相互影响的联系；（4）优酷的股票已在纽约证券交易所上市；（5）优酷与某些美国广告、软件及影视娱乐公司存在合同联系。受诉法院判称，基于有关事实和原告的诉讼请求，在参考浮动标准、目标标准、Calder 标准要求的同时，本案应根据案件事实，与此前传统的类型化的判断标准进行区分。法院认为，原告必须证明，作为被告的外国实体与美国、特别是与法院地有比较密切的联系，而不仅仅是用户可以在美国访问被告的网站或者仅仅存在简单的互动。法院在认定优酷网与美国的联系时认为，首先，仅仅是被告网站在论坛上的可访问性本身并不能建立必要的最低限度联系。

---

① 丁文严. 跨国知识产权诉讼中的长臂管辖及应对 [J]. 知识产权，2018，（11）：28-34.

② 李伊琳. 优酷美国被诉侵权 [EB/OL]. 21 世纪经济网，2016-02-04.

而且，不能将"未设定地域访问限制"等同于"有目的性的利用"，所以不能以此来认定被告与法院地存在"最低限度的联系"。法院还针对原告提出的第四点和第五点指出，优酷是否在美国上市与本案中认定的"最低限度的联系"没有因果关系，同时，是否与其他公司签订合同也不能认定为本案中的"最低限度的联系"。法院认为，总体来看，"最低限度的联系"标准没有得到满足。① 从本案来看，美国受诉法院在适用"最低限度的联系"的标准来判断管辖权时，不是直接简单地套用某一特定的标准来判断长臂管辖是否适用，而是根据个案事实，将几类标准中的要素结合到一起综合考量，以确定被告是否有意将自己的行为置于法院地的管辖之下。

三、欧盟有关网络空间治理的民事立法及其成员国在民事案件中主张其国内法域外效力的典型案例

欧盟的立法总体上可以分为基础性和派生性的法律规范，前者主要是指欧共体和欧盟的各种基础性条约及其附件、一般原则等，后者则是指根据基础条约所赋予的权限，由欧盟主要机构制定的各种规范性法律文件，主要包括条例、指令、决定、建议和意见等。根据《欧洲联盟运行条约》（*Treaty on the Functioning of the European Union*）第288条规定，首先，"条例"（regulation）具有普遍适用性。它对所有成员国都具有约束力并直接适用；其次，"指令"（directive）对其所针对的每个成员国具有约束力，但应将形式和方法的选择权留给成员国。此外，如果"指令"所规定的义务是"无条件的、十分精确的、足以在成员国与其所管辖的公民或法人之间的关系中产生直接效力"的，则该指令在成员国内也可以直接适用；第三，"决定"（decision）应对全部成员国具有约束力。但一旦"决定"指明该决定所针对的对象，则只对该对象有约束力；第四，欧盟颁布的建议（recommendation）和意见（opinion）不具有约束力。②

① JUSTIA. TRIPLE UP LIMITED v. YOUKU TUDOU INC., No. 1：2016cv00159-Document 15（D.D.C.2017）[EB/OL]. JUSTIA，2018-01-14.
② The European Union. Consolidated version of the Treaty on the Functioning of the European Union [A/OL]. European Union，2012-10-26.

（一）欧盟有关涉及网络空间治理的具有域外效力性质的法令

在网络空间治理领域，欧盟先后通过了一些民事性质的派生性法律规范，主要体现在个人数据保护、电子商务、民事或商业事务司法和司法外文书等方面。

1. 个人隐私与数据保护方面的法令

欧盟一直以来都重视个人隐私与数据保护，并将其视为一项基本人权，出台了一系列相关的法令。例如，《关于自动化处理的个人信息保护公约》（1981 年），《关于个人信息处理保护及个人信息自由传输的指令》（1995 年），《欧盟数据资料保护指令》（1995 年），《电子通信数据保护指令》（1996 年），以及 1999 年的《互联网上个人隐私权保护的一般原则》《关于互联网上软件、硬件进行的不可见的和自动化的个人数据处理建议》《信息公路上的个人数据收集、处理过程中个人权利保护指南》等。这些法律法规规定了网络用户的一系列数据权利，以及网络服务商需要遵守的隐私权保护法则，成员国在国内层面应当颁布相应的法律法规从而符合欧盟层面的规定。2001 年，欧盟又出台了规范共同体的职能机构组织处理和传播个人信息的专门规章。通过上述一系列规定，欧盟已在其成员国间建立起统一有效的网络隐私权保护法律法规体系，同时也具有一定的域外效力。如果欧盟之外的企业需要转移在欧盟域内的消费者数据或者涉及其他数据的传输，则也需要符合这些法律法规的要求。

2. 电子商务方面的法令

在电子商务的规制方面，欧盟于 1997 年提出《欧洲电子商务行动方案》，奠定了规范电子商务活动的基础和框架。1998 年颁布了《关于信息社会服务的透明度机制的指令》。1999 年制定了《电子签名统一框架指令》，指导和协调了欧盟成员国的电子签名立法。在欧盟成员国中，德国 1997 年通过了《信息与通用服务法》，意大利 1997 年通过了《数字签名法》，法国 2000 年通过了《信息技术法》等，这些法律法规规范了电子商务的发展。欧盟 1999 年通过的《电子商务管辖权指令》，2000 年通过的

《民商事案件管辖权及判决的承认与执行条例》（以下简称"44/2001 号条例"），对通过互联网购买商品的消费者规定了保护性的管辖权。① 44/2001 号条例大幅地调整了消费合同管辖权规定，加强了对消费者权利的保护。根据该条例第 17 条和第 18 条的有关规定，只要经营者在欧盟成员国内以任何方式从事商业活动，消费者就有权在经营者住所地国或消费者住所地国对该经营者提起诉讼，但经营者只能在消费者住所地国起诉消费者。换言之，消费者在起诉方面有更大的选择余地，可选择在其住所地或经营者住所地法院提起诉讼，只要依据合同或者当事方的行为等联系点能够指向该缔约国或包括该缔约国在内的数个国家。该规则有利于消费者寻求司法救济，但增加了电子商务经营者的法律风险，导致其有可能在任何缔约国内遭遇起诉。因此，44/2001 号条例也面临着如何平衡消费者与商家利益的困境。② 根据欧盟委员会《关于布鲁塞尔公约的建议》（解释备忘录）的相关解释，该规定主要是处理经营者通过交互型网站对另一成员国提供商品或服务的情形，从而管辖外国企业，产生了域外效力。③ 2012年、2015 年两次重新修订后依然保有该规定。④

3. 民事或商业事务司法和司法外文书方面的法令

为内部市场的正常运作和欧盟民事司法领域的发展，进一步改进和加快成员国在民事和商业事务中司法和司法法外文件的传递和服务，同时确保这些文件的传输得到高度的安全和保护，保障收件人的权利，保护隐私

---

① The European Parliament and of the Council. Council Regulation（EC）No 44/2001 of 22 December 2000 on jurisdiction and the recognition and enforcement of judgments in civil and commercial matters［A/OL］. European Union, 2001-01-16.

② 钱锋. 网络空间状态下的国际民商事案件管辖权冲突［J］. 法律适用, 2005, (11): 44-46.

③ Commission of The European Communities. Proposal for a Council Regulation（EC）on jurisdiction and the recognition and enforcement of judgments in civil and commercial matters［A/OL］. University of Pittsburgh, 1999-07-14.

④ The European Parliament and of the Council. Regulation（EU）No 1215/2012 of the European Parliament and of the Council of 12 December 2012 on jurisdiction and the recognition and enforcement of judgments in civil and commercial matters［A/OL］. European Union, 2012-12-20.

和个人数据，欧洲议会于 2019 年 2 月 13 日修订了《民事或商业事务司法和司法外文书条例》（amending Regulation〈EC〉No 1393/2007 of the European Parliament and of the Council on the service in the Member States of judicial and extrajudicial documents in civil or commercial matters，以下简称"1393/2007 号条例"）。虽然一般情况下依据该条例传送的文书应当为纸质版，但第 4 条第 3 款规定，通过第 3a 条所称的分散式信息技术系统传输的文件，不应仅仅因以电子形式作为法律诉讼中的证据而被剥夺法律效力和可受理性。如果纸质文件被转换为电子形式以便通过分散式信息技术系统传输，则电子副本或其打印文件应具有与原始文件相同的效果，除非成员国国家法律要求以原始和纸质版本送达此类文件。根据 1393/2007 号条例第 1 条的规定，该条例适用于民事和商业事务，服务于：（a）关于居住在司法程序所在国以外的成员国的人的司法文件；（b）必须从一个成员国传送到另一个成员国的法外文件。其中，"成员国"是指除丹麦以外的欧盟成员国。为实现这一目的，通过精简的司法和法外文件通知或传达程序帮助减少个人和企业的延误和费用，提高司法程序的效率和速度，欧洲委员会要求建立一个分散式信息技术系统，并强制用于成员国当局之间交换请求和文件。委员会表示所有通信和文件交换都应通过一个安全可靠的分散式信息技术系统进行，该系统由国家信息技术系统组成，这些系统相互连接，在技术上可互操作，并且，这种交流将在适当尊重基本权利和自由的情况下进行。① 但在欧盟范围内建立一个如此庞大的信息系统需要严密的立法加以辅助，对传输文件、传输方式等都需要做出细致规定，否则很有可能在欧盟成员国之间引起管辖权纠纷，并有可能对欧盟成员国之外的国家的电子信息、文件构成域外适用。

---

① The European Parliament and of the Council. Regulation（EC）No 1393/2007 of the European Parliament and of the Council of 13 November 2007 on the service in the Member States of judicial and extrajudicial documents in civil or commercial matters（service of documents）[A/OL]. European Union，2007-12-10.

（二）欧盟成员国在涉及网络空间的民事案件中涉及其国内法域外效力的典型案例

以下选取法国、德国、奥地利在涉及网络空间的民事（诉讼）案件中涉及其国内法域外效力的若干典型案例予以分析。

1. 法国法院审理的"Mark Knobel 诉 Yahoo 公司案"

Yahoo 是一家在美国注册的网络公司。2000 年 2 月，身在法国的 Mark Knobel，到网上搜索纳粹纪念品，并在登录到 Yahoo 网站的拍卖网页时，发现网页上摆出了大量的党卫军徽章、党卫军匕首、集中营照片、纪念复制品等，在法国很容易买到这些物品，而服务器却由互联网巨人 Yahoo 设在美国境内。据此 Mark Knobel 在法国法院起诉美国 Yahoo 公司，称 Yahoo 网站上的拍卖网页违反了法国禁止纳粹物品在其境内流通的法律，原告同时还起诉了法国的 Yahoo 公司。

美国 Yahoo 公司向法国的受诉法院，即巴黎地方最高法院提出了管辖权异议，但被法院驳回。美国 Yahoo 公司提出管辖权异议理由为：（1）雅虎母公司所在地为美国，不应受法国的管辖，且根据法国的有关管辖规定，应由被告住所地美国来审理此案；（2）出现纳粹物品信息的是在美国的 Yahoo 网站，而美国的 Yahoo 网站出售纳粹物品并不违反美国法律，且雅虎法文网页不处理相关交易。法国法院驳回了美国 Yahoo 公司的抗辩，法官让雅克·戈麦斯（Jean-jacques Gomez）认为，Yahoo 网站的不同网址存在联系，雅虎法文网页上出现交易纳粹物品的行为就已经触犯法国法律，也即法国居民能够在法国境内访问美国 Yahoo 网站，而法国法能够规制发生在法国境内的违法信息，因此法国受诉法院可以取得管辖权。① 在该案审理过程中，为了确认美国 Yahoo 网站是否拥有阻止法国网民访问美国 Yahoo 网站的技术，法国法院聘请了专家组进行鉴定，而鉴定的结果是有约 70% 的法国用户可以访问美国 Yahoo 网站。法国法院最终判决美国 Yahoo 公司违反了法国法律，责令其"采取一切必要措施阻止"来自法国

---

① 刘霈菁. 跨境网络侵权管辖权问题研究［D］. 天津：天津财经大学，2019：22.

用户的访问，以便法国用户不受 Yahoo 网站上非法纳粹物品拍卖的伤害。

该案的核心是法国法院对此案件是否享有管辖权。2001 年下半年，美国联邦法院做出判决，认为法国法院对 Yahoo 公司的制裁在美国不具有法律效力，理由是"《第一修正案》拒斥执行试图管制美国网络言论内容的法国禁令"。而在 2004 年 8 月，美国巡回上诉法院的 3 人法官小组却推翻了上述判决，他们认为，由于国外诉讼当事人没有诉求到美国司法体系，因此，美国法院无权推翻法国法院的判决。①

不难看出，在该案中，法国基于 Yahoo 公司在美国的网站上的网页内容判定其违反了法国法律，主要涉及对"网络活动"的解释问题。如果将 Yahoo 公司被诉的活动解释为"对其境内具有实质影响的网络活动"，则似乎可以成为法国法院行使管辖权的理由，但这一解释存在较大的弹性空间，容易导致是否过度行使长臂管辖权的争论。

2. 德国法院审理的有关涉外网络侵权案件

（1）德国法院审理的"Hotel Maritime 商标案"

德国在审理涉及网络侵权的案件中，通常以德国公众能够访问相关网站或网址作为行使管辖权的依据，但以侵权行为针对德国公众或用户为限制条件。这一做法与美国"最低限度联系"原则有相似之处。在德国联邦最高法院 2005 年做出判决的"Hotel Maritime 商标案"中，原告德国"Maritime"连锁酒店起诉了一家丹麦哥本哈根的小旅馆，指控被告未经授权而使用的"hotel-maritime.dk"域名网站侵犯了自己的商标"Hotel Maritime"，被告的网站使用了德语、英语和丹麦语三种语言的文字，用户可以通过该网站预订被告的该旅馆。在该案的审理过程中，德国汉堡地区法院最初判定由于在德国可以访问被告的网站这一事实主张享有管辖权，但被告上诉后，德国联邦最高法院推翻了地区法院的判决，认为除可以访问被告的网站之外，还必须满足一个限制条件，即该网站的运营需针对德国公

---

① 戴元光. 美国关于网络空间管辖权的立法与争论［J］. 新闻大学，2018（02）：93-102.

众，德国法院才应行使管辖权。①

（2）"德国居民诉纽约时报通过报纸和网络侵犯人格权案"

2001 年，德国居民 X 在德国一家地区法院提起了针对《纽约时报》的诉讼，指控《纽约时报》通过报纸和在线网络上的一篇文章侵犯了自己的人格权并提出了索赔和禁令救济。《纽约时报》被指在这篇文章中声称原告在德国居住和经商，从事与俄罗斯黑手党犯罪有关的活动，并将原告的全名刊登在该篇文章之中。②

德国地区法院和地区高级法院以对该案缺乏管辖权为由驳回了德国原告的诉讼请求。德国地区法院认为，仅以网站可访问性为理由，不足以在德国确立管辖权。相反，决定因素应该是是否有意让该网站在有关地点被访问（website is intended to be accessed）。这一因素需要逐案分析，综合考虑所有的有关客观因素来判断网站上的信息是否针对德国的用户。地区法院认为《纽约时报》的文章针对的是美国读者，尤其是纽约人，因此，德国法院缺乏审理此案的管辖权。高级地区法院同意地区法院的意见，即"有意访问性"（intentional accessibility）是决定性因素，并同意在本案中这一条件没有得到满足。③

德国联邦最高法院受理了当事人提出的上诉，并在该案的审理过程中提出了一项确定对于涉及网络空间的人格权案件行使管辖权的新标准。首先，联邦最高法院讨论了它在 20 世纪 70 年代后期为印刷媒体制定的一项标准，即侵权行为地是出版物发行地。发行出版物应当是一种有意实施的行为。但联邦最高法院认为该标准不适用于在线出版物，因为网站不是传统意义上的分发，而是易于访问的。法院还强调互联网的地理定义与印刷

① 许偲. 互联网环境下知识产权侵权的管辖权路径选择 [J]. 东南学术，2021（03）：236-245.
② LAMPMANN A. Zuständigkeit deutscher Gerichte bei Veröffentlichung in der New York Times [EB/OL]. LHR，2010-03-04.
③ Der Bundesgerichtshof. Urteil des VI. Zivilsenats vom 2.3.2010-VI ZR 23/09 [EB/OL]. Der Bundesgerichtshof，2010-03-02.

媒体的分发区域不同。① 联邦最高法院认为，那种仅仅基于网站的可访问性就可以确定损害行为地的观点违反了《德国民事诉讼法》第 32 条的基本原则。法院重申《德国民事诉讼法》第 32 条虽然是被告住所地原则的例外（Actor sequitur forum rei），但只有在法院靠近损害地点和证据可用的情况下才有行使管辖权的正当理由。然而，法院的接近性和证据的可获得性可能并不存在于网站可访问的每个地点。② 联邦最高法院随后驳回了"有意访问性"（intentional accessibility）的标准。法院认为，这一要素是不充分的，因为一旦出版物被实际阅读，无论阅读是否是有意的，侵犯原告名誉权的行为就会发生。最后，联邦最高法院研究了巴黎高等法院的裁决，后者认为决定性因素是"页面浏览量"。德国联邦最高法院也拒绝了这一标准，理由是由于数据保护法的原因，页面浏览量既不能可靠地确定，也不能始终为原告所获得。因此德国联邦最高法院提出了自己的标准："德国法院对涉及网络空间活动的人格权侵权案件是否享有管辖权，具有决定性作用的因素是原告所指控的侵权内容是否与德国国内存在客观的联系，从而根据具体案件的情况，对可能出现的利益冲突（原告对其人格权的利益和被告对设计其互联网外观的利益之冲突）进行考量和判断，特别是当涉嫌侵权的文章内容实际上已经或者可能将在国内出现时。在这种情况下，根据具体案件，有关被控侵权的文章被注意到的可能性大大高于仅仅被访问的可能性。"③

　　德国联邦最高法院在 2010 年做出的判决中推翻了上述下级法院的判决，认为《纽约时报》文章的内容与德国国内有着明显的联系，因此德国用户很有可能注意到这篇文章。原告是一名被全名提到的德国居民，该文章称原告与俄罗斯黑手党存在联系，且声称德国执法机构认为原告的业务

---

① Galke Diederichsen Pauge，Stöhr von Pentz. BGH，Revisionsurteil vom 2. März 2010，VI ZR 23/09［EB/OL］. Kanzlei Prof. Schweizer，2010-03-02.

② JAEGER-FINE D，R. REIDENBERG J，DEBELAK J. Internet Jurisdiction：A Survey of German Scholarship and Cases［R/OL］. SSRN，2013-08-14.

③ Galke Diederichsen Pauge，Stöhr von Pentz. BGH，Revisionsurteil vom 2. März 2010，VI ZR 23/09［EB/OL］. Kanzlei Prof. Schweizer，2010-03-02.

是国际有组织犯罪的一部分，这一内容使得这篇文章很可能在德国引起注意。法院还认为，《纽约时报》作为一家国际知名的报纸，拥有全球受众，这一地位提高了这篇文章在德国被阅读的可能性。基于上述理由，德国法院对该案享有管辖权。①

(3) "德国居民诉奥地利 eDate 广告公司案"

1993 年，原告 Y 因谋杀著名演员被判无期徒刑，eDate 广告公司经营一个网址为 www. rainbow. at 的网站，并发表了一篇关于原告的文章。该文章内容包括：原告的全名、犯罪描述和原告律师的陈述。2010 年，原告 Y 提起诉讼，要求 eDate 广告公司撤销该文章。尽管 eDate 广告公司从未直接回应这一要求，但它还是把这篇文章自网站撤除。原告 Y 起诉请求禁令救济，以禁止进一步发表关于他的任何文章。eDate 广告公司则提出异议，认为德国法院对该案缺乏管辖权。原告 Y 在下级法院胜诉，eDate 广告公司向德国联邦最高法院提出上诉。该案涉及欧盟《民商事管辖权及判决承认与执行条例》中的解释，② 根据该条例，居住在一成员国的人可在另一成员国被起诉：在与侵权行为、不法行为或准不法行为有关的事项上，损害事实发生地或可能发生地的法院有管辖权。③ 为寻求解释，德国联邦最高法院暂停了诉讼程序，并向欧洲法院提出了与该条例有关的下列问题："损害事实可能发生的地点是否可以解释为无论网站运营商位于何处，只要该网站可以在某一成员国被访问，原告就可以起诉网站运营商在该成员国的疏忽行为？或者当运营商不在相关成员国境内时，该成员国的国际管辖权是否要求与该国或其他国家有某种联系，而不仅仅是技术可访问性

---

① JAEGER-FINE D, R. REIDENBERG J, DEBELAK J. Internet Jurisdiction: A Survey of German Scholarship and Cases [R/OL]. SSRN, 2013-08-14.

② 《民商事管辖权及判决承认与执行条例》于 2000 年 12 月 22 日签署生效，于 2015 年 1 月 9 日失效；由 1215/2012 号条例 (EU) 替代。

③ The European Parliament and of the Council. Council Regulation (EC) No 44/2001 of 22 December 2000 on jurisdiction and the recognition and enforcement of judgments in civil and commercial matters [A/OL]. European Union, 2001-01-16.

(technical accessibility)？如果需要这种国内联系，哪些标准是决定性的？"①

与德国法院遇到的困境类似，法国法院在同一时间也对通过网络侵犯个人人格权纠纷的管辖权问题产生了疑惑。法国演员奥利维耶·马丁内兹（Olivier Martinez）与其父亲罗伯特·马丁内兹（Robert Martinez）向 Tribunal de grande instance de paris（巴黎地区法院）提出申诉：互联网上有一网址为"www. sundaymirror. co. uk"的帖子，发表日期为 2008 年 2 月 3 日，文本语言为英文，题目为"Kylie Minogue 回到 Olivier Martinez 身边"，描述了他们见面的细节。因该帖子，其私生活受到干扰，Olivier Martinez 的肖像权也受到侵犯。《法国民法典》第 9 条规定：人人有权维护其私生活。该诉被告是一家名为 MGN 的英国公司，其经营了英国报纸 Sunday Mirror 的网站。被告 MGN 提出管辖权异议，认为上传相关文本和照片的行为与声称的在法国领土内的损害缺乏足够的联系。②

面对以上问题，法国法院决定中止诉讼，将问题提交给欧洲法院。在何种情形下《民商事管辖权及判决承认与执行条例》第 2 条和第 5（3）条可被解释为某一成员国法庭有权审理在另一成员国成立的公司在其成立国（或任何除法院地国之外的第三国）发行的网站上上传在线信息或照片侵犯了法院地国相关人格权的违法行为：（1）只要该网站在法院地国可被访问；（2）损害事实与法院地国的领土之间有充分的、实质的或重大的联系，这种联系可通过以下方式产生：法院地国内争议网页的点击量，以绝对数字或占该页面所有点击量的比例表示；人身权利受到侵犯的申诉人的居住地或国籍，或更笼统地说，有关人员的居住地或国籍；争议信息使用的语言或其他任何可以证明网站发布者有意面向法院地国公众意图的因素；所述事件发生的地点或拍摄照片的地点。③

---

① JAEGER-FINE D, R. REIDENBERG J, DEBELAK J. Internet Jurisdiction：A Survey of German Scholarship and Cases [R/OL]. SSRN, 2013-08-14.

② Court of Justice of the European Union. eDate Advertising GmbH v X（C-509/09）and Olivier Martinez and Robert Martinez v MGN Limited（C-161/10）[A/OL]. European Union, 2011-3-29.

③ WILMAP, eDate Advertising GmbH v X and Olivier Martinez and Robert Martinez v MGN Limited [EB/OL]. WILMAP, 2011-10-25.

　　在 2010 年 10 月 29 日的命令中，欧洲法院院长根据《法院议事规则》（the Rules of Procedure of the Court）第 43 条，决定将两个案件合并进行口头审理和判决。①

　　欧洲法院在解释《民商事管辖权及判决承认与执行条例》第 5（3）条时强调，"损害事实发生地"一词涵盖损害结果发生地和事实发生地。欧洲法院在"谢维尔（Shevill）案"的判决中确立了新的标准："条例第 5（3）条必须解释为，如果涉嫌通过互联网网站上的在线内容侵犯人格权，主张其权利受到侵犯的人可以选择就所造成的所有损害，在内容发布者所在地或者受害人利益中心所在地的欧盟成员国法院提起诉讼。当事人也可以在每个该在线内容可被访问的成员国法院提起诉讼，这些法院仅对在法院地国的领土上造成的损害享有管辖权。"② 但欧洲法院认为网站上在线发布内容应区别于印刷品的区域分布，因为在线发布原则上是为了确保内容的普遍性。遍布全球的无数互联网用户可以立即查阅这些内容，不论发布者是否有意将其内容置于其设立地所在成员国以外或其控制之外。③ 因此，有必要对该标准做出一些调整，法院认为，鉴于网上的在线材料可能对个人人格权产生的影响最好由据称受害人利益中心所在地的法院来评估，将管辖权归属于该法院符合健全司法的目标。而且，侵权信息的发布者在发布该信息时可以预见相关主体的利益中心，因此，利益中心标准是足够合理的。通常来说，一个人的利益中心为其惯常住所地，但是，如果因从事专业活动等其他因素可以确定与该国存在特别密切的联系，一个人也可以在他不经常居住的成员国拥有其利益中心。④

---

① 5RB, eDate Advertising GmbH v X and Olivier Martinez and Robert Martinez v MGN Limited ［EB/OL］. WILMAP, 2011-10-25.

② Court of Justice of the European Union. Judgment of the Court of 7 March 1995 ［R/OL］. European Union, 1995-03-07.

③ InfoCuria Case-law. Joined Cases C-509/09 and C-161/10 ［EB/OL］. InfoCuria Case-law, 2011-10-25.

④ Court of Justice of the European Union. eDate Advertising GmbH v X （C-509/09） and Olivier Martinez and Robert Martinez v MGN Limited （C-161/10） ［A/OL］. European Union, 2011-10-25.

基于前述理由，欧洲法院认为德国法院对该案中被告的行为在德国范围内造成的损害享有管辖权。德国国内法之后对《民商事管辖权及判决承认与执行条例》第5（3）条的解释也遵循了欧洲法院的此项裁决。

3. 奥地利法院审理的"帕玛尔案（Peter Pammer 案）"和"海勒案（Oliver Heller 案）"

奥地利法院审理的"帕玛尔案（Peter Pammer 案）"和"海勒案（Oliver Heller 案）"均涉及《民商事管辖权及判决承认与执行条例》第5（1）（a）条关于民事和商事司法管辖权的规定之解释问题。《民商事管辖权及判决承认与执行条例》第5（1）（a）条规定了以下特别管辖权规则：居住在某一欧盟成员国的人可在另一成员国被起诉：（a）在与合同有关的事项上，在有关义务履行地的法院。另外，其第15（1）（c）条规定，若合同是消费者与在其住所地成员国从事商业或专业活动的人订立的，或以任何方式将此类活动指向给该成员国或包括该成员国在内的几个国家，则可以适用第5（1）（a）条，且合同属于此类活动的范围。①

在"帕玛尔案"中，帕玛尔先生居住在奥地利，与一家设立在德国的公司——卡尔施卢特航运公司（Reederei Karl Schlüter），签订了一份从的里雅斯特（意大利）到远东的"航程合同"。帕玛尔先生通过位于德国的 Internationale Frachtschiffreisen Pfeiffer GmbH（"中介公司"）预订了航程。这家中介公司通过互联网开展业务，在其网站上关于这次航行的描述中表示，该次航程的船上有一个健身室、一个室外游泳池、一个酒馆以及视频和电视接入。还提到了三个带淋浴和卫生间的双人小木屋，一个带座位、书桌、地毯和冰箱的独立起居室，以及在停靠港停留，从那里可以到城镇游览等。但随后帕玛尔先生发现这一描述与船上的情况不符，因而拒绝登船，并在奥地利法院起诉要求偿还他为这次航行支付的款项。卡尔施卢特航运公司辩称，它没有在奥地利从事任何专业或商业活动，并提出了奥地

---

① The European Parliament and of the Council. Council Regulation（EC）No 44/2001 of 22 December 2000 on jurisdiction and the recognition and enforcement of judgments in civil and commercial matters［A/OL］. European Union，2001-01-16.

利法院缺乏管辖权的抗辩。2008 年 1 月 3 日，奥地利 Bezirksgericht Krems an der Donau 法院做出一审判决，驳回了被告的这一抗辩，法院认为，中介公司曾通过互联网的方式代表该案的被告卡尔施卢特航运公司在奥地利从事广告活动。卡尔施卢特航运公司提出上诉后，受理该案上诉的 Landesgericht Krems an der Donau 法院在 2008 年 6 月 13 日的判决中宣布，奥地利法院对该案缺乏管辖权，帕玛尔先生不服该判决，继续向奥地利最高法院提出上诉。

在"海勒案"中，住所地在德国的海勒先生与设立在奥地利的 Alpenhof 酒店发生了纠纷。海勒先生从网站上了解到这家酒店后，于 2008 年 1 月 1 日左右预订了一些房间，为期一周。该酒店的网站上提到了进行预约的电子邮箱，海勒先生便通过电子邮件进行预订和确认。但随后由于海勒先生对酒店提供的服务提出异议，尽管 Alpenhof 酒店提出降价，海勒先生还是拒绝支付和入住该酒店。Alpenhof 酒店因此向奥地利地区法院提起诉讼，要求其支付大约 5000 欧元。海勒先生提出抗辩，认为根据《民商事管辖权及判决承认与执行条例》第 15（1）（c）条的规定，作为消费者，他只能在其住所地成员国的法院，即德国法院被起诉，因此奥地利法院对该案缺乏管辖权。奥地利地区法院以奥地利法院缺乏管辖权为由驳回了诉讼，Alpenhof 酒店则继续向奥地利最高法院提起上诉。

奥地利最高法院（Oberster Gerichtshof）在收到上诉申请后，就前述两个案件做了合并判决，并就判定交易商是否将其活动指向消费者住所地成员国（directing' its activity to the Member State of the consumer's domicile）的标准进行了说明。法院认为，《民商事管辖权及判决承认与执行条例》第 15（1）（c）条与《布鲁塞尔公约》第 13 条第 1 款第 3 点具有相同的地位，并履行相同的保护弱者的职能，这一点从该条例序言部分第 13 段中可以清楚地看出。在通过互联网进行广告的情况下，交易商有意将其活动指向某些国家的意图并不总是存在。因为网络传播方式本身就具有世界范围的影响，原则上所有国家或整个欧盟都可以利用交易商在网站上发布的广告，无须产生任何额外支出。欧洲议会和欧盟委员会关于《民商事管辖权及判决承认与执行条例》第 15 条的联合声明中也指出，"对于第 15 (1)（c）条的适用，企业仅将其活动针对消费者居住地的成员国，或在包括该成员国在内的若干成员国是不够的；合同也必须在其活动的框架内订立"。《声明》还指出："仅凭一个因特网网站是可访问的这一事实不足以适用第 15 条。"因此，根据《民商事管辖权及判决承认与执行条例》第 15 (1)（c）条，必须证明交易商存在试图与一个或多个其他成员国的消费者建立商业关系的意图。鉴于此，奥地利最高法院提出了下列能够构成证据的因素，包括：提及从其他成员国前往交易商设立地的行程；使用非交易商设立地的语言或货币，以其他语言提出和确认预订；提及带有国际代码的电话号码；为方便在其他成员国居住的消费者访问交易商网站或其中介机构网站而提供的互联网参考服务的支出；使用顶级域名，而不是交易商所在成员国的域名；提及由居住在不同成员国的客户组成的国际客户等。①

上述法院的实践也说明，网络空间管辖权的确立需要一定的标准，在网络空间中将国内法适用于领土之外也需要有所限制，应当确保只有国家在对相关事件、标的物或诉讼当事人拥有合法利益时，才有权主张并推行其有关国内法的域外效力。

总体来看，在涉及网络空间活动的民事领域，欧美都存在主张国内法域外效力或域外管辖的立法与司法实践，并有不断强化的趋势。在立法方面，以国内法为依据加强或完善了对计算机系统、数据基础设施、个人数据、信息与通讯、电子商务等领域的立法，通过新设数据权利等方式来加强对计算机系统、个人信息和利益的保护，主张这些领域的立法在一定的条件下具有域外效力，通过加强对个人数据权和消费者利益的保护，向外国企业施加了更多的合规方面的义务。在司法方面，在涉及网络空间活动方面，通过增加本国法院管辖的连接点，采用"最低限度的联系"原则等方式，扩张了其管辖权的范围。

---

① European Court. Joined Cases C – 585/08 and C – 144/09 ［R/OL］. European Union, 2010–12–07.

第四章　欧美有关国家在网络犯罪领域主张国内法的域外效力

　　德国明斯特大学教授汉斯·约阿希姆·施奈德提出，"网络犯罪"指的是将计算机、电子设备作为作案工具的犯罪行为或将数据处理设备作为作案对象的犯罪行为。① 美国司法部在《刑事审判对策指南》中将"网络犯罪"概括为："在导致成功起诉的非法行为中计算机技术和知识起了基本作用的非法行为。"② 《网络犯罪公约》中关于网络犯罪的定义为："网络犯罪是指危害计算机或其他通信网络系统，或是对这些网络系统的数据滥用、破坏的行为。"③ 美国司法部将网络犯罪定义为利用计算机从事犯罪活动或者未经计算机用户同意，非法侵入或者破坏他人计算机信息系统的行为。④ 中国司法大数据研究院 2019 年 11 月发布的《司法大数据专题报告：网络犯罪特点和趋势》中则指出，网络犯罪是指以互联网为工具或手段实施的危害社会、侵害公民合法权益的行为，或是对计算机系统实施破坏的行为。⑤

---

① 汉斯·约阿希姆·施奈德. 犯罪学 ［M］. 吴鑫涛，马君玉译. 北京：中国人民公安大学出版社，1990：69-71.

② 唐广良. 计算机法 ［M］. 北京：中国社会科学出版社，1993：223-225.

③ 马民虎. 欧盟信息安全法律框架：条例、指令、决定、决议和公约 ［M］. 北京：法律出版社，2009：464.

④ 金泽刚. 论网络犯罪及其防治对策前瞻 ［J］. 江苏公安专科学校学报，2000，（5）：117-125.

⑤ 魏祎远. 论跨国网络犯罪给我国刑法管辖原则带来的冲击与挑战 ［J］. 网络安全技术与应用，2020，（11）：176.

　　跨国网络犯罪是指行为人实施的犯罪行为涉及两个及以上的国家或地区，即只要犯罪主体、犯罪工具、犯罪结果、犯罪目的等因素之中有一项跨越国界，就可视为跨国犯罪。在跨国网络犯罪中"国界"有时就需要做扩张解释，它并不是指传统意义上实际的国界线，还包括虚拟的国界。①计算机网络建立以来，跨国网络犯罪始终是威胁国际安全和各国利益的重大隐患。据记载，自 1834 年发生在法国的第一例网络攻击导致其金融市场信息被窃取的案件以来，截至 2020 年，世界范围内已有超过 80 起较大规模的网络犯罪。②

　　近年来，各国治理网络犯罪的一个总体趋势是试图扩张自身刑事管辖权，以惩罚危害本国国家或公民利益的跨国网络犯罪行为。由于网络的虚拟性、匿名性、跨国性等特点，犯罪行为地多且分散，对于我们传统的属地主义管辖原则、属人主义管辖原则和保护主义管辖原则提出了重要挑战。③

　　传统刑法理论中对犯罪地的确定通常并无太大的争议，发生地和结果地都不难确定，但在网络犯罪中，要确定犯罪地则面临挑战。所谓确定犯罪地，并不是确定犯罪发生之地本身，而是确定犯罪的发生之地是不是在本国的领域内。④ 只要犯罪行为地或犯罪结果地之一发生在一国境内，该国就享有相应的司法管辖权。然而涉嫌网络犯罪的主体在技术上可能通过修改 IP 地址等方式实现服务器之间的跳转，从而给确定服务器所在地的位置带来了挑战。网络数据在多个国家的多个网络终端的不同服务器频繁进行跳转使得多国在采用属地管辖权时面临犯罪发生地、犯罪结果地、犯罪预备地、策划地等不同地域之间的管辖权争议。并且，各国国内法对具体的有关网络犯罪的构成要件、入刑标准和处罚力度的规定所存在的差异，使得犯罪嫌疑人有可能利用管辖冲突、实体法规定的冲突等方面漏洞，寻

① 魏祐远. 论跨国网络犯罪给我国刑法管辖原则带来的冲击与挑战 [J]. 网络安全技术与应用，2020，（11）：177.

② HERJAVEC R. Early hacking incidents were a glimpse of the future [EB/OL]. Herjavec Group，2019-6-19.

③ 陈伯礼，刘振东. 网络犯罪的特征与管辖权辨析 [J]. 人民检察，2005，（22）：40.

④ 张新平. 试论网络犯罪刑事管辖权 [J]. 刑法问题与争鸣，2002，6：28.

求逃避法律的制裁。

国家在涉外网络犯罪领域主张国内法的域外效力，主要表现为在刑事诉讼程序方面依据本国刑事立法对涉外网络刑事案件确立管辖权、进行跨境取证活动，以及针对域外的网络犯罪行为适用本国的刑事立法追究刑事责任等方面。

一、美国在涉外网络犯罪领域主张国内法域外效力的有关立法和实践

（一）美国在涉外网络犯罪领域主张国内法域外效力的相关立法

美国是网络技术最早得到发展的国家，相对于其他国家而言，其有关网络空间治理的经验更为丰富。在网络犯罪管辖权的立法方面，美国并无统一规定，其联邦刑法刑事管辖权是以属地原则为基础，属人原则为辅。① "9·11事件"后，美国开始主张国内法对涉外网络犯罪的域外效力，将网络空间视为"全球公域"，将互联网界定为"不为任何一个国家所支配而所有国家的安全与繁荣所依赖的领域或区域"，并在调整网络犯罪的国内法中扩展其适用范围。其先后在一些单行法令，如《网上禁赌法令》《儿童在线保护法案》中就网络犯罪做了规定，甚至美国的一些州，也相继立法，扩展刑法的适用范围。如明尼苏达州在一个备忘录中指出，对于影响到该州的任何网络行为，该州均具有管辖权，② 备忘录还特别声明，对于明知信息可能在明尼苏达州内传播而通过网络传播信息的任何人，明州均具有属人管辖权。但是，这些规定较为分散，没有对如何遏制网络犯罪这种新兴的犯罪类型作全面系统的考虑。③ 同时，美国参与的相关国际条约也对网络犯罪领域内国内法的域外效力问题有所涉及。因此，本部分从美

---

① 皮勇. 网络犯罪比较研究［M］. 北京：中国人民公安大学出版社，2005：90-91.

② CRANE W. The World-Wide Jurisdiction：An Analysis Of Over-Inclusive Internet Jurisdictional Law And An Attempt By Congress To Fix It［J］. Journal of Art and Entertainment Law，2001，Spring：267-308.

③ 杨彩霞. 国际反网络犯罪立法及其对我国的启示——以《网络犯罪公约》为中心［J］. 时代法学，2008，（3）：104-105.

国的国内法和签署的国际条约两方面入手，梳理美国在涉外网络犯罪领域主张国内法域外效力的相关立法。

1. 美国在反海外腐败领域涉及的域外管辖规则——《反海外腐败法》的相关规定

美国于 1977 年颁布了《反海外腐败法》（*Foreign Corrupt Practices Act*，以下简称"FCPA"），该法案出台的初衷是为了规制美国本国公司的海外商业贿赂行为，挽回美国商业体系的声誉，被执法的对象也是以美国企业为主。经过 1998 年的修订，该法具有了域外效力。在此后的实际执法过程中，美国当局也开始将执法目标由美国企业转向了外国公司，扩大乃至滥用管辖权，使该法案成为其插手外国公司的贿赂审判的有力工具。

FCPA 的规制对象主要包括三类：一是"发行人"及其管理人员、董事、雇员、代理人和股东，其中的"发行人"是指在美国注册或者需定期向证监会提交报告的公司，在美国证券交易市场上发行证券的外国公司也被包含在此范围之内；二是"国内相关人"及其管理人员、董事、雇员、代理人和股东，其中的"国内相关人"是指美国公民等具有美国国籍的自然人，以及根据美国的法律所注册的公司、企业、其他组织；三是兜底条款，指那些在"发行人"和"国内相关人"之外的在美国境内直接或者间接行贿的人或实体。① 在 1998 年修订之前，只有当"发行人"及"国内相关人"运用美国邮件或者州际商业工具进行非法的对外支付时，该法才得以适用。②

FCPA 的目的是规制海外腐败行为，而上述这种属地管辖原则的适用范围仅限于美国境内，无法对美国企业或个人的域外腐败行为进行规制。为弥补这一制度漏洞，1998 年 FCPA 修正案增加了属人管辖原则，取消前述的贿赂行为与美国的州际商业方法和手段之间存在相关性的要求，将美国公司或个人在美国境外实施的腐败行为也纳入了法案的管辖范围。③ 此

---

① United States Code，15 U.S.C. § 78dd-1.

② 卢建平，张旭辉. 美国《反海外腐败法》对中国治理商业贿赂的启示 [J]. 北京师范大学学报，2007，(2)：100.

③ United States Code，15 U.S.C. §78dd-2 (i).

种属人管辖权的制定，将法案的规制权限拓展到了美国域外。

FCPA 将美国领土从物理领域延伸到了通讯、金融、网络等信息环境场域，非美国居民直接或间接在美国领土之内行使推动贿赂的行为都被划入 FCPA 的规制范围①如途经美国打电话、发电子邮件、短信、传真以及通过外国银行进行美元汇款等。

前阿尔斯通集团锅炉部全球负责人弗雷德里克·皮耶鲁齐指出，美国利用 FCPA 追溯跨国公司的高管并强迫他们认罪，迫使他们的公司向美国支付巨额罚款，进而成功瓦解了多家外国跨国公司。德国的西门子公司，法国的阿尔斯通公司、巴黎银行，都曾因 FCPA 而承担巨额赔款。2008 年金融危机以后，美国开始高频率地利用 FCPA 对外国企业和个人行使管辖权，在 2015 年之前的 10 起罚款金额最高的 FCPA 执法案件中，有 8 起涉及外国企业。② 截至 2019 年，在 26 个超过 1 亿美元的罚单中，有 21 家为非美国公司，仅有 5 家为美国公司，且受到刑事追诉的雇员数量集中于外国公司的高管，并无任何美国公司的高管。③ 据有关统计，从 2004 年至 2018 年，美国依据 FCPA 管辖并处理的涉中国案件已达 46 件，受管辖的主体包括跨国公司在华子（分）公司、在美国上市的中国公司的关联公司和中国国籍个人（中企员工/政府官员），所指控的行为主要包括行贿、受贿、回扣等。

2. 美国在反恐领域涉及域外管辖的规则——《爱国者法案》及《自由法案》的有关规定

2001 年的"9·11 事件"后，美国在反恐斗争的掩护下颁布的《爱国者法案》赋予各机构广泛的权力，使其能够访问各种计算机数据，其目的是通过提供拦截和阻止恐怖主义所需的适当工具来加强美国的实力，保护

---

① 赵骏，吕成龙. 反海外腐败法管辖权扩张的启示——兼论渐进主义视域下的中国路径 [J]. 浙江大学学报：人文社会科学版，2013，(2)：18.

② 商舒. 中国域外规制体系的建构挑战与架构重点——兼论《阻断外国法律与措施不当域外适用办法》[J]. 国际法研究，2021 (02)：66.

③ 弗雷德里克·皮耶鲁齐，马修·阿伦. 美国陷阱 [M]. 法意，译，北京：中信出版社，2019：134，346-347.

美国的国家安全。① 《爱国者法案》的全称为《通过提供拦截和阻止恐怖主义活动所需要的适当手段统一和强化美国法案》(*Uniting and Strengthening America by Providing Appropriate Tools Required to Intercept and Obstruct Terrorism*，PATRIOT Act)，简称《爱国者法案》。该法在"9·11事件"后仅45天就由时任总统签署通过。为限制恐怖主义，该法着重强调扩大政府的监管权力，并制约公民的个人权利，其中的第814条为"制止与预防网络恐怖主义"，将"受保护的计算机"的定义进一步扩大到包括位于美国国境以外的计算机上。②

　　"斯诺登"事件后，美国国会及公民关注到了该法带来的政府滥用该法案执法的问题，历经多番审议，美国参议院于2015年通过了《信息自由法案》(全称为《通过保障权利以及终止窃听、大规模信息搜集以及网络监控来统一和强化美国法案》，Uniting and Strengthening America by Fulfilling Rights and Ending Eavesdropping，Dragnet - collection and Online Monitoring Act，Freedom Act)。③ 相比于《爱国者法案》，《信息自由法案》对政府大规模搜集公民通信信息的权力进行了一定程度的限制，但仍然保留了该项权力。

　　3. 美国在反洗钱领域涉及域外管辖的规则——《爱国者法案》的有关规定

　　尽管《自由法案》对《爱国者法案》进行了修订，但《爱国者法案》中的部分规定仍然在实践中发挥作用。例如，该法第317条名为"对国外洗钱的长臂管辖权"(Long-Arm Jurisdiction over Foreign Money Launderers)，对域外效力问题进行了界定，明确规定如果某一外国人或者某一外国金融机构参与了洗钱活动，只要能够根据《联邦民事诉讼程序条例》(FRCP)或其所在地的法律送达了文书，并满足下列条件之一者，美国法院即可行

---

① 徐睿. 论美国出口管制法的域外效力 [D]. 苏州：苏州大学，2020：18.

② Uniting and Strengthening America By Providing Appropriate Tools Required to Intercept And Obstruct Terrorism (USA Patriot Act)，Pub. L. 107 - 56，Oct. 26，2001，115 Stat. 272.

③ 夏菲. 美国反恐法律的实践及其借鉴 [J]. 法学，2017，(7)：153.

使长臂司法管辖权：所涉及的某一金融交易全部或者部分发生在美国境内；有关的外国人或外国金融机构对美国法院已决定追缴和没收的财产以挪用为目的加以转换；有关的外国金融机构在位于美国境内的金融机构中开设了银行账户。① 而在实践中，随着互联网技术的不断普及和发展，利用计算机网络、系统和计算机数据进行洗钱成为最常见的洗钱手段之一。借由放宽对"某一金融交易全部或部分发生在美国境内"的认定，美国法院可以轻易行使其长臂管辖权。

《爱国者法案》第 319 条还规定，美国财政部长或者司法部部长可以签发传唤通知，要求在美国设有代理行账户的外资银行向其提供与该代理行账户有关的记录，包括保存在美国以外的、向该外国银行存放资金的记录。此外，如果有关资金存放在某一境外的外国银行账户中并且该外国银行在美国境内的金融机构中设有银行账户，该资金可以被视为存放在后一个账户当中，因而，美国主管机关可以直接针对该账户采取冻结、扣押和没收措施。② 随着美国《爱国者法案》的出台，民事资产没收从仅允许美国检察官为应对恐怖主义融资威胁而没收海外资产扩展到了美国《出口管制条例》，这也无疑保障了美国司法体系对域外民事财产的执行能力。③ 可见，前述规定使美国当局不仅可以对在美国境外卷入洗钱活动的外国金融机构行使司法方面的长臂管辖权，还可以行使行政方面的长臂管辖，对此，有论者指出："实践中频繁发生的诸多中资银行驻外机构被纽约金融服务局开处巨额罚单的事件，都源于《爱国者法案》赋予了该局域外行政长臂管辖权。"④

---

① 黄风. 从《爱国者法案》看美国反洗钱策略的新动向 [J]. 中国司法，2002，(10)：58.
② 黄风. 从《爱国者法案》看美国反洗钱策略的新动向 [J]. 中国司法，2002，(10)：58.
③ 王宇辰. 美国《出口外适管制条例》域外适用新动向 [J]. 对外贸易，2019，(9)：18.
④ 李芷歆. 美国反洗钱"长臂管辖权"对中资银行驻美机构的影响研究 [D]. 华东政法大学，2019：12.

4. 美国在禁止儿童色情领域涉及域外管辖的相关规则——《儿童在线保护法案》中的有关规定

由于各国之间的观念差异，对于淫秽物品往往没有一个完全统一的定义，但儿童色情问题一向是国际社会所公认的"红线"。目前美国联邦政府规制计算机网络儿童色情的法律主要有《联邦法典》第 18 章第 2551 条（销售或购买未成年人色情物品）、2552 条（持有、发送或接收儿童色情物品的行为）和 2256 条①（对儿童色情的定义）。另外，美国还出台了《儿童色情保护法案》以及《儿童在线隐私保护法案》等一系列法规。《儿童在线隐私保护法案》侧重于保护儿童的隐私信息，特别规定禁止以儿童为服务对象的桌面应用程序、移动 App 及各种社交网络等网络服务提供者收集儿童个人信息。②

5. 美国在电信诈骗领域涉及域外效力的相关立法——《反犯罪组织侵蚀合法组织法》

《反犯罪组织侵蚀合法组织法》（*The Racketeer Influenced and Corrupt Organizations Act*，RICO）于 1970 年生效。该法的立法目的是为了打击有组织的黑社会犯罪，基于《反犯罪组织侵蚀合法组织法》所指控的基础行为既可以是美国联邦立法之下的犯罪，也可以是州立法之下的犯罪，但必须被包含在该法中列举的犯罪行为范围之内。实践中最为常见的这种基础行为是美国《联邦法典》第 18 章所规定的邮政及电信欺诈。美国《联邦法典》第 18 章第 1343 条规定任何人的下列行为都将受到刑罚惩罚：设计实施或意图实施骗取钱财，以虚假或者欺诈性的说辞、表述或者承诺使任何文件、标牌、信号、图画或声音通过电缆、无线电波或电视通信手段在州际或国际商贸中传播或被传送，从而达致上述诈骗钱财的目的。③

具体来说，法典中列明的"邮政及电信欺诈"是指，如果邮政或电信

---

① United States Code, 18 U. S. C. § 2251, 2252, 2256.

② 陈绚，王思文，张瑜. 儿童色情禁止的网络监控和刑法规范框架［J］. 国际新闻界，2020，（12）：142.

③ 高仕银. 美国政府规制计算机网络犯罪的立法进程及其特点［J］. 美国研究，2017（01）：73.

手段作为欺诈受害人财产的阴谋组成部分，则构成邮政或电信欺诈。由于几乎所有的商业主体的经营都会使用邮政或电信的方式，因此，《反犯罪组织侵蚀合法组织法》将邮政和电信欺诈列入基础行为，这导致大多数普通法项下的欺诈都可以以邮政和电信欺诈的形式被提起追诉。又由于美国对网络犯罪多采取属地与属人相结合的方式进行管辖，在电信诈骗领域，一旦所采用的电缆、无线电波或电视通信手段在州级或国际商贸传播或传送的过程中经过美国，就有可能被美国据此行使管辖权。

6. 美国在网络身份盗窃领域涉及域外效力相关立法——《计算机欺诈与滥用法》中的相关规定

美国的《计算机欺诈与滥用法》最早颁布于 1986 年，其前身为 1984 年的《伪造接入设备与计算机欺诈及滥用法》。后法对前法进行了重大的修改，通过重新对个别定义进行修正，明确了该法的保护范围为涉及"联邦利益"的计算机网络，也就是那些被联邦政府机关或财政机构及在部分州际之间使用的计算机网络。① 在 1996 年的修订中，用于州级交易的计算机网络也被纳入该法的保护对象中，取代了此前"涉及联邦利益"的规定。据此，美国境内所有链接入网的计算机都受到该法的规制。

美国的国内法对网络犯罪行为要件的厘定分为三个基础类别：访问行为（未经授权访问和超越授权访问）、传播行为、破坏行为。

2008 年，美国再次对《计算机欺诈与滥用法》进行重大修正，再次对"受保护的计算机"的定义予以扩展，把 1996 年修正案对"受保护的计算机"定义中规定的"用于州际或国际交易或交流的计算机"改为"用于或者影响到州际或国际交易或交流的计算机"，增加了"或者影响到"这几个字。这一修改的结果就使得《计算机欺诈与滥用法》适用于美国国内外的所有的计算机。②

---

① United States Code, 18 U.S.C. § 1030 (a)(2)(Supp. IV 1987).
② 高仕银. 美国政府规制计算机网络犯罪的立法进程及其特点 [J]. 美国研究, 2017 (01): 72.

7. 美国对他国实施次级制裁的相关立法

美国还制定了一系列对他国实施次级制裁的相关立法，具有代表性的有《赫尔姆斯-伯顿法》《防止向伊朗、朝鲜和叙利亚扩散法》等。

《赫尔姆斯-伯顿法》又名《古巴自由与民主巩固法案》，实际上是1994年底提出的制裁古巴的措施汇编。主要内容包括禁止第三国在美销售古巴产品，包括含有古巴原材料的制成品；不给在古巴投资或进行贸易的外国公司经理、股东及其家属发放入美签证；允许在古巴革命时被没收财产的美国人向法院对在古巴利用其财产从事经营的外国公司和投资者进行起诉以及反对国际金融机构向古巴提供贷款，或接纳古巴加入。

同时，美国还多次以防扩散为由对第三国实体和个人实施"次级制裁"，如多次援引《伊朗、朝鲜和叙利亚防扩散法案》等国内法，将数百个中国实体和个人列入防扩散制裁清单、特别指定国民清单等制裁清单中。①

（二）美国在涉外网络犯罪领域主张国内法域外效力的典型案例

美国法中，网络犯罪领域的相关法律的域外适用效力起初体现于各州之间的长臂管辖问题。例如，在 Inset Systems, Inc. 诉 Instruction Set, Inc. 一案中，法官认为，既然被告建立了能被全美任何用户接触的网页，就应该预见到他可能由于其行为在任何州被诉。② 但是，在另外一些案件中，也有法官主张，如果法院在网络空间中过于轻易地行使管辖权，网络的发展就很容易受到威胁。例如，在 Mc Donough 诉 Fallon Mc Elligott, Inc., et. aL. 一案中，法官认为，"全球共享网络，同意上网访问即构成充分的联系从而确立管辖权的做法会削弱当前的管辖权要件，本院对此不予支持。"③ 换言之，仅仅存在一个在加州可以上网访问的事实不足以构成足够的联系从而使法院拥有管辖权。

---

① 吴金淮. 美国防扩散政策的新特点 [J]. 世界知识, 2020, (9): 73.

② Inset Systems, Inc. v. Instruction Set, Inc., United States District Court for the Connecticut, 937F. Supp. 161 (D. Conn. 1996).

③ Mc Donough v. Fallon Mc Elligott, Inc., et. aL., Civil Case No. 95 - 4037 (S. D. Ca. August5, 1996).

随着互联网的发展和国家间在数据领域的联系日益密切，美国也根据其立法上的域外效力条款对国外越来越多的地区与网络空间活动有关的案件行使域外管辖权。

近年来，美国对于中资企业行使域外管辖权的情况集中于反制裁、反洗钱、反贪污等领域，许多美国国内法通过所谓的"长臂管辖权（long-arm jurisdiction）"来管制包括中国公司在内的外国公司。当外国公司与美国建立某些直接或间接的运营、合同或商业关系时，往往会被美国州法院依据州的长臂法令以微弱的联系为连接点主张管辖权。在 2014 年的一宗案件中，美国联邦上诉法院为了获得对一家中国母公司的管辖权，甚至将其美国子公司在美国境内的经营活动归为中国母公司在美国境内的活动。①

1. 美国采取将华为技术有限公司等部分企业列入实体清单、提起刑事追诉等方式予以制裁

随着近几年美国大搞贸易保护主义，一再对中国企业和产品采取提高关税等限制措施，双方之间的贸易摩擦不断加剧。2018 年 5 月 29 日，时任美国总统特朗普明确表示将进一步加强对中国的高新技术出口管制。2018 年 8 月 1 日，美国商务部宣布对《出口管制条例》的"实体名单"（the Entity List）进行修改，以威胁或损害美国的国家安全或者外交利益为由，指控中国公司违反了美国《出口管制条例》中的《商业国家列表》对伊朗的出口禁令，将 44 家中国企业添加到"实体名单"上。并提出针对外国企业在非美国本地制造的产品，如果使用了特定的美国受控物项，则在满足"最低比例原则"或"直接产品原则"的情况下，也应根据《出口管制条例》（EAR）受到管制。②

2018 年年底，中国的华为技术有限公司高管孟女士在加拿大转机时被捕，随后美国司法部称，会对华为公司及孟女士本人提出更多指控，并将

---

① 罗华. 浅析美国在出口管制中的"长臂"管辖权［EB/OL］. 金杜律师事务所官方网站，2018-05-03.

② U. S. Department of Justice：Acting Attorney General Matthew Whitaker Announces National Security Related Criminal Charges Against Chinese Telecommunications Conglomerate Huawei［EB/OL］，U. S. Department of Justice，2019-01-28.

尽快与加方协商引渡事宜，以实现美国对华为和孟女士的调查。① 美国当局指控孟女士违反美国的《出口管制条例》向伊朗出口有关被管制的产品、对银行实施欺诈、洗钱等罪名，并以此为由向加拿大当局提出引渡的请求。本案实质上是美国当局反对任何第三方与遭到美国制裁的伊朗的有关企业进行被管制的产品——在该案中主要涉及网络通信部件等产品——而主张域外管辖的结果。美国将网络通信部件视为基础通信设施的组成部分，认为华为通过中间公司向伊朗出售相关原件侵犯了美国的国家安全利益。

2019 年 1 月 24 日，美国纽约东区联邦法院公布起诉书，以涉嫌违反（及共谋违反）《国际紧急经济权力法案》（*International Emergency Economic Powers* Act，简称 IEEPA）和共谋洗钱、串谋、银行欺诈、电汇欺诈和诈骗等 13 项罪名为由，起诉华为技术有限公司（Huawei Technologies Co. Ltd.）、华为设备公司（Huawei Device Co Ltd）、华为设备美国公司（Huawei Device USA）、香港星通技术有限公司（Skycom Tech. Ltd.），以及华为技术有限公司首席财务官在内的 4 个被告。在起诉书中，美国司法部指控华为在其子公司星通（Skycom Tech）和华为设备美国公司为了在伊朗开展美国《国际紧急经济权力法案》等相关制裁法令所禁止的业务，事先未经美国财政部海外资产控制办公室（OFAC）颁发许可证的情况下，误导有关银行以便实施相关交易，向伊朗或伊朗政府提供了有关的金融服务、电信服务。针对这一案件，美国国土安全部部长尼尔森声称："根据起诉书的指控，华为及其首席财务官违反了美国法律，参与了一项损害美国安全的欺诈性金融计划。""他们故意进行数百万美元的交易，直接违反了伊朗的交易和制裁条例，这种行为是不能容忍的。国土安全部的重点是防止不法分子进入或操纵我们的金融系统，我们将确保合法的经济活动不会被我们的对手利用。"美国商务部部长罗斯也声称："多年来，中国企业违反了我们的出口法，破坏了制裁措施，经常利用美国金融体系为他们的非法活动

---

① U. S. Department of Justice：Acting Attorney General Matthew Whitaker Announces National Security Related Criminal Charges Against Chinese Telecommunications Conglomerate Huawei［EB/OL］，U. S. Department of Justice，2019-01-28.

提供便利。"①

本案中，美国依据本国的单边制裁对非本国居民行使管辖权，将其纳入自己的司法体系之下并试图使其受到美国国内法的惩罚，体现了美国域外管辖的日益扩张的状态。

与美国制裁华为技术有限公司、中兴通讯公司等案件相似，美国试图以其国家安全为由，要求域外实体或个人遵守美国的国内立法，基于莫须有的指控制裁中国有关通信公司及其高级管理人员，并以涉及高新技术的元器件的断供和相关电子信息技术方面的封锁作为后盾，竭力打压有可能成为美国企业竞争对手的涉及网络空间信息技术和产品的中国企业——特别是提供 5G 技术服务的高新技术的有关中国企业，其推行贸易保护主义政策，试图借单边制裁削弱中国企业竞争力的意图十分明显。

2. 美国对若干中国军人提出"网络攻击"的不实指控案

（1）美国当局于 2014 年提起的滥诉案件

2013 年 2 月，美国网络安全公司曼迪昂特发表一份报告，称中国人民解放军驻上海的某部队长期对西方企业实施大规模网络间谍活动，多次发起网络攻击，窃取商业秘密。② 同年，美国白宫发布《减少盗取美国商业秘密的政府战略》，宣称将采取贸易和外交行动的方式，严厉打击日益严重的商业间谍活动，并引用了 16 个涉及中国人的案例。2014 年，美国针对 5 名中国军人提起法律诉讼，指控他们运用"钓鱼邮件""设置后门"等手段，"窃取"Westinghouse 等企业的商业秘密等，此事是美国政府有史以来首次公开控告外国政府公务人员针对美国公司实施网络黑客犯罪。美国基于其国内法，在缺乏证据的情况下，主张对位于美国领土之外的网络空间的使用者行使司法管辖权，此举开创了用国内法应对互联网"威胁"的先例。说明美国的招数不再停留在政府官员指责和舆论炒作的"务虚"

---

① U. S. Attorney's Office. Chinese Telecommunications Conglomerate Huawei and Huawei CFO Wanzhou Meng Charged with Financial Fraud [EB/OL]. U. S. Department of Justice, 2019-01-28.

② Mandiant Intelligence Center. APT1: Exposing One of China's Cyber Espionage Units [R/OL]. FireEye, 2013-02-25.

范围之内，而上升到司法领域的"实践"层面。①

依据美国《联邦法典》第 18 章第 1028 条、第 1030 条、第 1831 条、第 1832 条②，美国当局指控 5 名中国军人在 2006 年至 2014 年期间，以"为中国企业尤其是国有企业谋取商业利益"为目的，实施了一系列涉及互联网的"非法"行为，并声称上述行为依美国相关立法可被判处最高 15 年、10 年、5 年、2 年不等的处罚。

（2）美国当局于 2020 年再次提起的滥诉案件

2020 年，美国再次对一些中国军人提起诉讼，指控被告"窃取"美国公民的个人信息。

在本案中，Equifax 公司是一家消费者信用报告机构，总部设在佐治亚州亚特兰大。该公司在其正常的业务过程中汇编和存储了大量的消费者信息，并将其出售给其他寻求使用这些信息来评估信誉或验证身份的企业和组织。因此，Equifax 拥有一个庞大的个人可识别的敏感信息储存库，其中包括美国和国外数百万人的全名、地址、社会保障号码、出生日期。美国当局声称，至少在 2017 年 5 月 13 日，或大约在 2017 年 7 月 30 日起，被告侵入位于格鲁吉亚北部地区的 Equifax 受保护的计算机，未经授权访问这些计算机并"窃取"1.45 亿美国人的敏感个人身份信息。③

起诉书声称，被告利用了 Equifax 在线纠纷门户网站使用的 Apache Struts 网络框架软件的漏洞。他们利用这种访问权限，对 Equifax 的在线纠纷门户网站进行了调查，并获得了登录凭证，可用于进一步浏览 Equifax 的网络。被告确定了 Equifax 的数据库结构，并在其中搜索敏感的个人身份信息。一旦他们访问了感兴趣的文件，同谋者就把偷来的信息储存在临时输出文件中，压缩并分割文件，最终访问并将数据转移到美国境外的计

---

① 王祎，翟慧霞. 网络安全话语权的争夺——从美国起诉中国军人谈起 [J]. 对外传播，2014，（8）：42.

② United States Code, 18 U. S. C. § 1028, 1030, 1831, 1832.

③ The United States of America v. Wu Zhiyong, Wang Qian, Xu Ke, Liu Lei., United States District Court for the Northern District of Georgia Atlanta Division, Criminal Indictment：2：20-CB046, at introduction.

算机上。攻击者共计对 Equifax 的系统进行了约 9000 次查询，获取了近一半美国公民的姓名、出生日期和社会保障号码。起诉书还指控被告窃取了包括 Equifax 的数据汇编和数据库设计在内的商业机密信息。①

本案中，起诉书指控被告共谋实施计算机欺诈，共谋实施经济间谍活动以及共谋实施电信欺诈，此外还指控两项未经授权访问和故意损坏受保护计算机罪，一项经济间谍罪，以及三项电信欺诈罪。基于美国法典第 18 编的规定，美国指控的计算机欺诈行为、故意损害计算机系统的行为以及未经授权访问的行为违反美国联邦法典第 18 章中第 1030 条（a）（c）两款的规定。② 从事经济间谍活动违反了第 1831 条（a）款第 1.2 和第 5 项规定。③ 实施电信欺诈违反了第 1343 条和第 1349 条。④ 本案的调查由美国佐治亚州北部地区检察官办公室、司法部刑事和国家安全部门，以及联邦调查局亚特兰大办事处联合进行。美国联邦调查局（FBI）的网络部门和 Equifax 公司也参与配合了调查。⑤

美国采取缺席审理的方式，通过国内法院对中国军人提起的滥诉的做法，显然是为其外交和战略需求服务的作秀之举，试图借此在政治上和外交上扭转美国政府自"斯诺登"事件以来在国际上面临的被动局面，以重新夺回在网络空间治理领域的"道德高地"，但由于其所提出的种种所谓

---

① The United States of America v. Wu Zhiyong，Wang Qian，Xu Ke，Liu Lei. ，United States District Court for the Northern District of Georgia Atlanta Division，Criminal Indictment：2：20-CB046，at para. 14.

② The United States of America v. Wu Zhiyong，Wang Qian，Xu Ke，Liu Lei. ，United States District Court for the Northern District of Georgia Atlanta Division，Criminal Indictment：2：20-CB046，at para. 6，16. 18.

③ The United States of America v. Wu Zhiyong，Wang Qian，Xu Ke，Liu Lei. ，United States District Court for the Northern District of Georgia Atlanta Division，Criminal Indictment：2：20-CB046，at para. 20-21.

④ The United States of America v. Wu Zhiyong，Wang Qian，Xu Ke，Liu Lei. ，United States District Court for the Northern District of Georgia Atlanta Division，Criminal Indictment：2：20-CB046，at para. 24-29.

⑤ The Department of Justice of the United States：Chinese Military Personnel Charged with Computer Fraud，Economic Espionage and Wire Fraud for Hacking into Credit Reporting Agency Equifax. The Department of Justice，2020-02-10.

指控并无实据，而最终不可避免地沦为缺乏实际意义的闹剧。斯诺登所曝光的大量互联网监控和窃密行为，使此前必谈"互联网自由"的美国国际形象严重受损。因此，加大对经济间谍问题的渲染和炒作，转移国际社会的关注目标，抹黑和打压其他国家，是美国提起滥诉的重要原因。由于几乎不可能将被起诉的被告引渡到美国进行审判，国内法上的"缺席审判"本身并不会产生什么实际结果；只有找到更为确切的国际法依据，才能大大加强美国在经济间谍问题上的话语权和主导权。①

二、欧盟主导缔结的《网络犯罪公约》及欧盟相关法令对欧盟成员国相关国内法域外效力之影响

欧盟及其成员国将网络犯罪治理视为维护网络安全的重要领域，并积极推动在这一领域制定国际合作的条约及相关在欧盟适用的法令。

（一）《网络犯罪公约》有关条款对欧盟成员国相关国内法域外效力之影响

2001 年 11 月，由欧洲理事会的 26 个欧盟成员国以及美国、加拿大、日本和南非等 30 个国家的政府官员在布达佩斯共同签署了第一个针对计算机系统、网络或数据犯罪的国际多边条约——《布达佩斯网络犯罪公约》（Budapest Convention on Cybercrime，以下简称"《网络犯罪公约》"），由于签署地为匈牙利布达佩斯，故亦称《布达佩斯公约》。该公约具有一定的影响力，目前拥有 55 个缔约国，包括不属于欧洲委员会的美国、日本、韩国、加拿大、澳大利亚、以色列等 12 个国家。② 但另一方面，该公约的开放性受到一定的限制，公约规定，非欧盟成员国加入公约须由部长委员会征得缔约国的一致同意，在部长委员会的投票中获得 2/3 以上多数的支持，并取得列席委员会投票的缔约国代表的一致支持，方可获邀请加入。

---

① 黄志雄. 论间谍活动的国际法规制——兼评 2014 年美国起诉中国军人事件［J］. 当代法学，2015（01）：144.

② 周振杰. 网络犯罪管辖权争议的主要分歧与中国立场［J］. 中国信息安全，2019（05）：32.

该公约已于 2004 年 7 月 1 日生效。根据《网络犯罪公约》的规定，欧盟成员国依照该公约和本国的实际情况制定相应的国内的信息安全法律法规。

《网络犯罪公约》共有 4 章，48 条。第一章对"计算机系统""计算机数据""服务提供商""流量数据"等术语作了界定，第二章主要是关于网络犯罪行为、诉讼程序、计算机取证等问题的规定；第三章的内容为在网络犯罪治理方面加强国际合作，第四章为最终条款，主要涉及公约的签署、生效等事项。

《网络犯罪公约》并没有将发送垃圾邮件等行为纳入犯罪，但整体上罪名涵盖的行为比较宽泛，对不同的网络犯罪情节做了类型化规定。根据《网络犯罪公约》中第二章第 2 条至第 11 条的规定，缔约国应针对常见的 5 类 10 种跨国网络犯罪给予刑事处罚，包括非法进入（Illegal Access）、非法截取（Illegal Interception）、资料干扰（Data Interference）、系统干扰（System Interference）、设备滥用（Misuse of Devices）、伪造计算机资料（Computer-related forgery）、计算机诈骗（Computer-related Fraud）、儿童色情的犯罪（Offences Related to Child Pornography）和侵犯著作权及相关权利的行为（Offences Related to Infringements of Copyright and Related Rights）、尝试和协助或教唆（Attempt and aiding or abetting）。[1] 在前述犯罪中，又以有关"系统干扰"活动的规定最受关注，根据《网络犯罪公约》的规定，"系统干扰"是指利用计算机系统传送计算机病毒、蠕虫、特洛伊木马或滥发垃圾电子邮件，干扰系统的正常运作，为个人谋取非法利益而侵害他人权益的行为。2000 年爆发的爱虫病毒，是一种以一封主题为"我爱你"的电子邮件为媒介传播的具有自我复制功能的蠕虫病毒，短时间内，该病毒感染了世界范围内大量的计算机，造成近 100 亿美元的损失。[2]

在网络犯罪的管辖权问题上，《网络犯罪公约》第 22 条规定："各国

---

① Convention on Cybercrime, Budapest, 23. XI. 2001, article 2-11.

② GIFFITHS J. 'I love you': How a badly-coded computer virus caused billions in damage and exposed vulnerabilities which remain 20 years on [EB/OL]. CNN Business, 2020-05-03.

有权采取必要的立法和其他措施，就本公约第 2 条至第 11 条规定的犯罪确立管辖权，当该犯罪：（a）发生在其领域内；或（b）发生在悬挂该国国旗的船舶上；或（c）发生在该国登记注册的航空器上；或（d）由本国国民实施且根据行为地刑法该行为可罚的，或者是本国国民在任何成员国的领域管辖范围外实施的。"公约允许缔约国对有关规定加以保留，并强调"不排除任何根据国内法实施的刑事管辖权"。此外，《网络犯罪公约》还规定，当不止一方对一项根据本公约确定的犯罪主张管辖权时，有关各方应经过适当磋商，决定最恰当的管辖权进行起诉。《网络犯罪公约》主要确定了属地管辖原则和属人管辖原则，其中属地原则的范围包含"拟制领土"，如船舶、航空器等，由于这些有关管辖权规则的规定并未规定具体的管辖权之间的优先次序，仅强调在解决各国的管辖权冲突方面仍以缔约国磋商为基础，因而缺乏可操作性。

在电子证据方面，《网络犯罪公约》在一定程度上赋予了缔约国对于作为网络犯罪电子证据的数据的域外管辖权。《网络犯罪公约》第 16 条和第 17 条规定，缔约国相关机构有权以命令个人或以其他方式快速保存、保密、披露计算机数据，特别是易遭毁损丢失的计算机数据，不论该数据与几个网络服务提供者有关。第 18 条规定了数据提交命令，即缔约国可以要求位于其境内的个人提交该个人所有或控制的计算机数据、可以要求在其境内提供服务的服务提供者提交该服务提供者所有或控制的与该服务有关的用户信息。可以看到，《网络犯罪公约》将"网络服务提供者"作为落实电子取证措施的主要配合方，对网络服务提供者设定了刑事协助义务，包括数据保全、数据实时收集、用户信息披露以及保密义务等。"网络服务提供者"包括向网络用户提供通过计算机系统进行通信服务的任何公私实体，以及提供此种通信服务或进行网络用户处理或存储计算机数据的任何其他实体。① 但另一方面，《网络犯罪公约》虽然对网络服务提供者提

---

① Convention on Cybercrime, Budapest, 23. Ⅺ. 2001, article 1.

出了较高的披露义务，但忽视了网络服务提供者为此必须付出的代价，①公约中没有规定网络服务提供者在进行数据保存、披露时应尽的义务以及不配合时应当承担的法律后果。在管辖权方面可以看到，上述两条规定均以属地管辖权为原则，立法的规制对象为在国境内的个人和网络服务提供者，但却没提到该个人、服务提供者所有或控制的数据是否存储于该国境内这一关键信息。虽然忽略这一因素能大大促进国内政府与国际私营部门的合作，特别是对于在网络领域发展较弱的国家来说，这一规则不要求他们在与其他国家签订条约时拿出对称的筹码，即不需要存储在本国网络数据与存储在对方境内的数据质量、数量相等，有利于其快速获取信息。但另一方面，有学者指出，一国对其国民从事的网络活动的管辖权与对这一网络活动所创建数据的管辖权并不相同，数据所在国对于数据具有完全管辖权，但不能简单认为一国对其国民所有的位于境外的数据享有完全管辖权。② 所以，仅仅依据《网络犯罪公约》不能确定缔约国是否可以要求个人或服务提供者提交储存于境外的数据。第 19、20、21 条的规定则比较明确，规定缔约国有权访问位于其境内的计算机系统、计算机数据和计算机存储媒介；缔约国有权在其境内收集数据，或迫使服务提供者在其境内收集数据。

此外，《网络犯罪公约》第 23 条至第 35 条规定了国际合作原则。其中，第 32 条在域外执行管辖权方面做出了规定，即缔约国可以访问可公开获得的计算机数据，而不管该数据是否储存在境内；或者缔约国可以通过其领土内的计算机系统访问或接受存储于境外的数据，前提是已从具有通过该计算机系统向该国披露数据合法权限的个人处取得其合法自愿的同意。这一规定理论上有可能突破传统的国际刑事司法协助机制，构成对他国属地管辖权的侵犯。虽然一般情况下，一国只能基于国际法赋予的特定

---

① 杨彩霞. 国际反网络犯罪立法及其对我国的启示——以《网络犯罪公约》为中心 [J]. 时代法学，2008 (03)：107.

② 迈克尔·施密特. 网络行动国际法塔林手册 2.0 版 [M]. 黄志雄等译. 北京：社会科学文献出版社，2017：101.

权利或外国政府的有效同意才能行使域外执行管辖权,① 但《网络犯罪公约》的规定将政府的权利让渡给了民间个人,这一约定将数据请求国、被请求国以及数据所有人的三方关系简化到数据请求国与数据所有人之间的双方关系,有利于数据请求国快速、轻易地获取数据。瑞士表示,其经常根据第 32 条使用越境准入。土耳其等国家也有很多应用此条款的司法案例。② 但另一方面,因为缺少被请求国政府的居中调和以及监督,这种约定也容易引发矛盾、带来隐患。例如,当数据所有人不愿意披露数据时,除非该个人位于数据请求国境内,否则数据请求国不能行使域外执行管辖权,无法获得数据;或者虽然数据所有人同意披露,但因为该数据与被请求国的国家秘密、国家安全有关,个人随意披露可能导致严重后果。

　　一些欧盟成员国也存在在实践中主张和行使域外管辖权的情形。以发生在德国的 CompuServe 一案为例,德国警方所指称的储存有儿童色情图文的服务器均位于美国 CompuServe 总公司。1995 年,德国警方突袭了美国 CompuServe 公司位于慕尼黑的办公室,强迫该公司阻断 200 个讨论组的连线,使全球 400 万用户受到影响。德国检察官以传输儿童色情与新纳粹宣传信息网页违反德国法律为由,起诉该公司在德国的部门负责人。被告宣称德国无管辖权,但德国巴伐利亚法院却认为,前述后果是 CompuServe 公司没有遵守营业地的法律造成的。该案中,德国网络使用者通过网络获取有关儿童色情图片,虽然存储该违法色情图文的服务器位于美国,但该侵害行为发生于德国,因而德国有管辖权,从而逮捕了 CompuServe 的德国分公司的负责人 Felix Somm,并要求 CompuServe 美国总公司立刻封锁涉嫌储存、传送儿童色情图文的相关服务器。③ 此案发生后,Psinet(一家设于伦

---

① 迈克尔·施密特. 网络行动国际法塔林手册 2.0 版 [M]. 黄志雄等译. 北京:社会科学文献出版社,2017:104.

② Cybercrime Convention Committee (T‐CY) of Council of Europe. The Budapest Convention on Cybercrime:benefits and impact in practice [R/OL]. Council of Europe,2020‐07‐13.

③ 杨彩霞. 国际反网络犯罪立法及其对我国的启示——以《网络犯罪公约》为中心 [J]. 时代法学,2008 (03):107.

敦的网络服务提供商）因担心违反德国巴伐利亚州的法律而将其网络服务器迁出了德国。此案后，德国出台了一系列有关网络空间的法律法规。如1997年通过的《为信息与通信服务确立基本规范的联邦法》，全面地规范了包括网络内容在内的电子网络空间的行为。该法还将出版物概念扩展到"音像载体、数据存储设备、图片和其他表现形式"，加重了网络服务提供商的内容责任，也对未成年人提供了额外的保护。①

由《网络犯罪公约》的规定可推知，其并不排斥缔约国国内刑法的域外效力，缔约国完全可以对结果地作扩大理解而主张和行使管辖权，从而更加剧了国家间可能出现的管辖权的冲突。但另一方面，《网络犯罪公约》本身并没有对管辖权发生冲突时如何确定优先级提出切实可行的规则，其规定的解决方法就是通过国际合作，以订立法律或条约的方式，寻找最适于侦察、起诉犯罪行为与执行判决之法庭地，这种抽象的规定只具有宣言式的意义，难以对实践操作起到具体的帮助与指导。②

（二）欧盟在《网络犯罪公约》生效后通过的涉及网络犯罪治理的条例、指令等立法及其涉及域外效力的规定

总体来说，《网络犯罪公约》的约文不仅伴有《解释报告》（*explanatory report*）的支撑，还在其十余年的实施过程中，通过《网络犯罪公约》委员会（The Cybercrime Convention Committee，T-CY）不断跟进发布诸如"建议措施"（Recommendation）、"指导意见"（Guidelines）等细化文件，这使得《网络犯罪公约》体系在约文文本的解释适用上形成了丰富的积累。③

《网络犯罪公约》作为一个国际条约，其缔约国并不仅限于欧盟成员国，《网络犯罪公约》对缔约国在网络犯罪立法的统一化或趋同化发挥着

---

① 李卉，屈广清. 电子商务中的国际民事争议管辖权问题初探［J］. 大连海事学院学报，2004（04）：20.

② 杨彩霞. 国际反网络犯罪立法及其对我的启示——以《网络犯罪公约》为中心［J］. 时代法学，2008（03）：107.

③ 杨帆. 打击网络犯罪国际公约中的电子取证：约文比较与对我的启示［J］. 信息安全与通信保密，2020（07）：6.

积极作用，但另一方面，《网络犯罪公约》在缔约国如何适用，主要还是看该缔约国的国内立法。为加强对网络犯罪的治理，欧盟利用其特殊的地位及立法权，制定了有关的指令或框架决定等派生性立法，这些立法对欧盟成员国的国内法产生了直接影响。①

2003 年 1 月 28 日，欧盟通过了《网络犯罪公约补充协定：关于通过计算机系统实施的种族主义和仇外情绪的犯罪化》，要求愿意参加该议定书的各缔约国对通过计算机系统实施的具有种族主义和仇外主义性质的行为，特别是对于散布种族主义和排外主义的材料、种族主义和排外主义的威胁及否认或极力最小化、灭绝种族或反人道行为等，在立法上界定为犯罪行为。②

2005 年 2 月，欧盟通过《关于惩治攻击信息系统行为的第 2005/222/JHA 号欧盟理事会框架决定》（以下简称"2005/222/JHA 号决定"），对非法进入信息系统、非法干扰信息系统、非法干扰计算机数据等犯罪类型做了规定。2005/222/JHA 号决定由《序言》和正文 13 个条文组成，要求欧盟各成员国必须在 2007 年 3 月 16 日之前将有关规定转化为其国内法。③在管辖权方面。2005/222/JHA 号决定强调各国之间的紧密合作和积极配合，其第 10 条规定各成员国对以下案件享有管辖权：（1）罪犯在其领土上实际存在时，无论罪行是否侵犯其领土上的信息系统；（2）该罪行是针对其领土上的信息系统，无论罪犯是否在其领土上实际存在。如果犯罪属于不止一个成员国的管辖范围，且有关国家中的任何一个能够根据同一事实有效起诉，有关成员国应进行合作，决定其中哪一个将起诉罪犯，以便在可能的情况下将诉讼集中在一个成员国。为此，成员国可求助于在欧盟内建立的任何机构或机制，以促进其司法当局之间的合作和协调其行动。

① 刘灿华. 欧盟网络犯罪刑事立法新动向——《以关于惩治攻击信息系统行为的指令》为中心 [J]. 净月学刊，2016（06）：16.
② 徐然，赵国玲. 网络犯罪刑事政策的取舍与重构 [M]. 北京：中国检察出版社，2017：36-37.
③ 刘灿华. 欧盟网络犯罪刑事立法新动向——《以关于惩治攻击信息系统行为的指令》为中心 [J]. 净月学刊，2016（06）：16.

可按顺序由以下成员国管辖：犯罪行为发生地的领土国；罪犯的国籍国；发现罪犯的所在地国。① 但此顺序只是建议，并非不可逾越。相比较而言，这些规定比《网络犯罪公约》更详细，但是 2005/222/JHA 号决定的缺陷在于缺乏强制性，其第 2、3、4 条虽然规定各成员国应将非法访问信息系统、非法干扰系统、非法干扰数据的行为规定为犯罪，但其后均附有 "at least for cases which are not minor" 这一对程度的描述性文字，表示程度较轻可以不视为犯罪。另外，第 5 条第 3 款还规定各成员国可以选择不对犯有以上三种罪行的预备犯进行处罚。这些规定给予了成员国在将相关罪行转化为国内法时更大的自主选择权，容易导致各国之间的立法差异以及 2005/222/JHA 号决定不被彻底贯彻等问题。

由于 2005/222/JHA 号决定仅规定了前述三种类型的网络犯罪，难以有效应对其他网络犯罪问题。为此，欧盟又于 2013 年通过了《欧洲议会和欧盟理事会关于惩治攻击信息系统行为、替代第 2005/222/JHA 号框架决定的第 2013/40/EU 号指令》（以下简称 "2013/40/EU 号指令"）。它在废除现行 2005/222/JHA 号决定的同时，将保留其现行规定，即惩罚非法访问、非法干扰系统和非法干扰数据，并包括以下新内容：惩罚使用工具（如 "僵尸网络" 之类的恶意软件或未经正确获取的计算机密码）实施犯罪；将 "非法拦截" 信息系统定为刑事犯罪；改善欧洲刑事司法/警察合作；加强 24/7 联络点的现有结构，有义务在 8 小时内答复紧急请求和请求；收集网络犯罪基本统计数据的义务。在管辖权方面，2013/40/EU 号指令的第 12 条在继承了 2005/222/JHA 号决定中的属人管辖权和属地管辖权之外，还确立了域外管辖权。其第 12 条第 3 款规定："成员国应通知委员会，它决定对在其领土外犯下的第 3 至 8 条所述罪行确立管辖权，包括：（a）罪犯在其境内有其惯常住所；或（b）犯罪是为了在其领土上设立的

---

① The Council of the European Union. Council Framework Decision 2005/222/JHA of 24 February 2005 on attacks against information systems [A/OL]. EUR-Lex, 2005-02-24.

法人的利益而实行的。"① 但 2013/40/EU 号指令并未将 2005/222/JHA 号决定的第 10 条第 4 款中关于在多个成员国同时对一件案件享有管辖权时如何确定管辖权优先级的规定纳入其中，这表现出各国对于域内管辖权与域外管辖权的优先级等问题存在争议。

（三）欧盟在有关刑事司法中关于跨境电子证据提取的规定

在刑事司法方面，除确定具体的罪行外，证据的获取是决定案件的关键因素。目前，欧盟的许多刑事调查都涉及跨境请求获取电子证据，如短信、电子邮件等。鉴于此，欧盟委员会正在提出新的规则，使警察和司法当局更容易和更快地获得调查所需的电子证据。

为了使执法和司法当局更容易和更快地获得调查和最终起诉罪犯和恐怖分子所需的电子证据，委员会于 2018 年 4 月 17 日以条例和指令的形式提出了《欧洲议会和欧洲理事会关于刑事犯罪电子证据的调取令和保全令的规定的提案》（Proposal for a REGULATION OF THE EUROPEAN PARLIA-MENT AND OF THE COUNCIL on European Production and Preservation Orders for electronic evidence in criminal matters），其中规定：（1）创建一个欧洲调取令：这将允许一个成员国的司法当局直接从另一个成员国的服务提供商或其法定代表人处获取电子证据（例如电子邮件、应用程序中的文本或消息，以及第一步确定犯罪人的信息），当事方有义务在 10 天内做出反应，紧急情况下在 6 小时内做出反应（相比之下，现行欧洲调查令最多为 120 天，司法协助程序平均为 10 个月）；（2）创建一个欧洲保全令：这将允许一个成员国的司法当局请求另一个成员国的服务提供商或其法定代表人保存特定数据，以考虑到随后通过司法协助提供这些数据的请求、欧洲调查令或欧洲生产令；（3）包括强有力的保障措施：新规则保障对基本权利的有力保护，包括对个人数据保护权的保障措施。服务提供商和被查询数据

---

① The European Parliament and the Council of the European Union. Directive 2013/40/EU of the European Parliament and of the Council of 12 August 2013 [A/OL]. EUR－Lex, 2013－08－12.

的人员将受益于各种保障措施，并有权获得法律补救；（4）责成服务提供者在欧盟指定一名法定代表人：为确保在欧盟提供服务的所有提供者承担相同的义务，即使其总部在第三国，也必须在欧盟指定一名法定代表人，以接收服务、决定和命令的遵守和执行；（5）为企业和服务提供商提供法律确定性：如今，执法当局往往依靠服务提供商的善意向他们提供所需的证据，而在未来，对所有服务提供商的准入适用同样的规则将提高法律确定性和明确性。①

其中，欧洲调取令和保全令都可以送达电子通信服务提供商、社交网络、在线市场、其他托管服务提供商和互联网基础设施（如 IP 地址和域名注册）提供商，或其法律代表。欧洲保全令是司法当局在具体刑事诉讼程序中对每一案件的相称性和必要性进行单独评估后发布或确认的命令。与欧洲调取令一样，它针对的是已经发生的刑事犯罪的具体已知或未知的肇事者。欧洲保全令只允许保存在收到保全令时已经存储的数据，而不允许在收到欧洲保存令后的未来时间点访问数据。这两项命令只能在刑事诉讼中使用，从最初的预审调查阶段到通过判决或其他决定结束诉讼。调取用户和访问数据的命令可以针对任何刑事犯罪发出，而调取交易或内容数据的命令只能针对在发布国可处以至少 3 年监禁的刑事犯罪发出，或针对提案中提及的特定犯罪，以及与 2017/541/EU 恐怖主义指令所涵盖的电子工具和犯罪有特定联系的犯罪。②

2019 年 2 月 5 日，欧盟委员会正式提议启动跨境获取电子证据的国际谈判，根据欧洲理事会 2018 年 10 月的结论，欧盟委员会提出了两套谈判指令，一套是关于与美国谈判的指令，另一套是关于欧洲理事会《网络犯罪公约》第二附加议定书的指令。

与美国进行司法合作是为加快欧盟直接从在美国设立的服务提供者那

---

① European Commission. E-evidence-cross-border access to electronic evidence-Improving cross-border access to electronic evidence [EB/OL]. European Commission.

② European Commission. Proposal for a Regulation of the European Parliament and of the Council on European Production and Preservation Orders for electronic evidence in criminal matters [A/OL]. EUR-Lex, 2018-04-17.

里获取电子证据的进程。目前提议的范围包括在欧盟内提供服务的特定类型的服务提供者。提供者在欧盟提供服务，是指它使一个或多个成员国的用户能够使用它的服务，并且它与欧盟有着实质性的联系。那些在欧盟没有设立机构的国家有义务任命一名法律代表，以便当局可以对其发出提交（电子证据的）命令。① 英国虽然已经脱欧，但其于 2019 年通过了犯罪（境外调取令）法，该法的第 1 条规定英国法官可应相关人员的申请，就电子数据对某人做出海外调取令。② 基于该法案，2019 年 10 月，英国与美国签署了数据跨境执法新协议。

2021 年 4 月 12 日公布的《网络犯罪公约关于加强合作和披露电子证据的第二附加议定书》（议定书草案第 2 版）对进一步加强《网络犯罪公约》中电子证据的合作与披露做出了规定。

首先，如先前所述，《网络犯罪公约》在境外取证法方面弱化了被请求国政府的作用，强调请求国与位于被请求国境内的服务提供者之间的直接联系，议定书草案第 2 版改善了这一点。一方面，其第 7 条第 2 款（a）规定，每一缔约国应采取必要的立法和其他措施，使其境内的服务提供者能够根据其他缔约国有权机构发出的命令披露订户信息。但为防止权力被滥用，第 7 条对发出命令的主体、对服务提供者所在国的通知义务等也做出了规定。例如，要求信息披露命令必须由检察官或其他司法机关发出，或在检察官或其他司法机关的监督下发出，或是在其他方面受到独立监督；在对服务提供者发出命令的同时，必须同时将相关命令、补充资料和与调查或诉讼有关的事实摘要通知服务提供者所在国，或即使服务提供者所在国不要求对其发送通知，但服务提供者可以在披露之前向命令发出机构进行咨询。③ 这就加强了对被要求披露数据的监管，避免数据被轻易泄

---

① European Commission. Recommendation for a Council Decision authorising the opening of negotiations in view of an agreement between the European Union and the United States of America on cross-border access to electronic evidence for judicial cooperation in criminal matters [EB/OL]. EUR-Lex, 2019-05-02.

② Crime（Overseas Production Orders）Act 2019.

③ Second Additional Protocol to the Convention on Cybercrime on enhanced cooperation and disclosure of electronic evidence，（Draft Protocol version2）p. 10.

露。另一方面，如果被请求的服务提供者不披露或不在规定时间内披露相关数据，请求数据的缔约国可以要求该服务提供者说明理由。除此之外，第 8 条还规定每一缔约国应采取必要的立法和其他措施，授权其主管当局发布命令，作为向另一缔约国提出的请求的一部分提交，以迫使被请求国领土内的服务提供者出示指定和储存的数据。可以看到，被请求国政府的地位虽然只是"监督者""保障者"，但在境外刑事执法、取证过程中其作用仍然不可忽视。

另外，鉴于《网络犯罪公约》第 25 条缺乏有关"双重犯罪"原则的规定，① 议定书草案第 2 版强调：被请求国可以以存在双重犯罪为条件进行合作，只要寻求协助的罪行所依据的行为在其法律下是刑事罪行，不论其法律是否将该罪行归入同一类别的罪行或以与请求国相同的术语命名该罪行，该条件应被视为已经满足。②

三、国家在涉外网络犯罪领域主张国内法的域外效力所可能引起的冲突及其协调

跨国性的国际网络犯罪活动涉及多个领域，目前比较突出的包括借助网络空间实施的跨境电信诈骗、跨境网络恐怖主义活动、跨境网络洗钱罪、跨境赌博、跨境贿赂活动等方面的犯罪。当前全球层面打击网络犯罪的国际法机制呈现"碎片化"状态，从而一方面使得有关网络犯罪治理问题不断引起各国所主张的管辖权的冲突，另一方面也使得许多跨国网络犯罪的治理效率低下，跨国网络犯罪分子得以利用各国法律冲突及国际合作机制的欠缺而逃脱制裁。以 2000 年爆发的爱虫病毒为例，爱虫病毒影响了全球范围内企业和政府机构的运营，从福特、美林到美国的五角大楼和英国议会，几乎无一幸免。这起影响深远的网络攻击事件，最后在各国政府通力合作中得以收尾。美国联邦调查局（FBI）首先以技术手段锁定入侵

---

① Electronic Privacy Information Center（EPIC）. EPIC Statement on COE Cybercrime Convention, Treaty 108-11, 2005-07-26.

② Second Additional Protocol to the Convention on Cybercrime on enhanced cooperation and disclosure of electronic evidence,（Draft Protocol version2）p. 8.

者位置，然后在菲律宾政府执法部门的帮助下逮捕了恶意软件的制造者和传播者。但最终因传播计算机病毒和非法入侵计算机系统在当时的菲律宾并不构成刑事犯罪，根据双重犯罪原则，罪犯无法引渡至美国。有关国家国内立法的冲突，以及相关国际合作机制的欠缺，使得打击网络犯罪难以取得实际效果。再以网络恐怖主义犯罪的国际治理为例，网络恐怖主义犯罪的管辖冲突往往发生在对于法律或事实上对管辖权的归属意见不一致或因政治利益矛盾引起国家司法主权对立的不同国际法主体之间。① 恐怖组织就经常在 Twitter 这一社交平台上宣传恐怖主义，并在网络平台上通过制作和发布电子杂志的方式，对其恐怖主义活动进行专题报道。他们还利用网络空间无法实行全覆盖监管的制度真空，发布"圣战"的宣传视频，以"实现人生理想，收获战斗友谊"为口号在精神和思想层面蛊惑宣传，进行"洗脑"式的教育，以提高组织成员和追随者对恐怖组织的忠诚度和黏合度，坚定其对于所谓的政治理想的态度。不同于传统的恐怖主义犯罪常采取的自杀式爆炸袭击、炸弹袭击等方式，网络恐怖主义犯罪分子往往隐蔽于信息网络之后，利用可隐藏的或是假冒的 IP 地址，避开实名认证的要求，为各国主管部门确定犯罪行为人的国籍信息、身份信息以及具体的位置制造困难，并试图借各国之间的管辖权冲突逃避法律制裁。

不可否认，国际学术界对于打击网络犯罪过程中产生的管辖权冲突提出了很多学说，但大多各有侧重，目前并没有一种学说能达到说服性的效果。② 从实践的角度来看，通过国际条约的规定来确定行使管辖权的优先级，是解决国家之间管辖权冲突的比较常见的方式。例如，通过考察现有的关于网络恐怖主义犯罪管辖权的实践，可以发现目前联合国框架下有关恐怖主义的国际公约，如《制止向恐怖主义提供资助国际公约》《制止恐怖主义爆炸事件国际公约》和《制止核恐怖主义行为国际公约》，其中都对管辖方式进行了规定，一般都采取的是传统的管辖权原则，以"属地管辖"和"属人管辖"为优先，并允许缔约国保留不适用所规定的管辖原则

---

① 梁淑英. 国际公法［M］. 北京：中国人民大学出版社，1993：453.

② 翟悦. 跨国网络犯罪刑事管辖的争议与合作［J］. 理论与改革，2014（03）：157.

的权利。属地管辖权在适用于跨国网络犯罪活动方面,可能会受到犯罪地的模糊性等问题的限制,但对于这一问题,各国可以通过协商形成统一的标准,例如,对犯罪结果地进行判断时,可以综合考虑有关因素,如网络犯罪活动所使用的语言、受害人的国籍、住所等易分辨的因素来判断某地是否属于该网络犯罪行为的结果地。此外,对于网络空间恐怖主义犯罪的管辖冲突,如果一国不愿意让渡相应的管辖权,可以适用"或引渡或起诉"的规定,这样可以确保该国不会成为罪犯的庇护者,从而避免犯罪人逃避法律的制裁。

在全球性、普遍性的国际条约方面,近年来,国际社会也先后通过了一些条约,其中涉及对一些跨境网络犯罪进行治理的协调与合作,如《联合国打击跨国有组织犯罪公约》《联合国反腐败公约》《制止向恐怖主义提供资助国际公约》等,但专门调整网络空间犯罪的普遍性国际公约目前尚未出现。美欧等西方国家与中国、俄罗斯、巴西等新兴国家和其他发展中国家正围绕推广《网络犯罪公约》和制定新公约展开激烈博弈。① 以《网络犯罪公约》为代表的区域性国际合作机制,虽然在网络犯罪治理方面为国际社会提供了制定国际公约的经验,取得了一定的进展,但同时也因其自身的局限性,例如对于网络犯罪刑事管辖权冲突的问题并未提出妥善的解决方案。其普适性仍然不足,难以发展成为全球适用的法律标准。有学者指出,《网络犯罪公约》仅对传统的属地和属人原则的适用条件和范围做出规定,仅对侵犯计算机系统、篡改计算机数据信息及相关权利的犯罪做出了规定,却忽视了网络犯罪发展的特性,在使用过程中难免会出现不适性。② 有鉴于此,包括中国和俄罗斯在内的发展中国家提出制定全球性网络犯罪公约的倡议。中俄两国联手推出《信息安全国际行为准则》,印度、巴西、南非等国也提议在联合国框架内建立一个新的国际组织负责监督全球互联网治理。此外《保障国际信息安全》《突尼斯日程》等公约的

---

① 胡健生,黄志雄. 打击网络犯罪国际法机制的困境与前景——以欧洲委员会《网络犯罪公约》为视角 [J]. 国际法研究,2016 (06):21.

② 魏祎远. 论跨国网络犯罪给我国刑法管辖原则带来的冲击与挑战 [J]. 网络安全技术与应用,2020,(11):176-178.

出台也为国际上规制网络犯罪做出了一定的贡献。① 联合国《关于网上犯罪问题及会员国、国际社会和私营部门采取的对策的全面研究报告》中提出，国际司法合作形式包括引渡、司法协助、相互承认外国判决，以及警方与警方的非正式接触。虽然该报告并没有将网络犯罪刑事管辖权冲突解决机制纳入国际司法合作范围内，但是从宏观上看，国际刑事司法合作应当以解决国家与地区之间的刑事司法管辖权冲突为第一任务，不断完善管辖权转移、引渡、外国生效刑事判决的承认与执行等司法协助内容。② 第74 届联合国大会于 2019 年末通过决议，正式启动谈判制定打击网络犯罪全球性公约的程序。③

总之，为协调打击跨国网络犯罪方面的管辖权冲突，增强对相关犯罪活动进行国际治理的成效，各国应该坚持以尊重网络主权为前提，在联合国框架内通过平等协商制订新的综合性方案，来确立网络犯罪管辖权的相关原则。④ 同时，对于网络犯罪空间的管辖权的协调仍要以传统的管辖权原则为基础，对于发生的冲突各个国家应平等协商，兼顾便利原则和实际控制原则，确定统一的规则体系，以更好地打击犯罪，维护网络秩序。⑤

---

① 唐岚．"伦敦会议"探讨网络空间合作 [J]．世界知识，2011，(24)：58-59．

② 徐然，赵国玲．网络犯罪刑事政策的取舍与重构 [M]．北京：中国检察出版社，2017：282．

③ The United Nations Recorded Vote on A/C. 3/74/L. 11/Rev. 1 [EB/OL]. UN, 2019-11-18.

④ 周振杰．网络犯罪管辖权争议的主要分歧与中国立场 [J]．中国信息安全，2019 (05)：34．

⑤ 梁嘉俊．论网络犯罪刑事管辖权 [J]．法制与社会，2014 (02)：128．

第五章　欧美有关国家在与网络活动相关的经济行政领域主张国内法的域外效力

　　对经济行政法做了专门研究的王克稳教授认为，经济行政法应定义为规范政府干预经济的法律："经济行政法所调整的对象为政府在干预经济的活动中所形成的各种社会关系。"① 经济行政法的域外效力几乎是随着经济行政法的产生而产生的。② 随着互联网的迅速发展，美国乃至欧盟成员国也越来越多地将其有关的经济行政领域的立法应用于网络空间，在出口管制、反垄断、贸易救济、知识产权保护、单边经济制裁、个人数据信息保护等经济行政领域的立法、司法、行政活动中主张国内法的域外适用，其中通常涉及对于网络信息、技术、服务乃至与网络基础设施相关的产品的管制。伯克·沃德（Burke T. Ward）和珍妮丝·西皮尔（Janice C. Sipior）对美国在云计算、互联网领域的法规建设进行了长期研究，发现美国在相关领域的法规具有管辖范围逐步扩张的特点，目前已成为国际规则标准，主导了云计算和互联网的国际话语权。因此，全球企业应主动防范美国的管辖风险。③

---

　　① 王克稳. 经济行政法基本论 ［M］. 北京：北京大学出版社，2004：2.

　　② 钟建华. 论我国经济的国际化与我国经济法的域外适用 ［J］. 中外法学，1995（04）：54.

　　③ 杨成玉. 反制美国"长臂管辖"之道——基于法国重塑经济主权的视角 ［J］. 欧洲研究，2020（03）：6-7.

一、美国在若干经济行政性领域主张相关国内法的域外效力

（一）美国在出口管制领域涉及的域外管辖规则——《出口管制条例》等立法的有关规定

出口管制一直是美国确保其领先地位和技术优势以及维护"国家安全"的重要手段。① 美国先后颁布了一系列专门的出口管制法律、法规及规则指引，其中相关法律有《出口管制法》（Export Administration Act, EAA）、《国际紧急经济授权法》（International Emergency Economic Powers Act, IEEPA）、《武器出口管制法》（Arms Export Control Act, AECA）、《出口管制改革法案》（Export Control Reform Act, ECRA）等。美国政府主管部门还根据前述法律的授权制定了有关的出口管制法规，如美国商务部根据《出口管制法》制定的《出口管制条例》（Export Administration Regulations, EAR），美国国务院根据《武器出口管制法》制定的《国际武器运输条例》（International Traffic in Arms Regulation, ITAR）等。为了将需要管制的产品和技术以及限制或禁止出口的国家具体化，美国有关政府部门进一步制定了相关规则及指引，如美国商务部制定的《商业管制清单》（Commerce Control List, CCL）、《商业国家列表》（Commerce Country Chart），美国国务院制定的《美国防务目录》（United States Munitions Lists, USML）等。美国基于前述法律、法规及规则指引等文件构建了一个拥有域外管辖效力的出口管制法律体系。

1949 年出台的《出口管制法》是美国制定的最早的一部出口管理方面的法律。美国于 1969 年出台的《出口管制法》（Export Administration Act, EAA）对此前的《出口管制法》做了修订，此后该法又分别在 1981 年、1985 年及 1988 年多次经过小幅修改，加入了有关公众健康、环境保护、

---

① 魏简，康凯. 美国出口管制改革对中国的影响及应对 [J]. 国际经济合作，2018，(11)：33.

警惕苏联窃取技术、防止过度能源依赖等内容。① 美国商务部及工业与安全局后来又依《出口管制法》的授权制定了《出口管制条例》，当局对违反《出口管制法》行为的追责大多以《出口管制条例》中第764章中的执法和保护措施（Enforcement and Protective Measures）来实现。②

2018年8月，《出口管制改革法案》（ECRA）生效，正式取代了《出口管制法》，为美国政府实施军民两用出口管制提供了广泛、详细的依据。为了便于商务部执行美国相关出口管制政策，美国商务部工业与安全局（Bureau of Industry and Security，BIS）此前根据《出口管制法》制定的《出口管制条例》（EAR）继续作为ECRA的具体实施细则而存在。

美国商务部自1997年开始实施的"实体清单"（Entity List）制度，也是一项重要的出口管制工具。简而言之，实体清单是美国《出口管制条例》中一个涉及交易实体的"黑名单"，③ 也是美国商务部对外实施技术出口管制的最高级别的制裁清单。如果美国商务部工业与安全局或最终用户审查委员会认为某一外国的交易实体严重违反了美国国家安全或外交政策利益，或具有参与或可能参与此类行为的重大风险，则可能将该实体列入实体清单。其他企业只有获得美国商务部的许可，才能与实体清单名单内的企业进行涉及《出口管制条例》所管辖物品的交易。美国当局可能还会追究被列入实体清单的企业的"违法"行为的行政或刑事责任。④ 2018年以来，BIS多次将中国企业加入实体清单，如2018年8月，BIS将包括半导体行业的高科技研究机构等44家中国机构列入实体清单。⑤ 2019年5月，BIS以违反美国对伊朗的制裁条约，以及窃取美国技术为由，将华为

---

① 刘勇. 美国经济制裁的法律分析［D］. 苏州：苏州大学，2009：30.

② 王宇辰. 美国《出口管制条例》域外适用新动向［J］. 对外贸易，2019（09）：15.

③ 新浪财经吴晓波频道. 拉黑28家中国实体，能给美国带来多少谈判筹码［EB/OL］. 新浪财经，2019-10-09.

④ 邹怡菲. 美国出口管制实体清单制度研究［D］. 武汉：武汉大学，2020：6.

⑤ The U. S. Department of Justice. Attorney General Jeff Sessions Announces New Initiative to Combat Chinese Economic Espionage［EB/OL］. The U. S. Department of Justice，2018-11-1.

技术有限公司及其全球 68 家子公司列入"实体清单"。① 2019 年 10 月，BIS 又以损害美国的国家安全和外交利益、侵犯人权为借口，宣布将中国 20 家政府机构和商汤科技、旷视科技、海康威视、大华科技、科大讯飞、厦门美亚柏科、依图科技、颐信科技等 8 家科技公司列入"实体清单"。② 前述被美国商务部列入"实体清单"的中国企业主要涉及安防设备和人工智能技术领域，反映出美国当局非常重视在网络基础设施的供应链领域通过主张国内法的域外效力限制中国企业的发展。对此，欧亚集团的技术政策专家保罗·特里奥罗（Paul Triolo）表示："这是美国政府首次因为中国企业在中国的行为而将其列入'实体清单'，这已经越了红线。"③

1. 美国出口管制指向的主体——"国籍"标准的泛化

美国出口管制法在多种情况下将域外实体或个人纳入管辖范围。1977 年的《出口管理法修正案》引入了"美国人"（United States Persons）概念，并将其界定为"任何美国居民或国民，任何国内的相关人（包括一个外国实体在美国国内的子公司）"以及"任何在事实上受控于国内相关人的国外子公司或分支机构"④。《出口管制条例》通过对于所规制的主体的前述扩大解释，规定对于受到美国企业控制的外国子公司或分支机构享有管辖权，从而赋予了《出口管制条例》域外效力。

2. 美国出口管制立法对所管制的"物项"之界定

美国的出口管制法要求，禁止其原产产品或技术通过任何流转而被制裁对象所用，向美国境外运送和转移来源于美国的受管制产品、技术或物品，需要事先获得出口许可。

受管制的所有"物项"都被列举在美国商务部发布的商业管制清单

---

① The Industry and Security Bureau of U. S. Addition of Entities to the Entity List, A Rule by the Industry and Security Bureau [N]. Federal Register, 2019-10-09.

② The Industry and Security Bureau of U. S. Addition of Entities to the Entity List, A Rule by the Industry and Security Bureau [N]. Federal Register, 2019-10-09.

③ 马婷婷. 28 家中国企业及机构被美国列入"实体清单" [EB/OL]. 驱动中国，2019-10-08.

④ 卢菊. 美国出口管制法的域外管辖——兼论中国的应对措施 [J]. 荆楚学刊，2019（05）：55.

（commerce Control List，CCL）之中。"物项"中只要含有美国的技术或是美国的产品，其对于受限制对象的出口即应受管制。"物项"的内涵不仅涵盖了有体物和无体物，也包括美国自由贸易区和从美国过境的货物。①

具体言之，《出口管制条例》规制的"物项"或产品包括：（1）美国境内的产品（包括美国原产产品和外国产品）；（2）原产于美国的产品（不论其位于何处）；（3）使用美国产品作为零部件或原材料的外国产品（有不同的比例要求）；（4）采用了美国技术或软件的外国产品；（5）由美国境外工厂生产的产品，但该工厂使用美国的技术或软件建成。② 对于被美国商务部列入"实体清单"的外国企业而言，即便所交易的物品属于美国境外生产的物品，但如果该物品包含超过最低限度控制的美国原产地内容，或是美国原产技术的"直接产品"，则也可能受到美国《出口管制条例》限制。③

可见，美国不仅依据对自然人、法人的国籍界定，还基于对产品国籍或技术国籍的界定推行其出口管制法的域外效力。在《出口管制条例》中，美国政府以"产品国籍"和"技术国籍"为连接因素，将管辖范围扩张到了领土范围之外。

3. 美国当局所管制的"出口"行为

与详细规定美国政府对域外当事人管辖范围的其他美国法律不同，美国出口管制法以"出口"行为作为调整的对象。在美国出口管制立法中，"出口"是一个极其广义的概念，不论源于美国的产品、技术是如何被运送到美国之外，只要跨越国境，都被认定为"出口"。

若一家企业从美国获得受管制的产品或技术后，又再出口至另一个国家，即使该企业最初从美国进口的受管制的产品或技术符合美国出口管制法律，但再出口到另一国家的行为也有可能违反美国出口管制法。此外，

---

① 王宇辰. 美国《出口管制条例》域外适用新动向［J］. 对外贸易，2019（09）：16.
② 卢菊. 美国出口管制法的域外管辖——兼论中国的应对措施［J］. 荆楚学刊，2019（05）：55.
③ 沈伟. 中美贸易摩擦中的法律战——从不可靠实体清单制度到阻断办法［J］. 比较法研究，2021（02）：182.

还有一种情况会被视为出口，即在美国境内向美国境内或境外的外籍人士传输、提供无形资产（技术、源代码、系统或其他受到管辖的知识产权）等。① 可见，美国出口管制立法不仅适用于美国原产物项在一般情况下的"出口"行为，还适用于"再出口"和"国内转卖"的交易，并在特定情况下对某些外国原产物项也予以适用。美国出口管制法管制对于"出口"行为的界定，使得美国当局更容易主张其国内法的域外效力。

4. 美国当局的出口管制所指向的目标国或地区

美国《出口管制条例》的核心内容是限制或禁止与"特定国家"或该"特定国家"的企业进行与"管制物项"相关的出口"交易"，对特定目标国的相关交易必须获得相应的许可。

根据出口行为目标国的不同，美国《出口管制条例》第 740 章附件 1 的《商业国家列表》（Commerce Country Chart）对不同的国家给予差别待遇，其中不仅列举了向不同目标国出口所需的许可及相关内容，还根据与美国的"亲疏远近"将目标国分为 A、B、C、D、E 五个不同的组别，对不同组别的目标国实施不同力度的出口管制。其中 A 组国家主要为加拿大、澳大利亚、德国、法国等北约国家或是与美国有密切关系的国家，E 组则包括美国认为的"支持恐怖主义"的国家以及应予以单边禁运的国家，包括古巴、伊朗、朝鲜、苏丹以及叙利亚五个国家。②

在"9·11 事件"爆发至 2008 年金融危机爆发这一时期，美国当局多次以违反其制裁法令为由，通过行使域外管辖权查处跨国金融机构。例如，美国行政执法部门自 2005 年开始，就以汇丰银行和渣打银行涉嫌与苏丹、伊朗等敏感国家存在长期而频繁的交易为由，通过多重手段对这两家银行实施处罚。③

5. 美国当局对于违反出口管制法令所追究的法律责任和制裁措施

为了保障域外效力的实现，美国出口管制相关立法还规定了极为严格

① 汪玮敏. 出口管制法律问题研究 [D]. 安徽：安徽大学，2012：10.
② 王宇辰. 美国《出口管制条例》域外适用新动向 [J]. 对外贸易，2019（09）：17.
③ 戚凯. 美国"长臂管辖"与中美经贸摩擦 [J]. 外交评论，2020（02）：27.

的法律责任。

（1）民事责任

从实际情况看，境外个人或实体有可能因为违反美国出口管制法令而被追究的民事责任存在以下几种情形：首先，美国出口管制法直接规定在某些情况下本国企业可以对境外个人或实体提起索赔之诉；《出口管制条例》规定允许美国国内的企业或个人主体对受制裁的境外个人或实体提出追索诉讼（pursuit litigation）；其次，美国当局通过对被指控的境外个人或实体采取海外民事资产没收的方式实现《出口管制条例》的域外效力，相较于刑事案件定罪所要求的"排除合理怀疑"，民事没收案件则仅要求检方举证资金与犯罪行为的关联性超过51%，满足"优势证据规则"即可启动相关程序。即便被指控的境外个人或实体未能出庭质疑扣押，民事没收程序仍然可以继续直至形成缺席判决。从执行的角度看，被指控的境外个人或实体只要在美国金融机构开立有相应的海外账户，美国当局可基于民事程序实施扣押、冻结以强制执行。①

（2）行政责任

美国商务部工业与安全局对被指控违反出口管制法令的主体有权实施的行政处罚主要包括以下措施：其一是将被指控的主体列入"实体清单"（Entity List），对该清单中的主体将适用更严格的许可制度；其二是根据违法交易次数、金额对被指控的境外个人或实体处以行政罚款。对于行政处罚，允许被指控的主体与美国当局达成和解协议。

（3）刑事责任

根据美国出口管制条例的规定，相关管制物品交易违反出口管制法律的，除被行政处罚外，对于蓄意违反（或者共谋、意图违反）ECRA及EAR规定的当事人，如存在隐匿、销毁交易资料，虚假陈述，干扰司法等情形的，将追究刑事责任，包括没收、处以罚金、监禁（针对个人）等。在追究刑事责任过程中，被指控方也可与美国司法部达成认罪协议而了结案件。

---

① 王宇辰．美国《出口管制条例》域外适用新动向［J］．对外贸易，2019（09）：18.

美国出口管制并没有设置统一的执法机构，各主管机构有权依据其职权对同一违法行为实施并罚。换言之，如果相关管制物品交易违反出口管制法律，完全可能导致不同的美国政府主管部门，如商务部、财政部等同时对当事人进行调查并分别予以处罚。例如，2017年3月中兴通讯股份有限公司就违反美国出口管制法与美国政府达成和解协议，罚款总额共计11.9亿美元，其中BIS对其处以行政罚金共计约6.61亿美金，美国财政部海外资产管理办公室（简称"OFAC"）对其处以行政罚金约1.01亿美金，美国司法部对其处以刑事罚金及没收共约4.3亿美金。①

《出口管制条例》中还规定，一旦美国当局根据该法认为对某一境外个人或实体享有管辖权，则该境外个人或实体就必须配合相应的调查程序，向美国政府提供展示案件所必需的材料，包括提供位于外国的相关文件，甚至连外国的证人都必须作证。实践中，外国公司往往很难挑战美国法律或其政府主管部门所主张的管辖权。美国当局如果认定自己有管辖权并依照其出口管制法予以处理，则很有可能对外国公司实施处罚措施，如禁止特定的产品或技术的出口，甚至对外国法人及其高管提出刑事指控。对于在产品或技术上对美国存在依赖的外国公司而言，这些制裁往往可能导致供应链的中断，引发生产停顿、丧失市场等严重后果。

6. 美国当局采用的有关出口管制工具之比较

美国当局在其出口管制的立法之下，在实践中经常采用的管制工具主要包括商品管制清单（Commerce Control List，CCL）、商业国家列表（Commerce Country Chart，CCC）、实体清单（Entity List，EL）、未经验证名单（Unverified List，UVL）、拒绝人员名单（Denial People List，DPL）等，相关管制工具之比较见表1。

---

① 中兴通讯股份有限公司董事会. 中兴通讯股份有限公司关于重大事项进展公告[EB/OL]. 中兴通讯，2017-03-07.

表1 EAR管制工具分析

	管制工具	工具简介	备注
管制细则	商业管制清单（Commerce Control List, CCL）	即受EAR管制的产品、技术和软件列表；并为每一个受限物项分配一个出口控制分类编码（Export Control Classification Number, ECCN）	ECCN编码由三部分组成：第一部分是受限技术领域，分为0-9共10类；第二部分是受限形式，分为A-E共5类；第三部分是受限原因，分为6类
管制细则	商业国家列表（Commerce Country Chart, CCC）	根据安全威胁程度，由低到高将196个国家和地区分为A-E共5级	中国与俄罗斯均处于D组，伊朗、朝鲜、古巴处于E组。美国政府综合CCL和CCC来判断某物项是否需要及需要何种许可证
	实体清单（Entity List, EL）	除非被列入实体清单的机构取得许可证，否则，美方机构不得与其进行进出口贸易及学术交流	管制等级最高的"黑名单"，如2018年的"中兴事件"、2019年全面制裁华为
制裁清单	未经验证名单（Unverified List, UVL）重点控制被限制产品的出口、再出口或转卖。一旦确认企业存在上述违规行为，将被列入实体名单	重点控制被限制产品的出口、再出口或转卖。一旦确认企业存在上述违规行为，将被列入实体名单	弱于"黑名单"的"危险名单"，如深圳汇能、江西航空工业集团、中科院长春应用化学研究所、南昌大学、同济大学等
	拒绝人员名单（Denial People List, DPL）	当参与出口、再出口的个人行为违反规定时，BIS剥夺其对美出口特权	影响范围最小的名单，执行力和规范性弱于另两个清单

资料来源：周磊，等. 美国对华技术出口管制的实体清单分析及其启示 [J]. 情报杂志，2020（7）：24.

美国一再利用上述管制工具，将中国与有关从事通信或网络基础设施的生产或贸易企业列入有关清单或名单。例如，截止到 2021 年 1 月 14 日，被美国商务部工业与安全局（BIS）列入"实体清单"的中国大陆实体共有 381 个，被列入"未经验证名单"的中国大陆实体共 28 个，被列入被"拒绝人员名单"的中国大陆实体共 14 个。①

7. 美国当局基于其出口管制法令制裁中兴通讯股份有限公司案

美国近年来多次根据其出口管制法令，对中国中兴通讯股份有限公司（以下简称"中兴通讯公司"）及其子公司实施处罚。

根据美国政府的指控，2012 年，中兴通讯公司通过多个关联实体，将自美国进口的多种受商业管制清单管制的物品，例如出口控制分类编码（Export Control Classification Number，ECCN）代码为 3A001 的具备特定抗辐射加固性能的集成电路，在未取得美国政府颁发的出口许可的情况下，以零部件或成套系统的组件等方式将这些物品再出口至伊朗，而前述产品属于美国《出口管制条例》第 736 章第 2 节（b）项第（3）条所规定的以美国原产技术或软件为基础而直接由外国制造的产品。2016 年 3 月 7 日，美国商务部官方网站披露了其调查员获取的中兴通讯内部文件。该文件显示，中兴通讯公司当时在出口管制禁令所指向的五个目标国伊朗、苏丹、朝鲜、叙利亚、古巴等国都有经营项目，这些项目都在一定程度上依赖美国供应链，因此，中兴通讯公司的行为涉嫌"违反美国出口管制法规"。随后，中兴通讯公司无奈之下与美国商务部签订了一份临时协议，根据此协议，中兴通讯公司不得不同意涉足"违规行为"的高管的辞职申请。美国商务部于 2016 年 3 月 21 日声称，美国将为中兴通讯公司及其子公司发放临时许可，临时许可的有效期为 2016 年 3 月 24 日至 6 月 30 日，在此期间美国将解除对两家公司的出口限制。随后，中兴通讯公司调整了管理团队，并任命一位美国律师为该公司的首席出口合规官。

2017 年 3 月，中兴通讯公司与美国政府主管部门达成和解。作为和解协议的一部分，中兴通讯公司同意支付 892360064 美元的（刑事和民事）

---

① 沈伟. 中美贸易摩擦中的法律战——从不可靠实体清单制度到阻断办法 [J]. 比较法研究，2021（02）：185.

罚金。罚款明细如下：

表 2 和解协议的主要内容

美国政府部门	罚款类型	罚款金额（美元）	付款期限	付款方式
BIS	行政罚款	361000000	BIS 签发和解令后60日内	一次性付款
DOJ	刑事罚款及没收款项	430488798	法院裁定后90日内	一次性付款
OFAC	行政罚款	100871266	本公司在收到协议未签署副本的15天内做出付款安排	一次性付款或分期付款（待定）
合计	-	892360064	-	-
BIS	行政罚款	300000000	本公司与 BIS 达成协议生效之日起七年内暂缓支付，七年暂缓支付届满后若本公司履行与 BIS 达成的协议要求的事项，此法可将被豁免支付	

资料来源：中兴通讯股份有限公司董事会：《中兴通讯股份有限公司关于重大事项进展公告》，http://static.cninfo.com.cn/finalpage/2017-03-08/1203139126.PDF

2018 年 4 月 16 日，美国商务部再次发布公告，称中兴通讯公司违反了 2017 年与美国政府达成的和解协议，在"非法"向伊朗和朝鲜进行的出口活动中，存在欺诈、不真实陈述和连续违反美国法律的情况，因此美国重启对中兴通讯公司的制裁，将在 7 年内禁止中兴通讯公司及其子公司和相关公司从美国进口零部件、商品、软件和技术，禁止任何人协助中兴通讯间接从美国进口，禁止任何人从美国进口后转卖给中兴通讯公司，即便中兴通讯公司成功从美国进口，也禁止任何人购买其产品，同时禁止对中兴通讯公司提供安装、维修等后续服务。①

① U. S. Department of Commerce. Secretary Ross Announces Activation of ZTE Denial Order in Response to Repeated False Statements to the U. S. Government [EB/OL]. U. S. Department of Commerce，2018-04-16.

2018 年 6 月 7 日，美国商务部宣布与中兴通讯公司达成新的和解协议，中兴通讯公司同意以其他处罚措施来替代拒绝令。新和解协议约定，中兴通讯公司在 2017 年已向美国政府支付的 8.92 亿美元罚款的基础上，再行支付 10 亿美元罚款。此外，中兴通讯公司同意由美国商务部工业与安全局指派特别合规官入驻，以便对中兴通讯公司的经营活动是否符合美国出口管制法进行审查和评估。①

由该案可以看出，美国以维护其国家安全和国家利益为由在出口管制方面实施域外管辖时，十分重视对目标国涉及网络基础设施建设方面的产品的出口管制，中兴通讯公司在该案中被控向伊朗等目标国运送的被禁物品中包括了有关的路由器、集成电路、微型处理器和服务器及有关零部件等，有关产品使用了被管制的美国技术或软件。《出口管制条例》第 736 章将运用美国技术或美国软件在外国制造的产品纳入其管制的"物项"的范围，② 以此作为其行使域外管辖的依据。在该案中，从主体上看，中兴通讯公司作为域外公司并在美国域外从事的行为，本不应受美国法律的制约，但是美国当局声称中兴通讯公司及其子公司在与伊朗交易中涉及的微处理器等产品使用了来自美国的技术，从而基于美国产品、零部件或技术等连接点，对他国贸易主体在美国境外的正常交易活动实施域外管辖，并以制裁令为威胁，迫使对方接受。

（二）美国在反垄断领域涉及的域外管辖规则——美国反托拉斯法的有关规定

美国的反垄断法（或称反托拉斯法）主要以 1890 年的《谢尔曼法》、1914 年的《克莱顿法》《联邦贸易委员会法》和 1936 年的《罗宾逊—帕特曼法》等几部联邦法律为基础，并基于美国法院的一系列典型判例得以丰富和发展。在反垄断领域，"美国国会可以制定规则宣布境外的垄断行

---

① U. S. Department of Commerce. Secretary Ross Announces ＄1.4 Billion ZTE Settlement；ZTE Board, Management Changes and Strictest BIS Compliance Requirement Ever ［EB/OL］. U. S. Department of Commerce, 2018-06-07.

② 王宇辰. 美国《出口管制条例》域外适用新动向 ［J］. 对外贸易，2019（09）：16.

为非法并授予司法部和私人以诉权，联邦法院可以受理司法部提起的刑事和民事诉讼以及私人主体提起的民事诉讼，美国司法部可以对境外主体在境外共谋的垄断行为发起反垄断调查、提起刑事诉讼。"①

1890 年的《谢尔曼法》是世界上第一部反垄断法。在《谢尔曼法》等反垄断相关立法出台后的一个多世纪的时间里，美国通过一系列著名的判例提出了美国反垄断法在域外适用方面所应遵循的有关具体原则或规则。

1.1909 年的"香蕉公司诉新泽西联合水果公司案"——基于属地管辖原则拒绝管辖

在 1909 年的"香蕉公司诉新泽西联合水果公司案"（American Banana Co. v. United Fruit Co. , 213 U. S. 347）中，美国最高法院判称，判断某一行为的合法性应以行为实施地国的法律为准，《谢尔曼法》所规定的反垄断规则不应扩张适用于在外国实施的行为，哪怕是由美国公民在境外实施的行为，案件中哥斯达黎加政府的没收行为是原告受损的直接原因，而美国无权干涉他国的主权行为。② 该案中，美国最高法院的立场是应遵循严格的属地管辖原则，并强调应对他国的主权行为予以尊重。

2.1911 年的"美国烟草公司案"——首次主张美国反垄断法的域外效力

1911 年，美国最高法院在审理"美国烟草公司案" （United States v. American Tobacco Co）时开始主张反托拉斯法的域外效力，最高法院在该案中认定美国公司与英国公司合谋瓜分市场的协议构成美国的《谢尔曼法》所规制的垄断行为，并认为它对该案所涉的英国公司有管辖权。③

3.1945 年的"美国诉美国铝业公司案"——确立行使域外管辖权的"效果原则"

---

① 李庆明. 论美国域外管辖：概念、实践及中国因应 [J]. 国际法研究，2019（03）：5-6.

② SPRINGMAN C J. Antitrust：Fix Price Globally，Get Sued Locally？U. S. Jurisdiction over International Cartels [J]. University of Chicago Law Review，2005（Winter）：267.

③ 王贵国. 发展中的国际投资法律规范 [M]. 北京：法律出版社，1988：354.

在 1945 年的"美国诉美国铝业公司"（Aluminum Company of America）案中，位于加拿大的美国铝业公司的子公司（Aluminum Limited）于 1931 年与一家法国企业、两家德国企业、一家瑞士企业和一家英国企业达成协议并组成了产销联盟，对各方每年的产量和销售价格作了约定，并要求非经该协议各方同意不得与非协议方的企业进行交易，该协议后来于 1936 年作了进一步修改。由于该两份协议均为外国企业在美国境外签订，且在内容上并未直接涉及美国的进口事宜，当事方对于美国法院是否应行使管辖权存在争议。美国第二巡回法院认为，只要相关主体存在影响美国进出口贸易的"意图"，且实施的行为客观上对美国产生了限制竞争的"影响"，则美国对此案件就拥有管辖权，从而正式确立了作为在反垄断领域行使长臂管辖权前提条件的"效果原则"。①

4. 1977 年的"廷布莱因木材公司诉美洲银行案"——提出适用"效果原则"时应受"合理管辖原则"及"国际礼让原则"的限制

在 1977 年的"廷布莱因木材公司诉美洲银行案"（Timberlane Lumber Co. v. Bank of America.）中，美国第九巡回上诉法院分析了自 1945 年铝业公司案以来"效果原则"的适用情况，以及美国反垄断法的域外适用所可能导致的国际冲突及对国际关系的消极影响，指出美国所主张的域外管辖应满足"国际礼让原则"和正当性的要求，并强调在有跨国因素的案件中，不能仅以效果原则作为主张管辖权的依据，该原则的主要缺陷在于它没有考虑其他国家的利益。②

5. 1993 年的 Hartford "火灾保险公司诉加利福尼亚州上诉案"——淡化"国际礼让原则"对"效果原则"的限制

在 1993 年的火灾保险公司诉加利福尼亚州上诉案（Hartford Fire Ins. Co. v. California Harford）的判决中，美国最高法院重申了美国诉美国铝业公司案件所提出的效果原则，强调效果原则须满足"国外行为意图并实

①　韩秀．反垄断法域外适用制度研究［D］．长沙：湖南大学，2016：13.
②　刘帆．反垄断法域外适用问题研究［D］．北京：外交学院，2017：15.

际上在美国产生了实质影响"的主客观要件。① 在该案中，美国最高法院对于确立反垄断法域外适用的限制规则——"国际礼让原则"作了限缩解释，指出只有当事人须同时遵守相互矛盾的法律的情况下（即美国反垄断法与行为地法存在冲突），即在当事人面临"真正的法律冲突"的情况下，美国法院才应基于国际礼让原则来综合考量以判断是否给予美国反垄断法以域外效力。"这个案件中唯一重要的问题在于国内法和外国法是否构成真正的冲突"，由于法院认为该案中美国反垄断法与案件所涉的行为地法英国法并不存在"真正的法律冲突"，因此美国可行使管辖权而无须考虑国际礼让。美国法院在该案中所表现出来的这种淡化"国际礼让原则"对"效果原则"适用限制的倾向，使得美国有可能将管辖的"长臂"指向任何其他国家，为干预他国司法独立提供了便利，从而使得美国法院在行使管辖权并适用美国反垄断法方面更容易引起与他国的冲突。美国司法部于1997年颁布的《反托拉斯法国际实施指南》中也再次明确强调了效果原则："如果外国的交易对美国商业发生了重大的和可预见的后果，不论它发生在什么地方，均受美国法院管辖。"②

（三）美国在证券监管领域主张域外管辖所涉及的有关规则——《2002年公众公司会计改革和投资者保护法》

作为对2001年美国安然公司会计造假案所引发的针对会计、审计、公司治理、证券交易及其监管等问题广泛关注的回应，美国国会于2002年通过了《2002年公众公司会计改革和投资者保护法》（Public Company Account and Investor Protection Act of 2002，又称《萨班斯-奥克斯利法案》或 SOX 法案）。该《法案》为强化对上市公司会计与审计的监管，设立了一个独立的非营利机构"美国公众公司会计监督委员会"（Public Company Accounting Oversight Board，简称 PCAOB），并要求在该机构注册的会计师事务所遵守该《法案》规定的一系列规则。该《法案》的404条规定：所

---

① Hartford Fire Ins. Co. v. California 509_ U. S. _ 764, p. 2909.
② 徐卉. 涉外民商事诉讼管辖权冲突研究 [M]. 北京：中国政法大学出版社，2001：104-105.

有在美上市企业都要建立内部控制体系，公司高管需保证其财务报表准确无误。① 具体言之，《法案》明确了公众公司财务报告编制的责任主体，要求公司首席执行官和首席财务官或者公司行使类似职权的人员，应当对所提交的年度或者季度报告签署书面证明，保证财务报告真实、公允地反映了公司财务状况和经营成果。同时，《法案》规定了定期报告的披露要求，涉及公司管理层和主要股东的交易的披露，管理层对内部控制的评估与报告，高级财务人员的道德守则，审计委员会财务专家的披露，以及加强定期信息披露的复核和实时信息披露等内容。此外，为保护投资者的正当权益，《法案》还针对证券发行人通过虚假陈述等方式损害投资者利益的行为规定了成立"公平基金"的制度。2006 年，美国证券交易委员会又制定了《公平基金与吐赃计划规范和实践规则》，对公平基金分配计划的制定和运作机制等相关事项做了进一步的具体规定。2010 年的《多德-弗兰克法案》则进一步扩大了公平基金制度的适用范围，规定美国证券交易委员会有权将任何行政罚款纳入公平基金之中。

从域外效力的角度来看，《萨班斯-奥克斯利法案》适用于所有在美国的上市公司，包括来自美国境外并在美国上市的公司。根据《法案》的规定，出具与美国公开发行证券的公司审计报告有关的外国会计师事务所也应当遵循《法案》以及"公众公司会计监督委员会"（PCAOB）、美国证券交易委员会的规则。《萨班斯-奥克斯利法案》还要求企业在美国上市过程中，任何发挥实质作用的为发行人编制或提供审计报告的境外会计师事务所，都在美国 PCAOB 会注册，并接受美国 PCAOB 对事务所的一系列日常检查和特别调查，其中包括对在美国 PCAOB 注册的境外会计师事务所进行入境检查。同时，《萨班斯-奥克斯利法案》还规定境外注册会计师事务所应向其提供审计工作底稿，以便审查公司资产及财务的真实情况。该《法案》的这一主张域外效力的规定遭到了很多国家的反对，在这一背景下，美国又于 2010 年通过了《多德-弗兰克法案》，授权美国 PCAOB 在特

---

① 郭德维，李杰. 美国萨班斯法案 404 条款对上市公司的影响及启示［J］. 现代财经-天津财经大学学报，2008（08）：89.

定情况下，可以与外国监管机构合作分享机密信息。①

可见，根据《萨班斯-奥克斯利法案》，在美国上市的外国公司的高管，如首席执行官和首席财务官或者公司行使类似职权的人员，以及为前述公司或其位于美国境外的子公司或者分公司提供审计报告或此类服务的外国会计师事务所，均应当遵循该《法案》及 PCAOB、美国证券交易委员会的规则。由于中美在证券监管的规则方面存在差异，该《法案》的实施也可能造成中国在美国上市的公司及为此类公司提供会计服务的公司在法律适用方面面临冲突。同时，由于中国的有关企业前往境外上市的主要市场是美国证券市场，因此美国前述法律规定会对中国已经或计划赴美上市的有关企业及为其提供会计服务的事务所、公司产生较大的影响。2013年，中国财政部、证监会与美国 PCAOB 在审计工作底稿出境、证据获取协助等信息交流方面达成合作意向，签订了有关的执法合作谅解备忘录，但该备忘录主要侧重于信息与材料获取，缺乏操作层面的合作规范，双方之间围绕管辖权与执法措施的协调尚需进一步深化。②

时任美国总统特朗普于 2020 年 12 月 18 日签署了《外国公司问责法案》（Holding Foreign Companies Accountable Act），2021 年 3 月 24 日，美国证券交易委员会（U. S. Securities and Exchange Commission）通过《外国公司问责法案》临时最终修正案，公布了问责法案中提及的披露要求的具体实施细则。根据修正案，在美国上市的有关外国企业应遵守美国 PCAOB 的审计标准，否则会面临潜在的退市风险。该修正案规定，若美国上市公司注册者所提交的年度报告聘用了位于外国司法管辖区的注册会计师事务所审核，美国 PCAOB 认为无法完全检查、调查该会计师事务所出具的审计报告，且无法检查或调查是因为外国政府在该辖区内采取了相应的立场而导致的，则该上市公司注册者应适用该修正案。而有关的发行人将被要

---

① 姜立文，杨克慧. 中概股跨国监管的法律冲突与协调 [J]. 南方金融，2020，（11）：40-41.

② 姜立文，杨克慧. 中概股跨国监管的法律冲突与协调 [J]. 南方金融，2020，（11）：40-41.

求在年度报告到期日之前向美国证券交易委员会提交文件，以证明他们并非为外国政府实体所有或控制。如果美国 PCAOB 连续 3 年无法对在美上市的外国公司进行核查，该外国公司也无法证明其不受外国政府控制，则可能被要求自美国证券市场退市。美国 PCAOB 在其官方网站上指出，"根据《萨班斯-奥克斯利法案》（Sarbanes-Oxley Act），PCAOB 的监督范围扩大到对美国发行人和经纪自营商进行审计或在审计中发挥重要作用的非美国公司。在美国境外行使监督权时，我们从跨境合作中获益匪浅。……PCAOB 对 50 多个非美国司法管辖区的一家或多家公司进行了检查。我们与许多这类司法管辖区的国际同行在联合检查和执法事项上密切合作。我们经常与外国审计监管机构签订正式的合作安排，以促进跨境合作。我们还期望很快缔结最终协定，促进比利时和法国的合作。关于中国，我们没有同等的合作和准入。"① 尽管《外国公司问责法案》适用于所有在美国上市的外国企业，但目前在不接受美国 PCAOB 检查审计底稿的外国上市企业中，中国（包括中国香港）企业占了近 90%。② 截至 2020 年 11 月底，共有 217 家中概股在纳斯达克交易所、纽约证券交易所和美国证券交易所交易，总市值达到 2.2 万亿美元。③ 因此，利用美国国内法的规定，要求在美国上市的中国企业所聘用的会计师事务所（即便该事务所在中国境内）就其所出具的审计报告接受美国当局的检查或调查并遵守美国的相关要求，是美国出台这一法案的重要目标之一。

（四）美国在对外商投资的安全审查领域主张域外管辖所涉及的有关规则

中国国务院新闻办公室 2018 年 9 月发表的《关于中美经贸摩擦的事实与中方立场》白皮书指出，1975 年，美国专门成立外国投资委员会，负责

---

① PCAOB, International-China-Related Acess Challenges ［R/OL］. PCAOB.
② 后欹桐. 详解《美外国公司问责法案》，中概股退市压力大增？［EB/OL］. 第一财经，2021-03-25.
③ 王鑫.《外国公司问责法案》最终修正案通过，中概股退市危机陡增，未来路向何方？［EB/OL］. 界面新闻，2021-03-25.

监测外国投资对美国的影响。1988 年，美国通过《埃克森-弗洛里奥修正案》，对《1950 年国防生产法》进行了修正，授权美国总统及其指派者对外资并购进行审查。《2007 年外商投资与国家安全法案》扩充了外国投资委员会，扩大其安全审查范围。美国 2018 年通过的《外国投资风险审查现代化法案》（Foreign Investment Risk Review Modernization Act，FIRRMA）赋予了其外国投资委员会更大审查权，包括扩大受管辖交易范围、扩充人员编制、引入"特别关注国"概念、增加考虑审查因素等。①

近年来，美国加大了对外国投资实施安全审查的力度，并特别针对中国强化了审查和限制。据有关统计，2013—2015 年，美国外国投资委员会共审查 39 个经济体的 387 起交易，被审查的中国企业投资交易共 74 起，占比接近五分之一，位居被审查数量国别榜首。从近年来美国否决和阻止中国企业投资的情况来看，除制造业、能源行业、金融行业、食品加工业外，半导体行业、通信、互联网行业也是其审查时关注的重点。②

表 3　1999-2018 年被美国否决的中资海外并购交易

年份	买方	标的	行业
1990	中国航空技术进出口公司	美国西雅图飞机零部件制造商 MAMCO	制造业
2012	三一重工关联企业美国罗尔斯公司	美国俄勒冈州风电场	能源
2016	福建宏芯投资基金	德国芯片设备制造商爱思强公司（美国分公司）	半导体
2017	峡谷桥 1 号基金	美国俄勒冈州莱迪思半导体公司	半导体

资料来源：国务院新闻办公室：《关于中美经贸摩擦的事实与中方立场》。

---

① 中华人民共和国国务院新闻办公室. 关于中美经贸摩擦的事实与中方立场白皮书 [R/OL]. 中华人民共和国国务院，2018-09-24.
② 中华人民共和国国务院新闻办公室. 关于中美经贸摩擦的事实与中方立场白皮书 [R/OL]. 中华人民共和国国务院，2018-09-24.

（五）美国将前述经济行政领域的域外管辖立法适用于网络空间有关活动或交易的可能性

美国在上述的出口管制、反垄断、证券管理、外商投资安全审查等领域行使域外管辖权，虽然所依据的相关立法并非专门针对网络空间的事项而制定，但不可否认，美国在实践中不可避免地会将前述领域的立法适用于网络空间有关的活动或交易，主张相关立法的域外效力。

在出口管制领域，美国基于其国内出口管制法实施管制的对象，往往包括与网络空间经营活动密切相关的网络关键设备、网络安全产品，如芯片产品、信息系统、软件技术等。而且，美国还可能以外国网信设备制造企业作为其出口管制所限制和打击的重点对象，其对中国华为技术有限公司、中兴通讯公司的一系列相关制裁即是如此。目前，随着中国信息通信技术企业在国际上开拓市场，美国开始从互动型网址拓展至通信设备和服务领域，针对上述性质的中国企业（如中兴通讯、海康威视、大疆、华为、TikTok、微信），全面推行、出台管辖及规制举措。目前，美国在网络空间领域的管辖以信息技术供应链安全为切入视角，试图在通信设备、信息技术等领域逐渐实现"去中国化"的目标。

美国当局一再以危害美国国家安全为由，以颁布禁令的方式对中国企业或产品进行不正当的限制。2020 年 9 月 18 日，美国商务部以对美国构成安全威胁为由，发布了封杀微信交易的具体实施文件，要求美国苹果和 Google 应用商店下架微信，禁止微信在美国境内的支付功能，并宣布了其他相关封杀措施。这是美国商务部按照特朗普此前要求，落实 8 月 6 日颁布的行政命令，而出台的关于禁止微信交易的具体细则。但一个由华人律师牵头发起的美国微信用户联合会（U. S. WeChat Users Alliance，下称"美微联会"）作为原告，于 2020 年 9 月 18 日在加州北区联邦地区法院起诉，要求禁止实施前述的针对微信的禁令。美微联会律师团申请召开紧急听证会，并成功获得法官签发的初步禁令，阻止了商务部实施这一微信禁令。但时隔一周后，美国司法部再次向法庭提出申请，要求取消初步禁令，强调微信给美国国家安全和外交政策带来了威胁，并希望通过快速申请管道使法官尽快给出回复。为了支持自己的论据，美国司法部公布了 9 月 17 日商务部的一份 37 页的备忘录，其中提到微信手机所传输的美国用户的敏感个人数据，存储在中国和加拿大的数据中心。此外，美国司法部还向法庭提交了另外一份机密文件，在其中列举了美国国家情报局对微信带来的威胁的评估。但承办法官在听证会上表示，特朗普在 8 月颁布的针对微信的总统令以及美国商务部于 18 日颁布的细则，对美国民众享有的言论自由"构成了阻碍"，且特朗普当局所谓"微信威胁美国国家安全"的指控"不够具体"，也无法说明针对微信的禁令将如何保护美国的国家利益。2020 年 9 月 19 日，美国受诉法院批准了关于禁止 13943 号行政令（即封禁微信的行政令）生效的动议。①

2021 年 1 月 14 日，在特朗普政府任期的最后几天，美国国防部将包括小米公司、箩筐技术公司、中国商飞在内的 9 家中国企业列入一份所谓"与中国军方有关联"的黑名单，决定限制美国对包括中国智能手机制造商小米公司在内的前述企业的投资，从而导致小米公司的有关交易可能遭遇财务限制。小米公司在美国国内法院提起了申请暂停美国政府前述禁令的诉讼，2021 年 3 月 12 日，美国地区法官鲁道夫·孔特雷拉斯支持了小米公司的请求，暂时停止了这一禁令，他在所作出的裁决中指出美国国防部此举是"武断和反复无常的"，剥夺了该公司合法的诉讼程序权。孔特雷拉斯指出，随着诉讼的展开，小米公司很可能会被全面取消禁令，初步裁决的发布是为了防止该公司遭受"无法弥补的伤害"。② 2021 年 5 月 11 日，小米公司与美国政府达成协议，搁置特朗普政府将小米公司列入"黑名单"的决定，根据提交给美国法院的一份文件，美国国防部同意下令撤销小米的涉军指控。③

尽管微信和小米受到指控的原因分别是被认为侵犯美国公民个人数据

---

① 徐诗琪. WeChat"封杀令"被暂停，华人组织起诉美国政府获认可 [EB/OL]. 新浪财经，2020-09-21.

② 刘跃骅. 小米公司赢得美国法院阻止投资禁令的裁决 [EB/OL]. 参考消息网，2021-03-13.

③ 环球网. 小米起诉美国政府后达成和解，将被移出"黑名单" [EB/OL]. 环球网，2021-05-12.

权利和被认为与中国军方存在关联，但是两起案件均反映出美国当局以国家安全为借口，试图在缺乏证据的情况下通过扩张其管辖权的方式在网络通信领域遏制中国通信技术企业及其有关产品、技术的发展。

再以美国基于其反海外贿赂行为法、证券法实施域外管辖的实践为例，实施海外贿赂的相关活动与网络有关也可能成为美国当局主张或行使管辖权的依据。2011 年，匈牙利电信公司因在马其顿和黑山的贪腐行为，被美国证券交易委员会和美国司法部开具了数百万美元的罚单，匈牙利电信公司的母公司德国电信也因监管不力受到处罚。美国当局还对匈牙利电信公司的三位前高管展开了调查，虽然该起被指控为实施海外贿赂行为的案件与美国并无实质关联，但美国司法部和证券交易委员会仍然行使了管辖权，主要原因是匈牙利电信公司的一位涉案高管使用了在美国有服务器的电子邮箱发送了一封承认贪腐行为的电子邮件。①

在反垄断、证券监管、外商投资并购领域，如果美国主张被指控的相关垄断行为、在美国上市的有关外国企业的"违规行为"与网络活动相关，或认为外商投资并购的目标公司所涉及产品、技术影响美国的网络安全，则美国当局同样会援引相关的国内法条款主张、实施相应的域外管辖。

二、美国在网络空间治理领域制定的有关行政立法及其涉及的域外效力规定

（一）美国有关网络空间治理的相关行政立法概述

美国在网络空间治理领域的专门立法的数量处于世界前列，涵盖了信息网络基础设施保护、网络犯罪、个人信息保护、电子商务、政府信息等各个方面。从 20 世纪 70 年代开始，美国陆续制定了一系列专门性和综合性的有关网络空间的法律法规。

在国家安全、网络安全方面，美国 1977 年颁布的《联邦计算机系统保护法》是第一部保护计算机系统安全的法律。之后，美国于 1987 年颁

---

① 陈冰. 隐秘战争新武器：美国的长臂管辖 [N]. 新民周刊, 2020-01-08 (02).

布了《计算机安全法》，该法目的是保护计算机安全，维护联邦计算机系统的安全性和保密性。同时，美国还制定了《计算机欺诈与滥用法》（1984年）、《国家信息基础设施保护法》（1996年）、《电信法案》（1996年）、《公共网络安全法》（1997年）、《加强计算机安全法》（1997年9月通过、2000年修订）、《关键基础设施信息保护法》（2002年）等有关法律。2000年颁布《政府信息安全改革法》建立了美国联邦政府部门信息安全监督机制，随后于2002年3月通过《联邦信息安全管理法》（后纳入《电子政府法》），强化了对美国政府部门信息安全的规定。2002年颁布《国土安全法》特别强调了应注重保护通信设施等基础设施的安全。此外，美国还颁布了《爱国者法》（2001年），修订了《联邦刑法》《刑事诉讼法》《1978年外国情报法》《1934年通信法》等法律，从而授权国家安全和司法部门对涉及化学武器或恐怖行为、计算机欺诈及滥用等行为进行电话、谈话和电子通信监听，并允许电子通信和远程计算机服务商在某些紧急情况下向政府部门提供用户的电子通信信息。① 其中，2002年11月通过的《国土安全法》具有较强的域外效力，该法明确规定提供网络服务的公司在调查机关要求下，有义务向美国政府提供用户的有关信息和背景。美国警方有权监视互联网上包括个人电子邮件在内的信息来往，并在出现"危及国家安全"的情形下，美国当局可以随时获得和监视互联网上的数据信息，即使这些数据并没有储存在美国，但依据"影响效果原则"，美国当局的执法权超出了传统的地域限制。《政府信息安全改革法》《国土安全法》等立法都扩大了美国政府对网络基础设施、个人信息的控制和监督，延伸了美国当局在网络空间的行政执法范围，属于典型的行政领域的"长臂管辖"。

在网络空间的个人信息、数据、隐私等权利的保护方面，自20世纪80年代以来，美国也逐渐开始重视规范网上个人信息的收集、利用、发布和隐私权保护，陆续颁布了《电子通信隐私法》（1986年）、《通信净化

---

① 刘卫东.《爱国者法》及其对美国公民权利的影响 [J]. 美国研究，2006（01）：75-88.

法》（1996年）、《数据保密法》（1997年）、《儿童在线隐私权保护法》（1998年）、《网络电子安全法》（1999年）、《网络安全信息法》（2000年）等法律。2018年11月，美国颁布《网络安全与基础设施安全局法》（CISA法），成立网络和基础设施安全局（CISA）负责网络安全和关键基础设施项目的安全管理。《儿童在线隐私权保护法》规定网站管理者需要保护13岁以下儿童的在线隐私和安全。这些法律法规对网上个人信息、数据等权利作了扩充解释，保护的范围也在逐渐增加，为美国政府在网络空间的域外管辖提供了基础。

在电子商务的规范方面，1997年美国颁布了《电子商务政策框架》，明确了电子商务发展的原则。《统一商法典》中增加了对电子合同法和计算机信息交易法的规制。1999年美国颁布了《统一电子交易法》和《反域名抢注消费者保护法》，2000年通过了《国际国内电子商务签名法》。这一系列电子商务法律法规加强了美国对电子商务交易的规制，加强了在美国经营的外国企业的合规性义务。

在国际合作层面，美国于2006年批准了《网络犯罪公约》，该公约于2007年1月1日对美国正式生效。2018年3月23日，时任美国总统特朗普正式签署《海外数据使用澄清法案》（以下简称为《云法案》），该法案授权美国政府与其他国家达成双边协议，以加强在数据分享、调取方面的合作。因而，美国的联邦法律、州法律、联邦行政决定，以及美国参加的国际公约等共同构成了其信息安全法律体系。这些法律体系从整体上加强了美国在网络空间的立法、行政、执法的长臂管辖，极大地延伸了其管辖范围。

（二）美国调整数据跨境调取的重要立法——《云法案》及其域外效力评析

美国作为世界霸主，长期依据其国内法案，奉行长臂管辖原则，对他国实体或个人施行单边域外制裁。[①] 微软案纠纷发生后，美国国会仅耗时

---

① 张家铭.“霸权长臂”：美国单边域外制裁的目的与实施［J］.太平洋学报，2020（02）：53.

一个半月就制定并于 2018 年 2 月通过了《云法案》。《云法案》延续了美国一贯奉行的长臂管辖原则，赋予了美国执法部门不经数据存储国同意，即可调取国内网络服务提供商存储于域外服务器的数据的权力，并规定了外国政府调取位于美国境内相关数据的条件和操作流程。①

在内容上，《云法案》从第 101 条至第 106 条，意图通过改善美国和其他国家调查人员获取服务提供商持有的电子信息的程序，加强美国法律机构对电子数据的有效访问以及网络空间的公共安全。②

1. 《云法案》出台的背景

"微软案"是促使《云法案》快速出台的重要案件。1986 年生效的《存储通信法案》（Stored Communication Act，SCA）没能明确美国政府的搜查令是否能要求通信服务商提交存储在境外的数据，导致了微软和美国政府之间产生了法律争议。2013 年，美国司法部为调查某毒品走私犯罪，向纽约南区联邦地方法院请求核发搜查令，要求微软提供某电子邮件账户使用者的通信信息，但因该通信信息的服务器存放地为微软在爱尔兰设立的数据中心，微软以数据存储在美国境外，应当受到当地法律保护为由拒绝提供，主张美国法官无权对境外存储的数据核发搜查令。③《塔林手册 2.0 版》的规则 9 指出，国家可以对下列事项行使属地管辖权："（1）在其境内的网络基础设施和从事网络活动的人；（2）在其境内发生或完成的网络活动；或（3）对其境内具有实质影响的网络活动。"④ 依据前述的属地管辖规则，爱尔兰对微软公司设置在爱尔兰境内的存储了有关数据的数据中心享有管辖权。而从属人管辖的角度，微软作为跨国公司，它在爱尔兰设立的数据中心是依据东道国法律设立的独立法人资格的实体，因而数据中心也应受到爱尔兰管辖。2014 年 5 月，美国联邦地方法院判定，因微

① United States v. Microsoft Corporation，138S. Ct. 1186（2018）.
② U. S. Department of Justice. Promoting Public Safety，Privacy，and the Rule of Law Around the World：The Purpose and Impact of the CLOUD Act. U. S. Department of Justice，2019-04.
③ 许可. 数据主权视野中的 CLOUD 法案 [J]. 中国信息安全，2018（04）：41.
④ 迈克尔·施密特. 网络行动国际法塔林手册 2.0 版 [M]. 黄志雄等译. 北京：社会科学文献出版社，2017：77.

软对境外数据拥有控制权,因此其有能力遵守该搜查令。随后,微软公司上诉至美国联邦法院第二巡回法院。该法院于 2016 年 7 月 14 日做出判决,推翻了下级法院的判决。其理由是核发搜查令的依据——美国《存储通信法案》第 2703 条,并未允许法院以搜查令的方式,要求境内网络服务提供商提交储存于境外服务器上的数据。① 在该案中,微软认为,数据存储在爱尔兰,只适用于美国境内的搜查令不能适用于爱尔兰,即微软坚持"数据存储地标准"。美国政府则认为,微软有能力在美国境内进行操作,在美国境内向政府披露数据。因此,搜查令没有适用于美国境外,微软有义务配合美国政府获得该数据,即美国联邦调查局(FBI)坚持"数据控制者标准"。美国《存储通信法案》规定,通信服务商不得向外国政府提供通信内容数据。

但在该案二审之后,为了解决跨境数据调取问题,打击有关的严重犯罪②,时任美国总统特朗普于 2018 年 3 月 23 日正式签署《云法案》,为美国获取境外数据及"适格外国政府"获取美国境内数据提供合法依据。《云法案》改变了《存储通信法案》的模糊性规定,明确地采取了"数据控制者标准",将数据主权从物理层边界延伸到技术上的"控制边界"。《云法案》出台后,微软公司也基于《云法案》向美国当局提交了相关数据。

2. 《云法案》的主要内容

《云法案》抛弃了管辖权限于"数据存储地"的国际通行标准,转而主张"数据自由"规则,明确授权美国政府可以要求数据服务商保存、备份或披露受其拥有、监管或控制的数据,而不论这些数据存储于美国境内还是境外。③ 通过管辖数据控制者及其遍布世界的云服务网络,将本限于一国领土之内的管辖权延伸到了全球,正式授予美国执法机构单方调取域

---

① 许可. 数据主权视野中的 CLOUD 法案 [J]. 中国信息安全, 2018 (04): 41.

② 《云法案》第 102 条: 出台目的主要是为了及时获取境外数据,从而能够打击重大犯罪。

③ 张露予. 美国《澄清域外合法使用数据法》译文 [M]. 网络信息法学研究. 北京: 中国社会科学出版社, 2018: 295-307.

外数据的权力，建立了长臂管辖规则。①

《云法案》的域外管辖原则首先体现在其对网络服务提供主体的管辖范围定义上。在美国注册，或面向美国公众提供电子通信服务的提供商、远程计算服务提供商在美国有实质性商业存在时，均受到法案管辖。如前所述，该法案在政府调取数据信息方面采用"数据控制者标准"，即除非满足少数排除条件，当上述数据服务商被识别为美国数据控制者时，则必须应美国政府的要求调取存储在美国境内乃至境外的有关数据信息。② 具体言之，《云法案》的"数据控制者标准"体现在第103条的规定之中，即无论通信、记录或其他信息是否存储在美国境内，网络服务提供者均应当按照法案所规定的义务要求保存、备份、披露通信内容或记录其他信息。同时，美国政府有权在法定的情形下随时予以调取，网络服务提供者均负有提供该数据的司法协助义务，③《云法案》确立的"数据控制者标准"法律管辖原则，排除了美国获取跨境电子数据的障碍，扩大了美国数据管辖权的效力边界。

对于调取境外数据涉及的可能侵犯他国主权的问题，《云法案》也从两方面做了一些平衡。一方面，该法案增加了自我限制性质的规定，即在下述条件均满足的情况下，可以撤销或修正有关的数据调取指令：（1）所要求的披露将导致科技公司违反外国政府的法律；（2）用户不是美国公民，也不在美国居住；（3）根据司法利益的整体衡量情况，为维护司法公正，该法律程序应被修改或撤销。只有同时存在上述情况并经美国政府部门回应后，具有管辖权的法院才能在查证属实的情况下撤销或者修改有关的数据调取指令。但美国法院在调查过程中，不仅需要确认数据主体的国籍以及数据披露命令确实违反他国立法等实质性要件，还需要考量美国政府的利益、该数据的重要性、数据披露可能造成的影响、各国间的国际礼

---

① 刘天骄. 数据主权与长臂管辖的理论分野与实践冲突 [J]. 环球法律评论，2020（02）：189.

② 闫飞. 网络安全法律涉外管辖权问题研究 [J]. 网络空间安全，2019（03）：55-56.

③ 夏燕，沈天月. 美国 CLOUD 法案的实践及其启示 [J]. 中国社会科学院研究生院学报，2019（05）：108.

让等在内的七项要素，实际上赋予了管辖法院极大的自由裁量权。

另一方面，《云法案》第 105 条规定适格的外国政府可以不经美国同意获取存储于美国境内的数据，从而在名义上向他国让渡了部分数据主权，但强调经美国司法机构判断符合一定标准的外国政府才能对等调取存储于美国境内的数据。① 具体言之，美国当局在决定是否同意向外国政府提供美国境内的有关数据时需要考量以下几个方面因素：（1）美国国会认定该国是否属于"适格国政府"，核心要点就是"外国政府的国内立法情况，以及对其国内法的执行情况，是否提供了对公民权利足够的、实质程序上的保护"；（2）该国与美国签订双边数据协议的情况；（3）对该数据调取请求的内容、数据使用方式、时间、影响等因素的全方位考量。上述三方面的考量标准严苛，内容复杂，从而使得美国传统盟友之外的外国政府对等调取美国境内数据面临重重困难。

综上可知，在美国境内互联网公司控制着全球范围内大量数据的背景下，《云法案》的出台彰显了美国急速扩张数据主权、称霸网络空间的战略目的。

3.《云法案》的域外效力及评价

美国司法部发布的白皮书明确指出"高效"是《云法案》制定的重要价值基础。为"加快获取总部设在美国的全球提供商所持有的电子信息速度……长期以来我们和伙伴国一直担心司法协助程序过于烦琐，难以及时处理对电子证据日益增长的需求"，法案"刷新了 20 世纪的法律框架，以应对电子通信的革命和全球技术公司对其系统配置方式的创新"，它"代表了一种新的范例：一种高效的保护隐私和公民自由的方法，以确保有效的获取电子数据。② 《云法案》的出台意味着美国率先对跨境获取电子数据问题从立法层面做出了正面的明确回应，也为美国与他国的跨境数据交

---

① 张露予. 美国《澄清域外合法使用数据法》译文［M］. 网络信息法学研究. 北京：中国社会科学出版社，2018：295-307.

② U. S. Department of Justice. Promoting Public Safety, Privacy, and the Rule of Law Around the World：The Purpose and Impact of the CLOUD Act. U. S. Department of Justice，2019-04.

流提供了可能,对世界各国均有重要的借鉴意义。① 该法案保障了美国对本国数据的域外控制能力,扩张了数据主权的效力范畴,试图建立一个以美国为核心来掌握全球数据的法律帝国。②

但另一方面,《云法案》这种单方面授权美国调取境外数据的做法无疑是美国国内立法域外效力的体现,可能会与主张数据本地化的国家内部立法产生冲突。《云法案》并非只适用于在美国注册成立或者总部在美国的公司,美国境外的"面向公众提供电子通信服务的提供商"、远程计算服务提供商(RCS),在美国有比较实质性的存在时,需要接受该法案的管辖。③如前所述,尽管《云法案》中也规定了"适格政府"可以不经美国政府的同意即调取美国境内的数据,但对于"非适格政府"而言,美国可以绕开数据权属国授权直接要求企业提供数据,而该国却无对等权利。可见,《云法案》主张的是美国对外行使数据管辖权以及支持"适格政府"对美国境内数据的获取,但对"不适格外国政府",亦即美国"可信赖的外国合作伙伴"以外的外国政府缺乏基本尊重。此外,不论是正面"适格外国政府"的认定,还是反面的礼让分析,均由美国单边自由决定,凸显了美国的"数据霸权主义"。这种长臂管辖规定违反了网络主权原则,不仅缺少合理性和合法性,也使得域外执法权失去了赖以存在的理论基础。④

《云法案》的出台也在一定程度上激化了其他国家数据本地化的进程。如在中国2018年10月26日通过的《中华人民共和国国际刑事司法协助法》(以下简称《国际刑事司法协助法》)明确规定非经主管机关同意,不得提供证据材料和该法规定的协助,对外国司法执法机关利用"长臂管

---

① 田旭.美国《云法案》对跨境司法机制的新发展 [J].海关与经贸研究,2018 (04):97.

② 黄海瑛,何梦.基于CLOUD法案的美国数据主权战略解读 [J].信息资源管理学报,2019 (02),37-38.

③ 洪延青.美国快速通过Cloud法案,清晰明确数据主权战略 [EB/OL].安全内参网,2018-05-02.

④ 何治乐,安会杰.网络主权视野下的美国域外执法权改革及中国应对 [J].信息安全与通信保密,2019,(12):41-42.

辖"直接要求中国境内的组织或者个人提供证据材料做出了否决性的回应。①《中华人民共和国网络安全法》（以下简称《网络安全法》）第37条②的规定也阐明了中国的数据本地化的要求，与《云法案》中的"数据控制者标准"产生矛盾。为了应对《云法案》的长臂管辖，中国在规则层面可以完善个人数据保护的立法，阻断相关条款的域外效力；同时，提高跨境数据流动的效率，并建立国内法与国际法相互联动的治理方案，加强网络空间治理的国际合作。③

2014年网络犯罪公约委员会在其发布的《跨境电子数据取证指引注释》第32条强调，地域管辖即数据存储国管辖是本国际法文件坚持的原则，例外的情形往往是因为缔约国放弃部分主权才可能有相关取证行为的发生，否则被视为影响他国主权完整的行为。④《云法案》中所主张的对有关个人数据的域外管辖权必然引发国家法律主权的冲突和矛盾。有学者指出，在美国《云法案》出台以后，网络信息数据云传输对属地原则的挑战逐渐被放大，网络信息数据对属地原则的突破势不可挡，尽管网络空间法目前研究尚未打破属地原则这一基础，而是继续通过数据的归属地来解决问题。随着计算机技术的发展，判断数据的属地性必将越来越困难，甚至到无法判断，属地原则的可行性逐渐被削弱。⑤

---

① 《中华人民共和国国际刑事司法协助法》第4条第3款规定："非经中华人民共和国主管机关同意，外国机构、组织和个人不得在中华人民共和国境内进行本法规定的刑事诉讼活动，中华人民共和国境内的机构、组织和个人不得向外国提供证据材料和本法规定的协助。"

② 《中华人民共和国网络安全法》第37条规定："关键信息基础设施的运营者在中华人民共和国境内运营中收集和产生的个人信息和重要数据应当在境内存储。因业务需要，确需向境外提供的，应当按照国家网信部门会同国务院有关部门制定的办法进行安全评估。"

③ 刘天娇. 数据主权与长臂管辖的理论分野与实践冲突［J］. 环球法律评论，2020（02）：191-192.

④ 梁坤. 基于数据主权的国家刑事取证管辖模式［J］. 法学研究，2019（02）：192.

⑤ 田旭. 美国《云法案》对跨境司法机制的新发展［J］. 海关与经贸研究，2018（04）：100.

（三）2019 年的《确保信息通信技术与服务供应链安全》行政令及其《实施条例草案》

自 2012 年美国众议院情报常设特别委员会发布《关于中国电信设备公司华为和中兴对美国国家安全构成威胁的调查报告》以来，美国将供应链安全作为国家安全的重要考量因素，通过多种形式加强涉及通信技术与服务领域的安全审查。

2019 年 5 月，美国总统特朗普签署了《确保信息通信技术与服务供应链安全》行政令（Executive Order on Securing the Information and Communications Technology and Services Supply Chain），其中所调整的"信息通信技术或服务"是指"以实现或确保信息和数据的处理、存储、检索或电子通信（包括传输、存储和显示）为主要目的的硬件、软件或其他产品及服务"。该行政令规定，为了维护美国的信息通信技术和服务的供应链安全，禁止交易、使用可能对美国国家安全、外交政策和经济构成特殊威胁的外国信息技术和服务。具体为在交易包含外国财产或与外国国家利益相关（包括通过提供技术或服务合同的方式获取利益）的情况下，禁止任何人通过已经签署、正在履行或将在本行政令发布之日后完成的交易，获取、进口、转让、安装、买卖或使用受美国管辖的信息通信技术或服务或与之相关的财产。

同时，商务部部长经与财政部长、国务卿、国防部长、司法部长、国土安全部长、美国贸易代表，国家情报总监，总务处处长、联邦通信委员会主席、其他执行部门和机构的负责人协商后认定：（1）交易涉及由外国对手拥有、控制或受其管辖或指导的人设计、开发、制造或供应的信息和通信技术或服务；（2）交易可能：（i）在美国构成破坏或颠覆信息和通信技术或服务的设计、完整性、制造、生产、分配、安装、操作或维护的不当风险；（ii）对美国关键基础设施或美国数字经济的安全性或弹性造成灾难性影响的不当风险；（iii）对美国的国家安全或美国人的安全和保障构成不可接受的风险。上述情况商务部长可经与其他机构的负责人协商决定设计或谈判措施，以减轻前述禁令，这些措施可以作为批准禁令所阻止的一项交易或一类交易的先决条件。

行政令第 2 条（a）款规定，授权美国商务部部长经与其他机构负责人协商，或就特定交易征询其他机构负责人，为执行本行政令所必须采取下列行动：针对本行政令第 1 条所禁止的交易发布停止交易的时间和方式的指令；通过适当的规定，并行使《国际紧急经济权利法》（IEEPA）授予总统的其他所有权力。行政令第 2 条（b）则规定：根据本行政令发布的规则和条例，及其他相关规定，基于本行政令目的确定特定国家或个人为"外国对手"；基于本行政令目的，识别由外国对手拥有、控制、管辖或指示的主体；识别涉及信息通信技术或服务的交易需要根据本行政令的规定进行特别审查的特定技术或国家；制定程序以许可根据本行政令禁止的交易；根据本行政令第 1 节制定标准，并通过该标准，信息和通信技术或服务市场中的特定技术或特定参与者可被认定为明确包含在本行政令规定的禁令中或明确排除在本行政令规定的禁令之外；并确定协议谈判的机制和相关因素，以减轻与本行政令第 1（a）条的规定有关的问题。①

2019 年 11 月 27 日，美国商务部（DOC）发布《确保信息通信技术与服务供应链安全》的法规草案，以落实于 2019 年 5 月签署的第 13873 号行政令（以下简称"《实施条例草案》"），规范美国商务部长识别、评估和处理特定信息通信技术与服务交易的程序。其中，"信息通信技术与服务"是指以实现或确保信息和数据的处理、存储、检索或电子通信（包括传输、存储和显示）为主要目的的硬件、软件或其他产品及服务。根据《实施条例草案》第 7 条，满足以下条件的收购、进口、转让、安装、交易或使用信息和通信技术与服务的交易，适用该《实施条例》，应当受到审查：第一，该交易由任何受美国管辖的人进行，或涉及受美国管辖的财产；第二，这些交易涉及与任何外国或其国家有利益关系（包括通过合同提供技术或服务的利益）；第三，已经启动、正在进行或将在 2019 年 5 月15 日后完成的交易，无论适用于该交易的任何合同何时签订、注明日期或

---

① 公安三所网络安全法律研究中心. 美国总统行政令《确保信息通信技术与服务供应链安全》全文中文翻译［EB/OL］. 安全内参网，2019-05-16.

签署，或适用于该交易的任何许可或授权何时授予。交易包含某些正在进行的活动，包括但不限于托管服务、软件更新或维修，即使合同是在 2019 年 5 月 15 日之前签订的，但构成在 2019 年 5 月 15 日或之后"将完成"的交易。此类交易须接受美国商务部部长的审查，如果交易确定被禁止，则可暂缓或解除交易。①

《实施条例草案》赋予商务部部长广泛的权力，以审查涉及"外国对手"的信息和通信技术与服务（ICTS）的交易，并建立了审查相关交易的流程。商务部部长有权确定哪个外国国家、哪些实体或个人是"外国对手"并相应采取措施。《实施条例草案》规定，商务部将采取个案评估、以具体事实为基础的方式，来决定哪些交易应当被禁止，哪些需要采取缓解措施。一旦商务部初步裁定某项交易应当遵守《实施条例草案》和受到审查，将直接向当事人发出通知。在收到通知后 30 天内，当事人可以提出异议，并提交支持异议的理由或提供建议的缓解措施。

从调整的范围来看，《确保信息通信技术与服务供应链安全》明确规定，"信息通信技术或服务"指"以实现或确保信息和数据的处理、存储、检索或电子通信（包括传输、存储和显示）为主要目的的硬件、软件或其他产品及服务"。

从美国通过该行政令所主张的域外效力的角度看，只要美国当局认定的"外国对手"拥有、控制或受其管辖或指导的人的交易活动涉及"受美国管辖的信息通信技术或服务或与之相关的财产"，并被认为威胁到了美国国家安全，则美国商务部有权发布禁令或相关限制措施。根据该行政令的界定，"美国人"并不局限于美国国籍的自然人或法人，而是包括美国公民、永久居留的外国人、根据美国法律或美国境内司法管辖区内的实体组织（包括外国分支机构），或美国境内的任何人。美国主管部门一旦认为有关"信息通信技术或服务"的交易活动威胁到美国的国家安全或"美国人"的安全和保障，则有权依据该行政令实施管辖。有学者对该行政令

---

① 安全内参. 美国商务部：信息通信技术与服务供应链安全草案征求意见［EB/OL］. 安全内参网，2020-09-10.

在世贸组织规则之下的合法性进行评论时指出，该行政令本质上是美国依据国内法采取的单边制裁行为，不符合 WTO 国际贸易规则下的例外情形："以国家经济安全为由采取制裁措施，难以构成危害国际基本利益的安全例外标准；且制裁对象不是全行业，而是美国商务部自由裁量确定的特定企业，违背了国际贸易法的非歧视原则。"①

除《供应链安全》行政令及其《实施条例草案》以外，美国政府将供应链安全从产业和经贸问题上升到美国国家安全战略的高度，将供应链安全问题政治化，推出或出台了一系列针对中国的立法和举措，限制中国信息通信技术企业在美国市场的运营与发展。包括对中国电信公司 214 牌照（许可证）的审查，FCC 禁止使用联邦的通用服务基金（USF）购买中国通信公司的设备，通过 2019 年《国防授权法案》第 889 节实施供应链条款以及第 2118 节《捍卫美国 5G 未来法案》、安全和受信任的通信网络法（HR 4459）等。② 可见，美国越来越重视通过国内立法及配套的行政措施来加强对国外信息通信技术企业的管辖。

（四）2021 年的《美国供应链行政令》

2021 年 2 月 24 日，为加强美国供应链弹性、多样性以及安全性，美总统拜登签署《美国供应链行政令》（Executive Order on America's Supply Chains），其内容主要包括供应链风险审查、产业供应链评估、加强美国供应链的建议等。

首先，该行政令要求美国当局开展供应链风险审查。在行政令发布 100 天内，总统国家安全事务助理和总统经济政策助理应与相关机构负责人共同完成供应链风险审查。商务部长等有关机构负责人应通过协商，分别识别半导体制造和先进封装、高容量电池等供应链风险，并提出政策建议。

---

① 沈伟. 中美贸易摩擦中的法律战——从不可靠实体清单制度到阻断办法［J］. 比较法研究，2021（02）：183.

② 刘允泉，彭汉英. 美国《确保信息通信技术与服务供应链安全》及其《实施条例草案》解析［EB/OL］. 安全内参网，2020-09-30.

其次，该行政令要求美国当局开展产业供应链评估。行政令发布1年内，美国国防部长、卫生和公共服务部长、商务部长和国土安全部长等应通过总统国家安全事务助理和总统经济政策助理分别向总统提交国防工业基础等方面的供应链报告。

第三，该行政令要求制定的机构或官员提出加强美国供应链的建议。总统国家安全事务助理和总统经济政策助理应向总统提交一份或多份报告，回顾上一年的行动，并提出相应建议。①

该行政令将美国的"信息和通信技术产业基础"的供应链也纳入风险审查、评估的范围，并可能在随后基于相关部门的建议采取措施，这反映出拜登政府可能推动在信息安全领域以维护美国国家安全为由出台进一步具体限制性规定的倾向。在随后的2021年3月1日，美国国家人工智能安全委员会（the National Security Commission on Artificial Intelligence，NSCAI）向美国国会提交一份长达756页的报告，针对AI（人工智能）、半导体领域提出了对总统拜登、国会及企业和机构的数十项建议。② 报告指出，美国要想在半导体及AI产业保持全球领先地位，就必须限制中国的相关产业的发展。该报告将中国作为美国的"假想敌"，呼吁美国政府继续在高科技领域打压中国，遏制中国的半导体及AI产业的发展，从而"保持对中国的领先"。③

在中国外交部于2021年5月7日举办的例行记者会上，日本记者提出，在中美关系紧张背景下，日本和美国为保障经济安全，意欲在半导体等关键产品和技术领域打造脱离中国的产业链，并询问中方对此持何种立场。中国发言人在回应时指出，全球产业链供应链的形成和发展，是长期以来市场规律和企业选择共同作用的结果。将科技和经贸问题政治化，搞

---

① 张怡鑫，钱中. 美总统拜登签署"美国供应链行政令"[EB/OL]. 腾讯网，2021-02-24.

② 美国国家人工智能安全委员会是美国政府的一个独立委员会，负责向美国总统及国会提供人工智能等领域的建议。

③ 秦枭. 美国NSCAI建议联合盟友打压中国半导体及AI以确保自身领先两代[EB/OL]. 中国经营报，2021-03-03.

排他性的小团体，违背市场经济和公平竞争原则，只会人为割裂世界，破坏国际贸易规则，威胁全球产业链供应链安全，最终损人害己。各国应共同致力于建设开放型世界经济，共同维护全球产业链供应链的稳定畅通。①

（五）2019 年《安全和可信通信网络法》

美国的《安全和可信通信法》（Secure and Trusted Communications Networks Act）于 2020 年 3 月生效，该法禁止用联邦补贴购买被美国联邦通信委员会（Federal Communications Commission，FCC）认定的"构成国家安全风险的设备或服务"，同时还建立了一个补偿方案，帮助美国的电信供应商移除掉具有安全风险的通信设备或服务，改用可信赖的供应商设备。

在 2019 年 11 月 22 日，美国联邦通信委员会在其官网刊发了一份一致投票禁止华为技术有限公司和中兴通讯股份有限公司的设备出现在美国联邦通信委员会的通用服务基金（USF）资助的项目中的文件，文件称禁止从相关公司购买设备和服务的规定在《联邦公报》上公布后立即生效。自 2018 年 3 月美国联邦通信委员会首次提出这项提议开始，华为和美国农村地区运营商提交了多轮事实依据和反对意见，但 FCC 却对这些事实依据和意见完全忽视。2019 年 12 月 5 日，华为在美国法院提交起诉书，请求法院认定美国联邦通信委员会有关禁止华为参与联邦补贴资金项目的决定违反了美国宪法和《行政诉讼法》。2021 年 3 月 12 日，美国联邦通信委员会公共安全部和国土安全局（HHS）进一步发布公告，以中国华为技术有限公司、中兴通讯股份有限公司、海能达通信股份有限公司、杭州海康威视数字技术有限公司和大华科技有限公司等五家中国公司生产的电信设备和服务，会给美国国家安全和公民安全带来"不可接受的风险"为由，将它们纳入不可信供应商名单，规定将在美国境内拆除前述中国公司生产的部分通信产品和服务。联邦通信委员会代理主席杰茜卡·罗森沃塞尔（Jessica Rosenworcel）在一份声明中说："这份清单提供了有意义的指导，

---

① 中华人民共和国国务院外交部．2021 年 5 月 7 日外交部发言人汪文斌主持例行记者会［EB/OL］．外交部网站，2021-05-07.

将确保在全美各地建设下一代网络时不重复过去的错误，或使用对美国国家安全或美国人的安全保障构成威胁的设备和服务。"①

中国外交部发言人在 2021 年 3 月 12 日的记者会上重申，美方泛化国家安全概念，滥用国家力量，不择手段打压中国高科技企业，严重违反市场经济和公平竞争原则。这种做法不仅损害中国企业的合法权益，也损害美国和其他国家企业的利益，将严重干扰两国乃至全球正常的科技交流和贸易往来，对全球产业链、供应链造成破坏。②

（六）《打击假冒和盗版商品交易备忘录》

近年来，电子商务平台成为盗版和假冒商品的一个重要销售管道，这引起了美国政府的高度重视。2018 年 2 月，美国海关与边境保护局（简称"CBP"）提出电商业务战略计划，旨在通过加强立法、开发和利用最新技术和调整执法方式、加强与私营企业以及其他国家的合作等方式，以加强对电商业务的监管，应对全球贸易向电子商务平台转移所带来的各种复杂性和威胁。2019 年 4 月，美国贸易代表办公室（USTR）发布了《2018 年恶名市场非定期回顾报告》（2018 Out-of Cycle Review of Notorious Markets），将各个国家涉及假冒和盗版商品流通、侵犯美国知识产权并损害了美国经济的 33 个在线电商和 25 个线下卖场列入了"恶名市场名单"。自 2011 年发布首份"恶名市场名单"以来，USTR 每年都会更新名单，众多知名中国电商与线下市场频频上榜。尽管被列入该名单没有直接的法律后果，但被列入名单的实体的声誉会受到极大的影响，同时也更容易被执法机构关注。

2019 年 4 月 3 日，时任美国总统特朗普签署了《打击假冒和盗版商品

---

① 胡澈. 美国联邦通信委员会认定 5 家中企对美国国家安全构成威胁 [EB/OL]. 北青网，2021-03-13.
② 中华人民共和国国务院外交部. 2021 年 3 月 12 日外交部发言人赵立坚主持例行记者会 [EB/OL]. 外交部网站，2021-03-12.

交易备忘录》 （Memorandum on Combating Trafficking in Counterfeit and Pirated Goods）。① 此次行政令重点针对利用电商平台进口假冒和盗版商品的违法行为提出了一系列新的监管手段，扩大并加强了美国海关与边境保护局的监管范围和力度，无疑也产生了域外执法的效力。涉及美国业务的外国电商平台、快递服务供应商以及全链条中的各个主体都需要提升自身的贸易合规审查制度，以降低相关合规风险。2019 年 11 月 26 日，美国商务部（DOC）发布公告称根据《确保信息通信技术与服务供应链安全》的行政令（第 13873 号）② 拟发布实施条例，从而规范特定信息通信技术与服务交易的程序。2020 年 1 月 31 日，美国总统特朗普正式签署行政令③，要求进一步落实打击假冒和盗版商品的具体措施，将打击假冒和盗版商品上升至"国家安全"的层面。此次行政令主要针对的是通过电子商务平台违法向美国出口商品的行为，对利用电商平台进口假冒和盗版商品的违法行为提出了一系列新的监管手段，扩大并加强了美国海关与边境保护局的监管范围和力度，全方位地防止假冒和盗版商品进入美国。在此领域内，受监管的主体之一是电子商务平台，包括任何具备安排商品销售、购买、付款或运输等功能的网络平台，或促使卖家通过网络将实物商品出售给美国消费者的网络平台。因此，无论其注册地是否在美国，包括快递和邮政服务公司、外国出口商、美国进口商和其他第三方（托运人、报关行、美国境内仓储运营商等）在内的任何对美出售商品的电商均受此行政令管辖。

---

① Administration of TRUMP D J. Memorandum on Combating Trafficking in Counterfeit and Pirated Goods. 2019-04-03.
② "信息和通信技术或服务"一词是指主要旨在通过电子手段实现或实现信息或数据处理、存储、检索或通信功能的任何硬件、软件或其他产品或服务，包括传输，存储和显示。
③ Executive Office of the President. Ensuring Safe and Lawful E-Commerce for United States Consumers, Businesses, Government Supply Chains, and Intellectual Property Rights Holders [N]. Federal Register, 2020-05-02.

三、欧盟在网络空间治理领域制定的有关行政法令及其所涉及的域外效力规定

（一）《关于涉及个人数据处理的个人保护以及此类数据自由流动的第 95/46/EC 号指令》

1995 年 10 月 24 日，欧洲议会和理事会颁布了《关于涉及个人数据处理的个人保护以及此类数据自由流动的第 95/46/EC 号指令》（Data Protection Directive，以下简称"95/46 号指令"）①，其目的在于不仅要求个人数据能够从一个成员国自由流动到另一个成员国，而且要求维护个人的基本权利，即它要在二者之间维持平衡。

95/46 号指令第 4 条规定了三类成员国应将其根据该指令采用的国家规定应用于个人数据处理的情况。第一类是在成员国领土上设立机构的数据控制者的处理行为；第二类是虽然数据控制者没有在成员国领土内设立机构，但依据国际公法适用该地国内法；第三类是虽然数据控制者没有在欧盟内设立机构，但为了处理个人数据而使用位于上述成员国领土上的自动化或其他设备，除非此类设备仅用于通过共同体领土的过境目的。② 对于"数据控制者"这一概念，95/46 号指令也做出了解释，它是指单独或与他人共同决定个人数据处理目的和方式的自然人或法人、公共当局、机构或任何其他机构；如果处理目的和方式由国家或社区法律或法规决定，则控制者的提名或处理个人数据具体标准可由国家或共同体法律做出规定。③ 可以看出，95/46 号指令将设立机构作为与领土的连接点，一切管辖权的展开都以这一连接点为基础。而且，它将数据控制者作为主要管辖的对象，没有提到数据处理者。根据其定义，"数据处理者"是指代表控制人处理个人数据的自然人或法人、公共当局、机构或任何其他机构。所以，95/46 号指令将数据处理者视作控制者的附庸，不认为其有权力对数据的转移做出决定。

---

① 95/46 号指令后被 GDPR 取代。
② Data Protection Directive（95/46/EC），Article 4.
③ Data Protection Directive（95/46/EC），Article 2.

在 Google Spain 案的裁决中，欧盟法院认为，首先，在自动、持续和系统地探索互联网以搜索在互联网上发布的信息时，搜索引擎的运营商"收集"此类数据，然后在其索引程序的框架内"检索""记录"和"组织"这些数据，在其服务器上"存储"，并根据具体情况以搜索结果列表的形式向用户"披露"和"提供"。由于第 95/46 号指令第 2（b）条明确无条件地提及了这些操作，因此必须将其归类为该条款含义范围内的"处理"。其次，正是由搜索引擎运营商决定该活动的目的和方式，从而决定其自身在该活动框架内进行的个人数据处理的行为，因此，根据第 2（d）条，该运营商必须被视为该处理的"控制者"。而且从该条文的立法目的上看，为有效和全面地保护数据主体，也应当对"控制者"概念作广泛定义，不能仅因该经营者不对发布在第三方网页上的个人数据行使控制权就将搜索引擎的经营者排除在该定义之外。并且应当指出的是，在搜索引擎活动范围内对个人数据的处理可以与网站发布者对这些数据的处理有所区别，它是对这些数据的附加处理，包括将这些数据加载到互联网页面上。①

对于 95/46 号指令中"设立机构"的认定，在 Google Spain 案中欧洲法院认为第 95/46 号指令序言部分第 19 段指出，"在成员国领土上设立机构意味着通过稳定安排有效和真实地开展活动""此类机构的法律形式，无论是简单的分支机构还是具有法人资格的子公司都不是决定因素。"毫无疑问，Google Spain 通过在西班牙的稳定安排从事有效和真正的活动。此外，由于它具有独立的法人资格，因此它是 Google 在西班牙领土上的子公司，因此是第 95/46 号指令第 4（1）（a）条所指的"设立机构"。另外，法院还对 4（1）（a）中的"in the context of the activities"做出了解释。法院认为，正如西班牙政府和委员会特别指出的那样，第 95/46 号指令第 4（1）（a）条并不要求有关设立机构"自行"处理有关个人数据，而只要求"在机构活动范围内（in the context of the activities of the establishment）"处理有关个人数据。从第 95/46 号指令序言部分第 18 至 20 段及其第 4 条中

---

① Google Spain SL and Google Inc. v Agencia Española de Protección de Datos（AEPD）and Mario Costeja González.

可以清楚地看出，欧盟立法机构试图防止个人被剥夺该指令所保障的保护，并防止这种保护被规避。根据第 95/46 号指令第 4（1）（a）条，虽然搜索引擎所在地在第三国，但其在欧盟成员国内设有机构，且该机构以为搜索引擎服务这一目的处理个人数据，负责企业运营，则处理行为是在该机构的"活动范围内"进行的。在该案中，Google Spain 打算在西班牙推广和销售 Google 提供的广告空间，从而使 Google 提供的服务有利可图。在这种情况下，Google 运营商的活动与其设在西班牙的机构的活动是密不可分的，因为与广告空间有关的活动构成了使有争议的搜索引擎获得经济利润的手段。因此，有关个人数据的处理是在西班牙领土上的机构的商业和广告活动范围内进行的。①

同样，欧洲法院在 Weltimmo 案裁决中指出，"设立机构"的概念应得以灵活运用，而不应采用形式主义的方式来解释。Weltimmo 是一家经营房地产交易网站的公司，其注册办事处在斯洛伐克。该交易网站的活动涉及为匈牙利境内的物业发布广告。这些广告在第一个月是免费的，之后必须付费。由于不希望在首个月后开始支付这项服务的费用，大量广告主发送电邮给 Weltimmo 公司告知删除其广告及个人数据的要求。然而，Weltimmo 公司没有执行这些要求，并为这些广告主的服务开具了账单。由于这些账单没有付款，Weltimmo 公司将广告主的个人数据转发给了债务催收机构。Weltimmo 公司由此处理了广告主的个人数据，其中有几人是匈牙利国籍。当匈牙利数据保护局决定进行调查时，Weltimmo 反驳说，匈牙利数据保护局没有权力并且也不能对设立于另一个成员国的服务提供商适用匈牙利法律。欧洲法院认为 Weltimmo 公司在匈牙利有一名代表，这名代表负责当地的债务催收，并代表公司参加行政和司法程序，即使 Weltimmo 公司并不设立于匈牙利，这名代表的存在构成"稳定安排"，且进行了有效且真实的活动，足以使得 Weltimmo 公司被认为在匈牙利设有机构。由 Weltimmo 案可知，如在欧盟有一名雇员或者一名代理，且该名雇员或者代理在欧盟

---

① Google Spain SL and Google Inc. v Agencia Española de Protección de Datos（AEPD）and Mario Costeja González.

内进行了有效且真实的活动，那么就会被认为在欧盟有"设立机构"。再如，一名代表在欧盟成员国提供有关具体服务所需的必要设备具有足够的稳定性，也可认定为构成稳定安排而在欧盟存在设立机构。另一方面，仅仅只是在欧盟内可对某外国公司的网站访问并不能认定其在欧盟有营业地，似乎必须至少有一些人力和技术资源的稳定存在才能得出欧盟内部存在设立机构的结论。①

（二）欧盟的《通用数据保护条例》（GDPR）及其域外效力评析

1. GDPR 制定之背景及概况

2016 年 4 月 27 日欧洲议会和理事会通过《通用数据保护条例》（General Data Protection Regulation，以下简称"GDPR"），并废除第 95146 号指令。作为 95146 号指令的"进阶版"，GDPR 在各方面都有了更细致、严格的规定，也被认为是目前国际上最完善、最严格的隐私保护规定。2017 年德国出台《数据保护适应法》，增加或修改原有规定，纳入了 GDPR 的域外效力条款。1978 年《数据处理、文档和个人自由法案》是法国数据保护法的起源性立法，2018 年 6 月《数据处理、文档和个人自由法案》再一次被修改，以与 GDPR 保持一致。② 英国尽管已经退出了欧盟，但是英国制定的"UK's Data Protection Act 2018"其实就是英国版本的 GDPR。该法案第 186 条"管辖申请"部分内容与 GDPR 第 4 条关于地域适用范围的规定基本保持一致，在前法案的基础上扩大了域外效力范围。

GDPR 制定了新的关于欧盟成员国以及任何与欧盟各国进行交易或持有公民（欧洲经济区公民）数据的公司存储安全和管理个人数据的方式的规定。首先，GDPR 明文规定了企业在收集、存储、保护和使用用户数据时新的标准，明确只有当个人（数据主体）的基本权利得到充分保护时，受到规制的主体方可进行国际传输。如果第三国通过其国内法或国际承诺

---

① 田世群. 欧盟个人数据保护法的域外效力研究 [D]. 上海：华东政法大学，2019：17-18.

② 田世群. 欧盟个人数据保护法的域外效力研究 [D]. 上海：华东政法大学，2019：12-14.

提供与欧盟相当的个人数据保护水平，由欧盟委员会做出该第三国满足了充分性要求的决定。① 其次，GDPR 选择了数据存储地模式，强化了欧盟对数据的掌控能力。这些规定加强了欧盟对个人数据的控制，也具有较强的域外效力。

2018 年 5 月 25 日，欧盟的 GDPR 开始正式实施，该条例的相关法规约束力逐渐增强，隐私保护标准逐步提高，操作条款也愈加具体。② 随后，欧盟又相继发布了《数据可携权指南》《数据保护影响评估指南》《数据保护专员指南》《行政罚款的适用与设定指南》《自动化个体决策与分析指南》《个人数据泄露通知指南》《透明度规则指南》《同意规则指南》等来细化 GDPR 中的诸多规则。

2. GDPR 中关于域外效力的条款规定

GDPR 在适用主体方面也有了更全面的规定，第三条规定有三类主体受其调整，第一类是在欧盟域内设立的数据控制者或处理者，无论其处理行为是否在欧盟域内进行；第二类是虽然数据控制者或处理者未在欧盟域内设立，但其活动是向欧盟域内的数据主体提供商品或服务，或是监控欧盟域内的人的行为；第三类是虽然数据控制者设立的机构不在欧盟域内，但根据国际法个人数据的处理活动适用欧盟成员国法律。③

由此可知，GDPR 的适用范围十分广泛，其不仅适用于成立地在欧盟的机构（欧盟企业及机构），还适用于涉及处理欧盟域内个体的个人数据的主体，包括欧盟域外企业，只要其目标用户包括欧盟域内用户。归纳起来，主要有以下两类情形在 GDPR 适用范围之内：一种情形是在欧盟域内设立的数据控制者或数据处理者。依据设立原则，GDPR 适用于设立在欧盟的控制者或处理者进行的个人数据处理行为，无论处理行为是否发生在

---

① 李墨丝. 欧美日跨境数据流动规则的博弈与合作 [J]. 国际贸易, 2021, (02): 84.
② 王瑞. 欧盟通用数据保护条例主要内容与影响分析 [J]. 国际视野, 2018, (08): 17.
③ Regulation (EU) 2016/679 of the European Parliament and of the Council of 27 April 2016 on the protection of natural persons with regard to the processing of personal data and on the free movement of such data, and repealing Directive 95/46/EC (General Data Protection Regulation) (OJ L 119, 4.5.2016, p. 1–88).

欧盟内部。然而，GDPR 并没有对"设立"概念进行界定，仅在序言中提到设立是指通过稳定安排从事有效真实经营的法律形式，无论其是否通过有法人资格的子公司或分支机构。另一种情形是没有在欧盟域内设分支机构的有关数据控制者或数据处理者。GDPR 适用于面向欧盟域内的数据主体提供商品或服务（无论是否发生支付行为），或监控欧盟域内数据主体的行为。任何网站甚至手机软件（APP）只要能够被欧盟域内的个人所访问和使用、产品或服务使用的语言是英语或特定的欧盟成员国语言、产品标识的价格为欧元，都将适用于 GDPR。可以说，欧盟是依据"效果主义原则"来确定规制的对象，最大限度地保护数据主体的权利。有关的数据控制者或数据处理者如果违反 GDPR，将面临可高达 2000 万欧元或全球年营业额的 4% 的巨额罚款。但是，不顾服务提供者所在国、数据存储地国享有的属地管辖权，服务提供者国籍国的属人管辖权，这种单方面主张超越传统的领土范围的管辖权可能会侵犯第三国的数据主权，其合法性和合理性值得商榷。

不难看出，GDPR 采取了类似美国的域外管辖原则，通过扩大管辖事项以及个人数据、数据控制者及数据处理者的定义范围，保证只要与欧盟域内存在最低限度的连接点即可纳入欧盟的管辖范围之内，大大扩张了欧洲各国数据主权的范围。如前所述，GDPR 首先从"属人主义"原则的角度明确了其适用于在欧盟域内设立的数据控制者或数据处理者，无论其进行的个人数据处理行为是否发生在欧盟域内。另一方面，在 GDPR 第 3 条关于地域范围的规定之中，虽然名称依旧为"地域范围"，但实际上将管辖原则从"属地主义"向"效果原则"扩展。该条规定未在欧盟域内设立数据控制者或处理者但活动是向欧盟域内的数据主体提供商品或服务，或是监控欧盟域内的人的行为，即应受条例的管辖。此外，GDPR 还通过限制数据出境而避免数据控制者或数据处理者（主要是针对跨国互联网巨头）规避 GDPR 的涉外管辖权。GDPR 第 5 章对数据转移至欧盟域外的第三国进行了严格的限制。通过"属地+属人"原则配合限制跨境转移，实现了立法层面的涉外数据保护"全覆盖"。①

3. GDPR 的监督实施机制——执法权与司法权的衔接

如前所述,GDPR 对数据控制者和处理者提出了较高的要求,其追求的是域外行政执法权的扩张,但通过监督机构的设立,GDPR 中的执法权与司法管辖权得以衔接,使得欧盟的整个域外立法体系更加缜密且具有一体性,相互配套。依据 GDPR 第六章的规定,欧盟成员国应规定一个或多个独立的公共当局负责监督 GDPR 的适用情况,以保护自然人的基本权利和自由,并便利个人数据在联盟内的自由流动。第 57 条规定了监督机构的任务,即提高公众对处理风险、规则、保障措施和权利的认识和理解;根据成员国法律,向议会、政府和其他机构和机关提供关于保护自然人在信息数据处理方面权利和自由的立法和行政措施方面的咨询意见等。而其第 58 条第 5 款规定各成员国应通过法律规定其监督机构有权提请司法机关注意违反本法规的行为,并在适当情况下启动或以其他方式参与法律诉讼程序,以执行本法规的规定。这一规定表明,监督机构可将违反 GDPR 的行为诉诸司法程序。

4. GDPR 的域外效力条款对相关企业的影响

如前所述,GDPR 的适用范围并非局限于在欧盟域内设立的企业,而是扩展到了所有控制或处理欧盟公民信息的企业,从而对互联网产业相对发达的外国相关企业产生重大影响。事实上,除了互联网企业之外,航空公司、银行、IT 等大多数行业,只要在欧洲有商业布点,或者有针对欧洲用户的产品和服务,都可能受到 GDPR 的调整。同时,根据 GDPR 的规定,对于受 GDPR 管辖的企业,欧盟的数据监管机构将享有相关的调查权、责令改正权、司法参与权等诸多权力。欧盟通过 GDPR 所主张的域外管辖及其较为严苛的监管标准,使新兴的电子商务企业在欧盟成员国的司法管辖区域内承担更多的潜在风险,客观上也抑制了电子商务企业在欧洲数字经济领域的投资和开发活动,从而影响了欧洲网络商务的发展。

---

① 闫飞. 网络安全法律涉外管辖权问题研究 [J]. 网络空间安全, 2019 (03): 55.

5. 欧盟及其有关成员国法院适用 GDPR 并主张其域外效力的典型案例

（1）英国信息监管机构对加拿大政治数据公司的 GDPR 的执法

在 GDPR 生效后仅 5 天，AggregateIQ（AIQ）就被证实保存了不该保存的数据。当时尚属于欧盟成员国的英国向加拿大数据公司 AggregateIQ（AIQ）发出了该国首张 GDPR 执行通知，给这家与英国脱欧游说组织 Vote Leave 有关的公司规定了 30 天的整改时间，并强调若逾期未合规，该公司将承担 2000 万欧元罚款。

英国信息专员办公室（ICO）称，AIQ 留存英国公民数据的行为似乎对受影响公民造成了伤害，该公司违反了 GDPR 第 5 和第 6 条关于处理数据的原则和处理数据的合法性的规定。① 据称，AIQ 从英国众多政治机构处获得了英国国民的个人信息数据，并对 Facebook 上的电子邮件地址投放了 218 个广告，针对潜在投票人进行了有针对性的脱欧广告投放，以影响其在脱欧公投上的态度和投票决定。2018 年 5 月 31 日，AIQ 向信息专员承认其仍然拥有英国公民的个人信息。这些信息被存储在一个代码库中，此前一直受到第三方未经授权的访问。因此，2018 年 7 月 6 日，ICO 向 AIQ 发出限期整改的执行通知。②

（2）法国国家信息与自由委员会（CNIL）处罚 Google 公司案

GDPR 生效当日，针对 Google 的移动终端操作系统安卓（Android）不当收集并使用个人数据问题，法国数据保护监管机构——国家信息与自由委员会（CNIL）对 Google 公司启动了调查。③ 经过为期半年的调查，2019 年 1 月 21 日，法国国家信息与自由委员会（CNIL）宣布，针对 Google 公司违反《通用数据保护条例》的行为，对其处以 5000 万欧元的罚款，这成为欧盟《通用数据保护条例》自 2018 年 5 月生效以来开出的首个罚单。④

在该案中，Google 公司针对管辖权问题提出，其位于爱尔兰的 Google 爱

---

① 任虎译. 欧盟通用数据保护条例［M］. 上海：华东理工大学出版社，2018：14-19.
② 范睿.《通用数据保护条例》首案介评［EB/OL］. 武大国经法评论博客，2018-09-28.
③ 闫飞. 网络安全法律涉外管辖权问题研究［J］. 网络空间安全，2019（03）：54.
④ 杨成玉. 反制美国"长臂管辖"之道——基于法国重塑经济主权的视角［J］. 欧洲研究，2020（03）：28.

尔兰有限公司（Google Ireland Limited）是其在欧洲的主营业地，根据"一站式"管辖规则，该案应由爱尔兰数据保护局而非法国的国家信息与自由委员会作为监管机关加以处理。但法国国家信息与自由委员会认为，由于美国的 Google 公司（Google LLC）总部拥有对安卓及 Google 账号相关数据的处理决策权，Google 公司在欧盟域内并无主营业机构，所以欧盟域内任何一家 Google 营业机构所在地的监管机关，均对 Google LLC 拥有执法管辖权。对总部不在欧盟的跨国企业而言，其决策权通常也不太可能在欧盟域内，因此不得不面对多个监管机关的分散式执法。① 不难看出，法国监管机构基于对"主营业地"的狭义解释实施监管，客观上产生了域外管辖的效果。

（三）《欧洲议会和理事会 2016/1148 年指令——关于在整个联盟中提高网络和信息系统共同安全水平的措施》

2016 年 7 月 6 日，欧洲议会全体会议通过《欧洲议会和理事会 2016/1148 年指令——关于在整个联盟中提高网络和信息系统共同安全水平的措施》（以下简称"2016/1148 号指令"），这是欧盟出台的第一部关于网络与信息安全的指导性法规，主要内容包括确立网络与信息系统安全国家框架、强化跨国合作、强化基本服务运营者与数字服务提供者的网络与信息系统安全等。具体言之，2016/1148 号指令要求欧盟各成员国：（1）加强跨境管理与合作；（2）制定本国的网络信息安全战略；（3）建立事故应急机制，对能源、金融、交通和饮水、医疗等公共服务重点领域的基础服务运营者进行梳理，强制这些企业加强其网络信息系统的安全，增强防范风险和处理事故的能力。2016/1148 指令规定基础服务运营者和数字服务提供者，如在线市场、搜索引擎和云计算服务等数字服务提供商必须采取确保其设施安全的必要措施，在发现和发生重大事故后，及时向特定的网络主管机构汇报，并通过信息分享提高欧盟整体对网络安全威胁和事故的回应、应对能力。②

在管辖权方面，2016/1148 号指令第 18 条作出了规定，其第 1 款是关于属地管辖权的规定，就该指令而言，数字服务提供者应被视为属于其主

① 许可.GDPR 一周年的回顾与反思［EB/OL］.安全内参网，2019-06-25.
② 中国国家互联网信息办公室.他山之石：多国织牢网络安全网［EB/OL］，中国国家互联网信息办公室官网，2017-08-07.

要机构所在地的成员国管辖。数字服务提供者的总部在某一成员国,则应视为在该成员国拥有其主要机构。第 2 款则规定了域外管辖权,未在欧盟内设立机构但在欧盟域内提供附件三所述服务的数字服务提供者应在欧盟内指定一名代表。该代表应设立在服务提供者提供服务的某一成员国境内。数字服务提供者应被视为在设立代表的会员国管辖之下。① 可能是考虑到要求域外数字服务提供者在所有提供服务的欧盟成员国域内均设立代表将会给其带来烦琐的行政事务以及巨额的不必要支出,具有不合理性,前述第 2 款允许域外数字服务提供者选择在其所提供服务的某一欧盟成员国境内指定一名代表。可见,2016/1148 号指令作为欧盟的法律文件是将欧盟视作一个整体,规定所有接受同一境外数字服务提供者的成员国将适用统一的管辖权规则来确定管辖权的归属。

(四)《隐私与电子通信条例》

在 2009 年,欧盟对《电子隐私指令》(E-Privacy Directive)进行了最后一次修订之后,时至今日,电子通信服务已经取得了突飞猛进的发展。网络实时通信服务已经逐渐成为主流的通讯方式。尽管网络实时通信等 OTT 服务发展迅猛,但是它们却不受当下的《电子隐私指令》监管。因此,通过更新隐私法律的监管框架,将大规模使用的网络实时通信服务纳入法律的监管之中,既能够给予民众和企业明确的权利和保护,同时也能够促进欧盟单一数字市场的发展。

2017 年 1 月 10 日,欧盟委员会提议出一项新法案《隐私与电子通信条例》(Regulation on Privacy and Electronic Communications),该条例旨在规制电子通信服务并保护与用户终端设备相关的信息。

在监管对象方面,鉴于网络实时通信技术的大规模使用,需要在该领域加强对用户隐私的保护,该条例将实时通信软件如 WhatsApp、Facebook

---

① See Directive (EU) 2016/1148 of the European Parliament and of the Council of 6 July 2016 concerning measures for a high common level of security of network and information systems across the Union, at https://eur-lex.europa.eu/legal-content/EN/TXT/? uri = CELEX%3A32016L1148&qid = 1619618306063. (Last visited on May 13, 2021).

Messenger 以及 Skype 等都纳入到了政府监管的范围之内，以便促使新兴的通信技术保持同传统通信服务相同的隐私保护水平，受到相同的监管，实现公平竞争。

在适用范围方面，根据该条例第 3 条，《隐私与电子通信条例》适用于下列范围：（1）向欧盟域内的终端用户（end-users in the Union）提供电子通信服务，不管是否需要用户付费；（2）电子通信服务的使用；（3）与位于欧盟域内的终端用户（end-users located in the Union）的终端设备相关的信息的保护。① 前述规定体现出该条例的域外效力，即该条例不仅约束欧盟内部企业，而且约束欧盟域外企业，只要其向欧盟域内的终端用户提供电子通信服务。

（五）《2018/1807 年欧洲议会和理事会条例——关于欧洲联盟非个人数据自由流动的框架》

随着数字化经济的加速发展，信息和通信技术不再是一个特定的部门，而是所有现代创新经济和社会制度的基础，电子数据正是这些制度的核心，在分析或结合服务和产品时可以产生巨大的价值，如人工智能、物联网产品和服务、自主系统和 5G 等。电子数据的价值建立在不同的数据活动之上：数据创建和搜集、数据聚合和组织、数据处理、数据分析、营销、分销和使用。然而，数据处理的有效运作以及数据经济的发展尤其受到数据流动和国内市场两种障碍的阻碍。在欧盟，这体现为成员国制定的数据本地化要求②和私营部门锁定供应商的做法，例如，要求使用在特定成员国境内经认证或批准的技术设施。

为在欧盟境内建立一个公平的竞争环境，消除因国家法律之间的分歧而造成的贸易障碍和竞争扭曲，保障数据服务提供者的权利，2018 年 11

---

① 曹建峰，李金磊. 欧盟《隐私与电子通信条例》草案评述 [J]. 信息安全与通信保密，2017（04）：85-91.

② "数据本地化要求"是指欧盟成员国法律、法规或行政规定中规定的任何义务、禁止、条件、限制或其他要求，或由成员国和受公法管辖的机构的一般和一致的行政惯例产生的任何义务、禁止、条件、限制或其他要求，包括公共采购领域，不受 2014/24/欧盟指令的约束。该指令强制要求在特定成员国境内进行数据处理，或妨碍在任何其他成员国境内进行的数据处理。

月 14 日，欧洲议会和理事会出台了《2018/1807 年欧洲议会和理事会条例——关于欧洲联盟非个人数据自由流动的框架》（以下简称 "2018/1807 号条例"），确立了非个人数据在欧盟内自由流动的原则，强调除非出于公共安全原因并符合相称性原则，否则不可以提出数据本地化要求，限制或禁止非个人数据在欧盟内的自由流动。结合 GDPR 在个人信息数据流动方面的规定，可以说 GDPR 和 2018/1807 号条例提供了一套连贯的规则，以满足不同类型的数据在欧盟境内的自由流动。①

根据 2018/1807 号条例在其序言中的规定，不断扩大的物联网、人工智能和机器学习是非个人数据的主要来源，例如由于它们在自动化工业生产过程中的部署。非个人数据的具体示例包括用于大数据分析的聚合和匿名数据集、有助于监测和优化农药和水使用的精确农业数据，或工业机器维护需求数据。如果技术发展能够将匿名数据转化为个人数据，则此类数据将被视为个人数据，并相应适用 GDPR。2018/1807 号条例第 2 条规定了非个人电子数据处理的范围，包括：（1）向居住在欧盟或在欧盟内设立机构的用户提供服务，而不论服务提供者是否在欧盟内成立；（2）由居住在欧盟或在欧盟内设立机构的自然人或法人为其自身需要而实施。因此，该条例不适用于在欧盟以外进行的数据处理服务以及与此类数据有关的数据本地化要求。另外，对于由个人和非个人数据组成的数据集，2018/1807 号条例适用于数据集的非个人数据部分。如果数据集中的个人和非个人数据存在不可分割的联系，则不影响 GDPR 的适用。

虽然 2018/1807 号条例的宗旨在于促进非个人数据的自由流动，但该条例不影响主管当局根据欧盟或成员国的法律获取数据的权力，其他成员国相关机构也不能以数据在另一成员国处理为理由拒绝主管当局获取数据。在这方面，2018/1807 号条例一方面强调了一国政府机构和符合条例第 2 条规定的数据服务提供者之间的联系，即有义务向主管当局提供数据的自然人或法人可以通过向主管当局提供有效和及时的数据电子存取来履行这类义务，而不论数据是在哪个成员国境内处理的。另一方面，该条例

---

① 吴沈括，霍文新. 欧盟数据治理新指向：《个人数据自由流动框架条例》（提案）研究［J］. 网络空间安全. 2018（03）：31.

也强调了各国政府机构之间应加强合作，其第 7 条规定各成员国应指定一个单一联络点，该联络点应就条例的适用与欧盟委员会和其他成员国的单一联络点进行联络。如果负有提供数据义务的自然人或法人未能履行该义务，主管当局应能依据第 7 条寻求其他成员国主管当局的协助。①

2018/1807 号条例是欧盟为促进数据自由流动，激发数字经济活力做出的一次尝试，力图在各成员国利益与欧盟整体经济发展之间保持平衡。考虑到欧盟各成员国国内法的差异，条例并没有规定具体标准和措施，只是做出了总体规划。并且，其第 9 条规定，在 2019 年 5 月 29 日之前，欧盟委员会应发布关于该条例和 GDPR 相互作用的信息指南，特别是关于由个人和非个人数据组成的数据集的信息；在 2022 年 11 月 29 日之前，欧盟委员会应向欧洲议会、理事会和欧洲经济社会委员会提交一份报告，评估该条例的实施情况。

（六）《关于欧洲网络与信息安全局信息和通信技术的网络安全》条例

2019 年 6 月 27 日，欧洲议会和欧盟理事会第 2019/881 号条例《关于欧洲网络与信息安全局信息和通信技术的网络安全》（EU Cybersecurity Act，以下简称"2019/881 号条例"）正式施行，该条例是欧盟在网络安全治理方面的重要立法。

2019/881 号条例的规定对欧盟网络和信息安全署的职能和任务进行了重新定位，并规定为信息和通信技术（简称为 ICT）等产品创建一个欧洲网络安全认证框架，由合格的评定机构来实施网络安全认证。《条例》还明确规定，合格评定机构是根据国家法律设立的、具有法人资格、独立于其评估的组织或 ICT 产品、ICT 服务或 ICT 流程之外的第三方机构。同时，《条例》明确指定了将欧盟网络和信息安全署作为永久性的欧盟网络安全职能机构，并规定了欧盟网络和信息安全署的任务目标，即采用欧洲网络安全认证系统的框架，以确保欧盟 ICT 产品、ICT 服务或 ICT 流程具有足够的网络安全水平，同时避免欧盟内部市场在网络安全认证计划方面产生

---

① Regulation（EU）2018/1807 of the European Parliament and of the Council of 14 November 2018 on a framework for the free flow of non－personal data in the European Union（Text with EEA relevance.）PE/53/2018/REV/1（OJ L 303，28.11.2018：59-68.）

分歧。欧盟网络和信息安全署执行该《条例》所赋予的各项职权，积极支持成员国、欧盟机构、机构办事处改善网络安全状况，以实现整个欧盟共同一致的网络安全水平。此外，该法前言部分还规定了对于涉及网络安全的跨境事件的处理原则，指出欧盟网络和信息安全署应有助于欧盟范围内对危机和跨境事件作出适应网络安全风险规模的全面反应。①

2019/881 号条例虽然属于欧盟域内适用的法律法规，但是无疑加强了欧盟的网络与信息安全，对于在欧盟域内有经营活动的外国电商企业等主体也会产生约束力，例如外国的电商服务提供者在提供服务方面应符合欧洲网络安全认证框架所要求的网络安全认证标准。

（七）《数字服务法案》《数字市场法案》及《数据治理法案》建议稿

2020 年 2 月，欧盟发布《欧洲数据战略》（A European strategy for data）、《塑造欧洲的数字未来》和《人工智能白皮书》三份文件，集中提出了"技术主权"观念，提出应在科技、规则和价值三方面强化欧盟对网络空间的控制力和主导权，强调在网络关键技术、基础设施领域、规则制定和价值观上确保欧盟的自主性和选择的能力。

2020 年 12 月，欧盟连续出台了《数字服务法案》（The Digital Services Act）、《数字市场法案》（The Digital Markets Act）、《数据治理法案》（Data Governance Act）三部重要立法的建议稿，与之前生效实施的 GDPR 和 2018/1807 号条例共同构成了欧盟最新的数字经济法律体系框架。前述法案将深刻地改变欧盟企业提供和使用数字服务的方式。它不仅影响大型在线平台，而且影响大多数数字服务提供商及其业务用户和客户。

1.《数字服务法案》建议稿

2020 年 12 月 15 日，欧盟委员会公布了《数字服务法案》（The Digital Services Act）建议稿。《数字服务法案》旨在更新和创建一个欧盟范围内的统一框架，以处理非法或潜在有害的在线内容，厘清在线中介机构对第三方内容的责任，以保护网上用户的基本权利，弥合网上中间人与其用户

_____

① 吴沈括，黄伟庆. 欧盟：网络安全治理的"新规划"［N］. 检察日报，2019-08-24.

之间的信息不对称。

《数字服务法案》并不会取代《电子商务指令》，但其在管辖权等方面提出了补充规定。根据《电子商务指令》（the e-Commerce Directive）第 3条，欧盟成员国有义务确保在其管辖范围内设立的信息社会服务提供者（ISS 提供者）遵守国家法律，即使该 ISS 提供者在另一成员国开展业务。但另一方面，这项规定也不允许其他成员国实施更高的标准，即 ISS 提供者只要遵守其设立机构所在国的法律就可以在整个欧盟运作。①《数字服务法案》则在域外管辖权方面作出了补充，其规定与 2016/1148 号指令相似，第 11 条第 1 款规定，在欧盟内未设立机构但在欧盟内提供服务的中介服务提供者，应以书面形式在其提供服务的任一成员国境内指定一名法人或自然人作为其在该成员国的法律代表。该代表将被要求与监管机构合作，包括欧盟委员会（European Commission）和欧洲数字服务理事会（European Board for Digital Services，一个新的泛欧协调小组，将协助协调DSA），并可能对不遵守《数字服务法案》的行为承担责任。②

《数字服务法案》规定，提供数字服务的科技公司不能利用其竞争对手的数据来与其竞争，也不能在自己的平台上优先展示本公司的产品。如果科技公司拒绝遵守这些规定，它们将会承担公司利润 10% 的罚金。不仅如此，多次违规的公司还可能面临被逐出市场的风险。《数字服务法案》直接指向美国几个超大在线平台目前存在的突出问题，比如，内容审核问题、不正当竞争行为等。根据该法案，如果科技巨头的市场主导地位被认为威胁到客户和较小竞争对手的利益，它们将可能被强制要求分拆或出售部分欧洲业务。新法案还对在线社交媒体平台处理非法内容、虚假信息方面的责任和义务作出新的规定，科技公司必须要对用户在其平台上发布的

---

① Directive 2000/31/EC of 8 June 2000 on certain legal aspects of information society services, in particular electronic commerce, in the internal market（Directive on electronic commerce）.

② European Commission. Proposal for a Regulation of the European Parliament and of the council on a Single Market For Digital Services（Digital Services Act）and amending Directive 2000/31/EC [A/OL]. EUR-Lex, 2020-12-15.

内容负责，有责任第一时间删除不合规的信息内容。①

显而易见，《数字服务法案》的监管规则重点针对在欧盟提供数字服务的大型数字服务提供商，即便后者是位于欧盟域外的主体，也应遵守相关规则。例如，该法案明确规定，拥有4500万以上用户的大型在线平台有义务主动审查、处理和及时删除虚假信息、恐怖主义、仇恨言论等非法内容，审查其平台是否存在危险或假冒伪劣的第三方产品，并公开广告商信息和排名信息的算法参数等，违规者将被处以最高达其年营业额6%的罚款。②

2.《数字市场法案》建议稿

2020年12月15日，欧盟委员会公布了《数字市场法案》（The Digital Markets Act）建议稿。《数字市场法案》将强化对互联网巨头的监管，以解决数字市场上的不公平竞争问题。根据该法案第3条，营业额、用户数或市值达到一定规模，且在至少3个欧洲国家提供平台服务的企业被定义为"守门人"。舆论普遍认为，符合这些标准的正是Google、苹果、亚马逊、Facebook等美国互联网科技巨头。根据欧盟此前发布的内部评估报告，这些互联网巨头采取了设置不公平合约条款、收取过多佣金、在平台上优待自营产品等行为，有违公平准则。对此，法案设置了一系列严格的监管规则，违规者将面临最高达年营业额10%的罚款，甚至有被完全禁止进入欧盟市场的风险。③

《数字市场法案》第1条第2款规定，该条例适用于"守门人"向在欧盟内设立的商业用户以及在欧盟内设立或设址的最终用户提供的核心平台服务，无论"守门人"设立或居住地如何，也无论适用服务的法律如何。其中，"商业用户"是指以商业或专业身份使用核心平台服务的任何自然人或法人，其目的是向最终用户提供商品或服务。"最终用户"是指使用核心平台服务的任何自然人或法人，而非商业用户。④ 因此，可以说

---

① 郑治. 欧盟将推出《数字服务法案》遏制美国科技企业不正当竞争［EB/OL］. 央广网，2020-12-14.

② 方莹馨. 欧盟立法强化数字监管［N］. 人民日报，2021-01-05（17）.

③ 方莹馨. 欧盟立法强化数字监管［N］. 人民日报，2021-01-05（17）.

④ European Commission. Proposal for a Regulation Of The European Parliament And Of The Council on contestable and fair markets in the digital sector（Digital Markets Act）［A/OL］. EUR-Lex，2020-12-15.

《数字市场法案》规制对象为核心平台服务，且不再关心服务提供者是否在欧盟域内设立机构等与欧盟的实际联系，将判断重心转移到了接受服务的一方，即商业用户和最终用户，只要接受服务的用户在欧盟域内则该服务将受到《数字市场法案》的规制。

3.《数字治理法案》建议稿

2020年11月25日，欧盟委员会发布了《数据治理法案》（Proposal for a Regulation of The European Parliament and of The Council on European data governance，Data Governance Act）建议稿。欧委会此前已在2020年2月份发布了《欧盟数据战略》（A European strategy for data），该法案与《欧洲数据战略》中宣布的其他倡议有着逻辑和连贯的联系。它旨在促进数据共享，包括通过加强对预期在不同数据空间中使用的数据共享中介的信任。它并不旨在授予、修改或取消访问和使用数据的实质性权利。这类措施是为《潜在数据法案》（2021年）设想的。① 《数字治理法案》建议稿内容共计八章，通过有关规定增强公民和企业对数据的掌控力度和信任程度，提高数据可用性，支持在战略领域建立和发展欧洲共同的数据空间，涉及私人和公共参与者，具体包括健康、环境、能源、农业、流动性、金融、制造业、公共管理等领域。

《数字治理法案》建议稿的有些规定可能涉及对数据共享提供者的域外效力，例如，为增加对共享个人和非个人数据的信任，并降低与B2B（business to business）和C2B（customer to business）数据共享相关的交易成本，其第10条第3款规定，未在欧盟内设立但在欧盟内提供第9条第1款所述服务的数据共享服务提供者，应在提供这些服务的一个成员国任命一名法律代表。数据共享提供者应被视为受该法律代表所在的欧盟成员国的管辖。②

---

① COM/2020/66 final.

② European Commission. Proposal for a Regulation of the European Parliament and of the council on European data governance（Data Governance Act）[A/OL]. EUR‑Lex，2020‑11‑25.

第六章 中国对他国在网络空间治理方面过度主张国内法域外效力的应对措施思考

互联网技术的发展以及计算机技术的普及，给法律适用的传统原则带来了新挑战。国家在无边界性、开放性的网络空间过度主张国内法的域外效力很容易引发与其他国家之间的国际争端或冲突。美国作为互联网技术最为发达的国家之一，在立法、司法乃至行政实践中向来热衷于将其管辖权延伸到互联网领域。从民事司法实践来看，20 世纪以来，美国起源于解决州际问题的长臂管辖权，已逐渐从主要用以处理其国内的州际案件的规则，演变为强调其国外效力，据以实施域外管辖的一般性手段，美国对世界各国适用长臂管辖权的案件数量呈不断上升的趋势。根据肖永平教授对 WESTLAW 等美国法律数据库的统计数据，2019 年至 2000 年期间，美国法院受理的涉中国的"长臂管辖权"案例大约 417 件。[①] 在涉及网络关键基础设施的生产、软件开发、利用及相关的出口或转口贸易等领域，美国也越来越多地对中国企业行使长臂管辖或域外管辖，通过适用其出口管制、经济制裁等方面的国内法等方式，限制中国企业的生产、贸易等活动。

近年来，在中美贸易战的背景下，滥用单边制裁更是成为美国掣肘中国发展的一个重要工具。特别是在美国全方位封锁制裁伊朗的情况下，从伊朗问题入手对中国相关企业，特别是电信企业进行制裁，成为美国在网

---

① 肖永平．"长臂管辖权"的法理分析与对策研究［J］．中国法学，2019（06）：39-65.

络空间打压中国有关竞争对手的重要手段。2019 年 5 月，美国将华为及其 68 家非美国子公司列入 2019 年 5 月 16 日生效的实体清单（Entity List）中，认为华为参与了危害美国国家安全和外交政策利益的活动。2019 年 6 月 21 日，美国商务部又将中科曙光及其下属三家公司和无锡江南计算技术研究所列入实体清单，禁止上述五家实体机构从美国供应商采购零部件。① 2019 年 8 月，美国又将中国的 44 家企业纳入了其出口管制的名单之中，对这些企业实施技术封锁；2019 年 10 月 8 日，美国进一步将 28 家中国企业列入实体名单，其中有 6 家是高科技企业；2020 年 5 月 23 日，美国商务部宣布，将共计 33 家中国公司及机构列入"实体清单"，其中包括北京计算机科学研究中心、奇虎 360、云从科技等科技企业或机构；2020 年 6 月 24 日，美国国防部又公布了一份"中国军方拥有、控制或有联系"的公司清单，包括华为、海康威视在内的 20 家中国高科技企业。截至 2020 年 8 月底，先后已经有 186 家中国企业被美国当局纳入"实体清单"予以制裁。② 可见，美国近年来十分热衷于通过不当主张其国内法的域外效力，以将中国有关企业列入黑名单的方式（实体清单、军事清单）不断发起法律战，以维护以美国为核心的全球产业链与价值链。

总体来看，美国近年来主张其有关国内法的域外效力的动机已经日益泛化。除了声称维护其日益泛化的国家安全之外，美国还将人权、民主、反贪、环保、打击跨国犯罪等因素纳入其中。据不完全统计，自 2009 年到 2017 年，美国通过行使长臂管辖权仅从欧洲就攫取了高达 1900 亿美元的罚款，并获取了大量企业的数据，一些遭到美国长臂管辖制裁的著名企业，如法国的阿尔斯通等，最终倒闭，并被美国企业所收购。③ 面对美国的霸凌主义做法，为了维护自身的主权独立和司法尊严，被制裁或受到波

① 环球时报. 美国出手剑指中国超算［EB/OL］. 新浪网，2019-06-22.
② 维科网. 美国又将 24 家中国企业列入"实体清单"至今已有 186 家中国企业被制裁［EB/OL］. 维科网，2020-08-27.
③ 陈文玲. 美国掠夺世界财富的经济武器与运作密码［J］. 人民论坛·学术前沿，2020（06）：62-75.

及的国家通常也会积极采取措施予以反制。①

在域外管辖问题上，我们应当基于国际法规则坚持以下立场：首先，应坚持各国均不应针对其他国家滥用管辖权，不恶意采用域外管辖干涉他国的内政；其次，承认国际法并不禁止各国合理、适度的域外管辖权；第三，反对和抵制任何国家根据其国内法对中国的企业或个人滥用域外管辖。2017 年 7 月 14 日，在中国外交部例行记者会上，针对"特朗普政府可能会在未来几周内宣布对中国小型银行和与朝鲜有生意往来的公司实施新制裁"这一问题，中方发言人表示，中方一贯全面、准确、认真、严格地执行联合国安理会有关涉朝决议。同时，中方反对在安理会框架外实施单边制裁，尤其反对其他国家根据自己的国内法实施所谓"长臂管辖"。②

针对美国滥用域外管辖损害中国实体和个人正当利益的行径，积极探索在立法、司法、行政等国内层面，乃至于在双边或多边协商的国际层面采取有效的应对措施，在当前十分必要。

一、制定阻断或阻却法令

从国际实践来看，面对他国滥用长臂管辖的行为，受害国采取的典型对策之一是采取制定阻断法令或阻却法令（blocking statutes）的方式进行反制。"为了反制美国的'长臂管辖权'，欧盟、加拿大、墨西哥和阿根廷均制定了'阻断法'，规定本国企业不必遵守美国对其他国家的单边制裁"。③

（一）阻断法令的界定及其表现形式

阻断法令最初是被一些国家用来作为反击美国反托拉斯法的域外适用的法律。随着国际经济制裁不断增多，阻断法令的适用范围也不断扩大，

---

① 徐飞彪. 美长臂管辖的起源、扩张及应对 [J]. 中国外汇，2019，(14)：32-35.

② 徐超，单超. 美对我滥用"长臂管辖"及其应对 [J]. 世界社会主义研究，2017，2 (06)：38-42，95.

③ 肖永平. "长臂管辖权"的法理分析与对策研究 [J]. 中国法学，2019 (06)：39-65.

并被广泛使用于抵制域外经济制裁领域。欧盟于 1996 年通过了《反对第三国立法域外适用的条例》（简称《阻断条例》），该条例规定了全面的阻断外国法律域外适用的各项制度措施，因而使其成为国际社会阻断法令的典范。①

阻断法令主要是针对他国推行的次级制裁措施。如前所述，一级制裁措施是禁止本国人与目标国进行贸易往来，次级制裁措施则是禁止第三国与一级制裁下的被制裁国从事贸易活动。次级制裁措施将制裁范围扩张到了与原目标国有经济往来的第三方国家，因而被称为"域外适用的经济制裁"。②

从立法模式来看，阻断立法大致分为两种，一种是专门制定的阻断立法，即针对特定国家的具有域外管辖性质的特定立法制定阻断立法，例如加拿大、欧盟针对美国的域外经济制裁的立法而制定的阻断法令；另一种是散见于有关司法协助的国内立法之中的阻断立法，这种模式的立法未指明所针对的特定国家，而是规定具体的原则，如公共秩序保留等原则等，以此作为拒绝协助他国提出的送达、取证请求，或者拒绝承认他国法院判决的依据。此类立法往往缺乏系统性，例如，缺乏有关报告制度、调查制度、豁免制度、追偿制度、禁止遵守制度等方面的规定。

阻断法令一般包括四种禁止规范，其一是对执行外国政府命令的禁止；其二是对执行外国法院判决的禁止；其三是对向外国法院提供证据或信息的禁止；其四是为受到外国制裁的本国公司提供补偿等。前述形式的禁止规范在英国 1983 年的《贸易利益保护法》、澳大利亚 1984 年的《外国诉讼程序（过分管辖权）法》和加拿大 1985 年的《外国域外管辖措施法》等立法的规定中均有所体现。③

美国政府要求美国公司的外国子公司遵守美国对第三国的制裁或出口限制，允许美国企业和个人在美国国内法院起诉外国公司使用他国征收的

---

① 何波. 欧盟阻断法令情况及对中国的启示 [J]. 国际贸易，2019，（10）：90-96.
② 何波. 欧盟阻断法令情况及对中国的启示 [J]. 国际贸易，2019，（10）：90-96.
③ 杜涛. 论反垄断跨国民事诉讼中域外管辖权和域外适用问题的区分 [J]. 国际经济法学刊，2019（01）：72-84.

美国企业或个人财产，将美国的反垄断法和国家安全法适用于外国人在美国境外实施的、对美国市场造成影响的行为。这些滥用域外管辖权的做法招致许多国家的强烈反对，相关国家不仅多次对美国提出抗议，还在实践中通过制定阻断法令的方式对美国进行反制。例如，为了应对美国制定的《达马托法案》《赫尔姆斯-伯顿法案》等滥用域外管辖权的法案，欧盟于1996年颁布了第"2271/96"号条例，该条例全称为《反对第三国立法域外适用的条例》（Protecting Against the Effects of the Extra-Territorial Application of Legislation Adopted by a Third Country）。在1997年的"道达尔公司案"中，伊朗国家石油公司与法国道达尔石油公司签订了一项价值20亿美元的天然气合同，美国政府表示将依照《达马托法案》对道达尔公司进行调查，法国和欧盟则明确表示，美国依据《达马托法案》对道尔达公司进行的制裁是非法的、不能承认和接受的。① 直到1998年欧美双方达成相互妥协的协议——《跨大西洋政治合作伙伴关系》和《关于加强投资保护的纪律的谅解》，美国承诺限制《达马托法案》《赫尔姆斯-伯顿法案》的某些条款对欧盟企业的适用，欧盟也同意《反对第三国立法域外适用的条例》搁置的适用，双方因美国的这两部长臂管辖法案引发的冲突才告一段落。直至2018年特朗普政府退出了《伊核协议》，并全面启动对伊朗的制裁后，欧盟才宣布《反对第三国立法域外适用的条例》自2018年8月起生效，以保护欧盟自身和有关企业的正当利益。②

法国为反制美国滥用域外管辖的做法，也曾专门制定反制性阻断立法。1980年，为了阻止美国针对法国航运公司的反垄断调查，法国出台了专门的《封阻法令》，该法令第1条规定，在没有法国法院命令的情况下，禁止任何法国个人出于提交证据的目的，向境外司法或行政机关披露关于经济、商业、工业、金融、技术方面的信息。③

此外，俄罗斯也曾为应对美国对其不断升级的金融与贸易制裁，出台

---

① 何波. 欧盟阻断法令情况及对中国的启示 [J]. 国际贸易, 2019, (10)：93.
② 何波. 欧盟阻断法令情况及对中国的启示 [J]. 国际贸易, 2019, (10)：91.
③ 洪延青. "法律战"旋涡中的执法跨境调取数据：以美国、欧盟和中国为例 [J]. 环球法律评论, 2021, 43 (01)：41.

了多项反制裁法，其中比较典型的是 2018 年 6 月生效的《关于影响（反制）美国和其他国家不友好行为的措施》，该法主要是针对美国和其他对俄罗斯、俄公民和法人采取不友好措施的国家以及参与对俄制裁且受上述国家直接或间接控制的机构、法人和公民，授权政府在总统许可的情况下使用终止或暂停国际合作，禁止或限制产品、原料进出口（俄罗斯和其他国家不生产的生活必需品以及公民自用品除外），禁止或限制不友好机构参与俄政府采购项目和国有资产私有化进程等手段来反制不友好国家。①

（二）中国现有的有关对他国不当的域外管辖活动实施阻断的国内立法或司法解释

针对他国不当的域外管辖活动，中国具有阻断性质的立法大致可以分为两类，一类是一般性立法中包含的具有阻断性质的条款，另一类是专门性的阻断立法。

1. 含有具有阻断性质条款的一般性立法

对于境外主体在我国境内从事未经许可的调查、取证，或基于其不当的域外管辖案件向我国提出承认或执行相关判决的司法协助请求，我国既有的一些一般性立法或司法解释中具有阻断性质的规定，往往可以作为实施阻断措施的法律依据，如《中华人民共和国民事诉讼法》（以下简称《民事诉讼法》）《国际刑事司法协助法》《最高人民法院关于执行〈中华人民共和国刑事诉讼法〉若干问题的解释》《中华人民共和国证券法》（以下简称《证券法》）等。

对于外国法院提出的民事或刑事司法协助请求，中国《民事诉讼法》和《最高人民法院关于执行〈中华人民共和国刑事诉讼法〉若干问题的解释》中都规定，外国法院请求协助的事项有损于中华人民共和国的主权、安全或者社会公共利益的，人民法院不予执行。②

---

① 王修君. 普京签署反制裁法总统有权中断与不友好国家关系［EB/OL］. 中国新闻网，2018-06-05.

② 参见：《最高人民法院关于执行〈中华人民共和国刑事诉讼法〉若干问题的解释》第 408 条；《民事诉讼法》第 276 条.

在阻断境外主体在我国境内从事未经许可的刑事诉讼活动方面，2018
年10月修订通过的中国《国际刑事司法协助法》第4条的规定，国际刑
事司法协助不得损害中国主权、安全和社会公共利益，非经主管机关同
意，外国机构、组织和个人不得在我国境内进行本法规定的刑事诉讼活
动，中国境内的机构、组织和个人不得向外国提供证据材料和本法规定的
协助。

在阻断他国在我国境内进行未经许可的调查取证方面，我国《证券
法》规定，境外证券监督管理机构不得在中国境内直接进行调查取证等活
动。未经国务院证券监督管理机构和国务院有关主管部门同意，任何单位
和个人不得擅自向境外提供与证券业务活动有关的文件和资料。①

2. 中国制定的专门性阻断立法——《阻断外国法律与措施不当域外适
用办法》

中国商务部于2021年1月6日颁布了《阻断外国法律与措施不当域外
适用办法》（以下简称《阻断办法》），这一部门规章重点强调了对于外
国所推行的其国内法律与措施的"不当域外适用"，以及中国应如何采取
必要的反制措施。

《阻断办法》第2条规定了其适用范围，即该法适用于外国法律与措
施的域外适用违反国际法和国际关系基本准则，不当禁止或者限制中国公
民、法人或者其他组织与第三国（地区）及其公民、法人或者其他组织进
行正常的经贸及相关活动的情形。

《阻断办法》第4条规定了阻断外国法律与措施不当域外适用的决策
机制，即建立由中央国家机关有关部门参加的工作机制（以下简称"工作
机制"），负责外国法律与措施不当域外适用的应对工作。"工作机制"由
国务院商务主管部门牵头，具体事宜由国务院商务主管部门、发展改革部
门会同其他有关部门负责。②

《阻断办法》第6条规定了第2条所指的不当域外适用情形的评估标

① 参见：《中华人民共和国证券法》（2019修订）第177条.
② 参见：《阻断外国法律与措施不当域外适用办法》第4条.

准。依法成立的"工作机制"在对域外适用本法时，可以根据该条规定来判定是否存在外国法律与措施不当适用的情形："（一）是否违反国际法和国际关系基本准则；（二）对中国国家主权、安全、发展利益可能产生的影响；（三）对中国公民、法人或者其他组织合法权益可能产生的影响；（四）其他应当考虑的因素。"①

《阻断办法》第7条规定了中国主管部门可以直接采取的反制或阻断措施，即经"工作机制"评估，确认有关外国法律与措施存在不当域外适用情形的，可以决定由国务院商务主管部门发布不得承认、不得执行、不得遵守有关外国法律与措施的禁令。②

对于因外国法律或措施的不当域外适用遭受损失的个人、企业或其他组织，《阻断办法》第9条规定了中国公民、法人或者其他组织可以依法启动的反制或阻断措施。当事人遵守禁令范围内的外国法律与措施，侵害中国公民、法人或者其他组织合法权益的，中国公民、法人或者其他组织可以依法向人民法院提起诉讼，要求该当事人赔偿损失；但是，当事人依照本办法第8条规定获得豁免的除外。根据禁令范围内的外国法律作出的判决、裁定致使中国公民、法人或者其他组织遭受损失的，中国公民、法人或者其他组织可以依法向人民法院提起诉讼，要求在该判决、裁定中获益的当事人赔偿损失。前述当事人拒绝履行人民法院生效的判决、裁定的，中国公民、法人或者其他组织可以依法申请人民法院强制执行。③《阻断办法》还规定，我国企业在遭遇外国基于不当域外法律适用而禁止或者限制其与第三国正常贸易活动的情况下应向中国主管部门报告，从而有利于我国及时采取必要的阻断措施，以更积极地保护我国企业合法权益。

根据《阻断办法》的规定，在应对第三国对我国实体进行不正当限制方面，我国主管部门既可以防范于未然进行前期阻断，也可以补救于事后，给受损企业提供有关的后期救济。《阻断办法》的公布有助于我国加

---

① 参见：《阻断外国法律与措施不当域外适用办法》第6条.
② 参见：《阻断外国法律与措施不当域外适用办法》第7条.
③ 参见：《阻断外国法律与措施不当域外适用办法》第9条.

速整合、完善和发展对外贸易管理法律制度，实现对外贸易法律制度具有一定域外效力的战略性转变。① 但另一方面，《阻断办法》仍然存在某些局限性，从《阻断办法》第2条的规定来看，其适用范围似乎局限于外国对中国实体不当实施"次级制裁"的情形。② 有学者认为，《阻断办法》的规定目前尚不能对美国证据开示程序的域外适用产生有效的阻断，其适用范围是存在限制的。例如，面对美国法院在民商事纠纷中作出的证据开示命令，中国主管部门很难依据《阻断办法》的规定作出禁令，中国银行也难以依据《阻断办法》就其损失进行追偿。③

3. 中国制定的专门性阻断立法——《不可靠实体清单规定》

中国商务部2020年9月19日公布的《不可靠实体清单规定》既是一部中国适当主张国内法域外效力，具有域外适用性质的行政规章，同时也包含了对外国法不当域外适用的阻断条款。

《不可靠实体清单规定》指出，为了维护国家主权、安全、发展利益，维护公平、自由的国际经贸秩序，保护中国企业、其他组织或者个人的合法权益，国家建立不可靠实体清单制度，对外国实体在国际经贸及相关活动中的下列行为采取相应措施："（一）危害中国国家主权、安全、发展利益；（二）违反正常的市场交易原则，中断与中国企业、其他组织或者个人的正常交易，或者对中国企业、其他组织或者个人采取歧视性措施，严重损害中国企业、其他组织或者个人合法权益。"④

为贯彻实施这一制度，《不可靠实体清单规定》提出，国家建立中央国家机关有关部门参加的工作机制（以下简称"工作机制"），负责不可靠实体清单制度的组织实施，其办公室设在国务院商务主管部门。工作机制依职权或者根据有关方面的建议、举报，决定是否对有关外国实体的行

① 沈伟. 中美贸易摩擦中的法律战——从不可靠实体清单制度到阻断办法[J]. 比较法研究，2021（01）：180-200.
② 商务部. 保护正当合法权益维护国际经贸秩序——权威专家就《阻断外国法律与措施不当域外适用办法》答记者问[EB/OL]. 中国商务部网站，2021-01-09.
③ 刘桂强. 我国民商事域外取证的司法实践：现状、问题与对策[J]. 武大国际法评论，2021，5（01）：92-113.
④ 参见：《不可靠实体清单规定》第1条、第2条.

为进行调查。工作机制根据调查结果，综合考虑以下因素，作出是否将有关外国实体列入不可靠实体清单的决定，并予以公告："（一）对中国国家主权、安全、发展利益的危害程度；（二）对中国企业、其他组织或者个人合法权益的损害程度；（三）是否符合国际通行经贸规则；（四）其他应当考虑的因素。"①

工作机制一方面可以在将有关外国实体列入不可靠实体清单的公告中提示与该外国实体进行交易的风险，并可以明确该外国实体改正其行为的期限。另一方面，工作机制可以决定对有关外国实体采取下列一项或者多项限制措施："（一）限制或者禁止其从事与中国有关的进出口活动；（二）限制或者禁止其在中国境内投资；（三）限制或者禁止其相关人员、交通运输工具等入境；（四）限制或者取消其相关人员在中国境内工作许可、停留或者居留资格；　（五）根据情节轻重给予相应数额的罚款；（六）其他必要的措施。"工作机制在公告中明确了有关外国实体改正期限，在改正期限内暂不实施限制，在该有关外国实体逾期不改正其行为的情况下，才对其采取前述处理措施。② 从前述规定来看，如果外国实体遵循外国立法、司法、行政当局的单边经济制裁法令或指令，违反正常的市场交易原则，中断与企业、其他组织或者个人的政策交易，损害后者的正当利益的，则中方工作机制有权援引《不可靠实体清单规定》实施限制措施，可见，前述规定具有对外国不当主张其国内法域外效力的阻断性质。

《不可靠实体清单规定》还规定了豁免对有关外国实体采取限制措施的条件，有关外国实体被限制或者禁止从事与中国有关的进出口活动，中国企业、其他组织或者个人在特殊情况下确需与该外国实体进行交易的，可向工作机制办公室提出申请，经同意后可以与该外国实体进行相应的交易。③

理论上，有关外国实体被纳入不可靠实体清单并非永久性的。《不可

---

① 参见：《不可靠实体清单规定》第 4 条、第 5 条.
② 参见：《不可靠实体清单规定》第 9-11 条.
③ 参见：《不可靠实体清单规定》第 12 条.

靠实体清单规定》规定了工作机制将有关外国实体移出不可靠实体清单的两种情形：其一是工作机制主动移出，即有关外国实体在公告明确的改正期限内改正其行为并采取措施消除行为后果的，工作机制应当作出决定，将其移出不可靠实体清单；其二是应申请而移出，即有关外国实体可以申请将其移出不可靠实体清单，工作机制根据实际情况决定是否将其移出。自将有关外国实体移出不可靠实体清单的决定公告发布之日起，对其采取的处理措施停止实施。①

有学者指出，《阻断外国法律与措施不当域外适用办法》实施后，加上 2020 年 9 月 19 日公布的《不可靠实体清单规定》和 2020 年 10 月 17 日通过的《中华人民共和国出口管制法》，中国通过国内法反制境外经济制裁的法律制度基本成型。②

（三）中国在网络空间制定、完善阻断立法时应重点考虑的问题

鉴于美国滥用的长臂管辖权行为已经严重侵犯了相关国家的国家主权和司法独立，违背了国际社会公认的一些基本原则，因而受到包括欧盟国家在内的多数国家的反对和抵制，后者通过制定阻断法令对美国予以反制的做法也对中国采取类似措施具有一定的借鉴意义。

1. 应注重阻断立法的针对性

既然阻断立法属于对抗性的立法，那么，在制定阻断立法时首先应当明确他国在涉及网络空间的哪些方面较多地对中国企业或自然人主体行使长臂管辖（或实施域外管辖），并有针对性地制定相应的阻断立法。

（1）基于案例研究把握其他国家倾向于过度行使长臂管辖权的具体领域

中国应当结合其他国家的立法、司法、行政活动的实践，加强对现有案例的分析，研究美国等其他国家过度行使长臂管辖权的具体领域，分析

---

① 参见：《不可靠实体清单规定》第 13 条.

② 商舒. 中国域外规制体系的建构挑战与架构重点——兼论《阻断外国法律与措施不当域外适用办法》[J]. 国际法研究，2021（02）：63-80.

及其消极影响，并制定有针对性的应对方案。

1）美国在诉讼程序中强令中资银行提供中国境内客户信息案

2019 年 3 月 18 日，美国哥伦比亚特区联邦地区法院首席法官贝丽尔·豪威尔就大陪审团是否可以向在美的中资银行发出传票要求其提供银行记录配合刑事调查的事项做出裁决，要求三家中资银行遵守大陪审团的传票，就美国执法机构对一家香港公司涉嫌违反美国制裁朝鲜相关法令的调查提供银行记录。豪威尔法官明确指出，哥伦比亚地区法院对这三家银行有司法管辖权：其中两家银行在美国注册成立分行时已经认可了美国的司法管辖权；即便这些银行从未同意，其使用美国银行系统的服务也满足了美国法院在行使司法管辖权时考虑的"与美国有最低限度接触"的要求。① 哥伦比亚特区联邦地区法院认定三家中资银行未遵守法院的命令提供美国检方要求调取的有关客户在中国境内的银行记录信息，构成藐视法庭行为，并处以每日 5 万美元罚款。被处罚的中国银行提出上诉，强调根据中国的银行保密规定和其他法律规定，美方在刑事调查时要求中国的银行提供客户记录应通过中美之间的刑事司法互助协定渠道进行。② 2019 年 7 月底，美国华盛顿联邦上诉法院裁定驳回三家中资银行提起的上诉，维持了联邦地区法院对中国三家银行作出的藐视法庭认定以及开出的巨额罚款。法院还特别提及其中一家银行，表示若一直拒不接受调查，则美国司法部长或财政部长有权禁止其使用美国金融系统。这一裁决表明，美国司法系统在今后的刑事调查中可能会依据"最低限度联系"，直接要求美国境内的中国企业配合美方执法，提供中国境内的有关客户信息，而不是通过与中国执法部门的司法协助解决问题，从而与中国的属地管辖发生冲突。对此，中国银行业协会首席法律顾问认为，美国法院未经中国政府相关主管机关同意，仅仅依据其国内法，就判决中资银行向美国案件原告直接提供受到中国法律严格保护的中国境内机构的客户信息，属于典型的对

---

① 刘相文、王德昌、王晶涛等. 美国法院判令：中资银行不得援引国内法拒绝提供交易信息［EB/OL］. 中伦网站，2019-05-20.

② 万邦法律. 美国联邦上诉法院维持了对中国三银行巨额罚款！［EB/OL］. 万邦法律网，2019-08-05.

中资银行行使长臂管辖权，明显违反《商业银行法》《民事诉讼法》《国际刑事司法协助法》等一系列中国法律相关规定。根据上述法律，中资银行依法不履行美国法院的判决。但中国的跨国企业和机构面临的困境是，在中国司法体系中，如果配合美国调查而违反中国法律，那么可能难以避免有关主管部门的行政处罚。①

2）美国滥用域外管辖，以国家安全为借口持续打压华为技术有限公司事件

2018 年 5 月 15 日，美国商务部称，将把华为技术有限公司及 70 家关联企业列入"实体清单"。今后如果没有美国政府的批准，华为将无法向美国企业购买元器件。时任美国总统特朗普认为，该决定将"防止外国实体以可能损害美国国家安全或外交政策利益的方式使用美国科技"。2020 年 5 月 15 日，美国商务部发布声明称，全面限制华为技术有限公司购买采用美国软件和技术生产的半导体，包括那些处于美国以外，但被列为美国商务管制清单中的生产设备，在为华为技术有限公司及其子公司海思半导体有限公司生产代工前，都需要获得美国政府的许可证，并宣布为前述禁令的实施设定 120 天的缓冲期。2020 年 9 月 15 日，美国政府的前述禁令因缓冲期限届满而正式生效。此外，美国联邦通讯委员会还设立了 10 亿美元基金，补贴运营商们限期"撤换"掉华为技术有限公司的设备。美国政府倾国家之力，在缺乏证据的情况下，以所谓的国家安全为借口，全力打压华为技术有限公司的做法，反映出其为片面追求自身利益而无视国际义务，过度主张国内法的域外效力，滥用域外管辖的霸凌心态。

2019 年 5 月 15 日，特朗普签署了《确保信息通信技术与服务供应链安全》行政令（Executive Order on Securing the Information and Communications Technology and Services Supply Chain），美国商务部次日即依据该法令，以华为手机和 5G 技术严重威胁美国科技网络安全为由，"将华为及其在全

---

① 凤凰网港股．美国长臂管辖存在争议，关注长期矛盾和隐忧［EB/OL］．凤凰网，2019-06-28.

球的 69 家公司列入出口管制'实体名单'"①,以实质上施行通信设备和服务领域的"去中国化"行动。该行政令的合法性依据源自美国的《国际紧急经济权力法》和《国家紧急状态法》,上述法案授权总统在宣布国家紧急状态后采取经济制裁,以应对外国的异常威胁。②

美国政府对华为技术有限公司的制裁案显示出美国在网络空间方面行使域外管辖的新形式,有别于传统的域外管辖偏重于司法管辖范畴,经由法院审理、裁判并予以施行,如今美国在网络空间的域外管辖已呈现出"提前化"的特征,由事后的司法活动规制提前至事中甚至事前由行政机关介入或实施。在前述对华为技术有限公司的制裁案中,《确保信息通信技术与服务供应链安全》的制定与适用几乎是为华为技术有限公司等中国公司量身打造,具有很强的针对性,被制裁的对象企业也因此缺乏合理预见或调整的时间。

3)美国以人权为借口将海康威视等企业列入"实体清单"事件

美国商务部于 2019 年 10 月 7 日以人权为借口,将 28 家中国地方政府机构和中国企业列入出口管制的"实体清单",禁止这些实体购买美国产品和技术。③ 除部分中国地方政府部门外,此次被制裁的企业包括海康威视、科大讯飞等 8 家聚焦人工智能、机器学习和电子监控领域的中国公司。其中,海康威视是全球最大的视频监控设备制造商,拥有大规模的面部识别技术。美国商务部表示,这些新列入黑名单的企业存在所谓的使用高科技手段对特定群体实施监控,从而涉及"侵犯人权"的行为。美国此次调查依据的是 1962 年的《贸易扩张法》中的第 232 条"保障国家安全"条款。该条款规定,如果最终认定进口产品对美国国家安全造成威胁,总统具有对有关进口产品采取限制措施的决定权。

---

① *See* The Bureau of Industry and Security, Department of Commerce, "Addition of Entities to the Entity List", 84 FR 22961, Filed 5-16-19.

② 薛天赐. 论美国经济制裁中的总统权力边界 [J]. 政法论丛, 2020 (02): 102-112.

③ 商务部新闻办公室. 商务部新闻发言人就美商务部将 28 家中国实体列入出口管制 "实体清单"发表谈话 [EB/OL]. 商务部网站, 2019-10-08.

4）美国对 Tiktok（抖音国际版）采取封禁措施案

TikTok 是中国字节跳动公司旗下的短视频平台，其在北美上市后，快速席卷了北美的短视频市场。2020 年 7 月 31 日，特朗普施压字节跳动公司出售 TikTok 美国业务，否则可能封杀这一应用。2020 年 8 月 6 日，特朗普签署行政命令，称 TikTok 对美国国家安全构成威胁，将在 45 天后禁止任何美国个人或实体与 TikTok 及其母公司字节跳动进行任何交易。8 月 14 日，特朗普再签行政令，强令 TikTok 的中国母公司北京字节跳动科技有限公司在 90 天内出售或剥离 TikTok 在美国运营的所有权益。① 2020 年 9 月 18 日，美国商务部在《联邦公告》上发布了《明确禁止性交易以执行 13942 号行政命令并解决 TikTok 构成的威胁和涉及信息、通信技术与服务供应链的国家紧急情况》（Identification of Prohibited Transactions to Implement Executive Order 13942 and Address the Threat Posed by TikTok and the National Emergency with Respect to the Information and Communications Technology and Services Supply Chain）和《明确禁止性交易以执行 13943 号行政命令并解决微信构成的威胁和涉及信息、通信技术与服务供应链的国家紧急情况》（Identification of Prohibited Transactions to Implement Executive Order 13943 and Address the Threat Posed by WeChat and the National Emergency with Respect to the Information and Communications Technology and Services Supply Chain）两项细则，以落实特朗普于 8 月 6 日颁布的有关禁止 TikTok、微信相关交易的行政命令，② 前述细则指出，自 9 月 20 日开始，WeChat（微信）和 TikTok 从美国所有应用商店下架并不再更新，对微信支付亦同步封禁。美国政府认为，尽管 TikTok 将美国用户的数据存储在美国和新加坡，而不是中国的服务器中，但其服务条款规定，该公司可能与其母公司、子公司或其他关联公司共享信息。旧版本的 TikTok 隐私政策警告用户，如果法律要求，它可以与中国企业、执法机构和公共当局交换信息。因此，美

---

① 冯硕. TikTok 被禁中的数据博弈与法律回应［J］. 东方法学，2021（01）：74-89.
② 蔡开明，陈怡菁，傅潇蕾等. 美国商务部公布 TikTok 及微信禁令细则的启示［EB/OL］. 新浪微博，2020-09-24.

国政府主张，TikTok 对个人隐私和用户数据的保护不符合美国法律的要求，进而有可能危害美国的国家安全。TikTok 则表示，所有 TikTok 美国用户的数据被保存在位于弗吉尼亚的美国服务器上，其备份是在与美国关系紧密的新加坡。对于公司内部接触用户数据的权限和程序，TikTok 制定了极为严格的标准，完全达到甚至高于其他美国社交媒体企业的标准，并强调 TikTok 绝不会将任何用户数据提供给中国政府。

被美国政府宣布封禁后，TikTok 在美国哥伦比亚特区联邦地区法院提起诉讼，挑战美国政府禁令在美国国内法上的合法性。2020 年 9 月 27 日，美国哥伦比亚特区联邦地区法院裁决，暂缓实施美国政府关于将 TikTok 从美国移动应用商店下架的行政命令。2020 年 11 月 12 日，美国商务部决定暂不执行 TikTok 禁令，以遵守联邦法院做出的判决，等待进一步的法律进展。①

从前述的 Tiktok（抖音国际版）封禁案来看，美国政府制裁 TikTok 的法律依据，主要来自两个方面：其一是《国际紧急经济权力法》，其二则是美国外国投资委员会（"The Committee on Foreign Investment in the United States"，也被简称为"CFIUS"）的调查与决策。对于第一个法律依据，由于比泰斯特法官认为，政府的行为"对'信息顺畅交流'构成了威胁"，② 因此禁令行为可能超出了政府在《国际紧急经济权力法》下的权力，并就此决定暂缓实施 TikTok 禁令，故《国际紧急经济权力法》在 Tiktok 封禁案中所发挥的效用实质上非常短暂且有限。Tiktok 封禁主要与第二项法律依据即美国外国投资委员会（CFIUS）的调查与决策有关。美国外国投资委员会（CFIUS）的管辖依据主要系"敏感的个人数据"③ 条

---

① 许缘，高攀. 美法院裁决暂缓实施 Tik Tok 下架行政令［EB／OL］. 新华社，2020-09-28.

② 陈思佳. 又有美国法官叫停 Tik Tok［DB／OL］. 观察者网，2020-10-31.

③ 涉及关键技术、关键基础设施和敏感个人数据行业的交易（合称"TID 美国业务"），只要符合以下条件，即使该等交易是非控制性的，也将纳入 CFIUS 审查：（1）通过相关投资取得美国企业重大非公开技术信息的访问权限；（2）拥有美国企业董事会或其他管理机构的人事任免权或观察员席位；（3）在被投资的美国企业中，就 TID 美国业务具有实质性决策权。

款。虽然北京字节跳动科技有限公司是一家中国私营企业性质的公司，其
收购的 MusicaL. ly 亦是一家中国私营企业性质的公司，从形式上看，这与
所谓"美国国家安全"并无联系；但从实质上看，由于后者的应用服务中
纳入了大量的美国公民信息，跨越多个年龄阶层，包括低龄儿童等，故根
据"涉及关键技术、关键基础设施和敏感个人数据行业的交易……即使该
等交易是非控制性的，也将纳入美国外国投资委员会（CFIUS）审查"①
（即涉及前述的"敏感的个人数据"），CFIUS 主张其对此享有管辖权。针
对美国通过前述禁令无理打压中资互联网企业的做法，中国外交部发言人
指出，美方泛化国家安全概念，在缺乏任何证据的情况下对有关企业作
"有罪推定"并发出威胁的做法，违背了市场经济原则，也违反了世贸组
织开放、透明、非歧视原则，中方对此坚决反对。②

关于美国外国投资委员会的职能定位，美国财政部助理部长托马斯·
费多于 2020 年 7 月 15 日在有关美国外国投资委员会发展前景会议上的发
言中指出："作为负责投资安全的助理部长，我的工作重点特别放在美国
外国投资委员会身上。2018 年颁布的《外国投资风险评估现代化法案》
（使我们）可以更好地领导美国外国投资委员会。美国外国投资委员会的
任务是在保护国家安全的前提下支持外国对美投资，对此，我们毫不含
糊。"③ 前述发言中所提到的《外国投资风险评估现代化法案》，是美国外
国投资委员会管辖权扩展到外国自然人或实体的关键，该法案旨在提供对
前述境外主体的调查权力，以确定相关交易对美国国家安全的影响。可
见，美国以保护国家安全为由在网络空间治理方面实施域外管辖时，有可
能将任何通信与互联网领域内的经贸问题上升至美国国家安全的高度，具
有很强的主观任意性。"国家安全"一词，与前文所述的"反腐败"一词
一样，都被用于为美国域外管辖的正当化或合法化提供理由。有学者指

---

① 杨涛，杨斌，李婧怡 . 中国投资者在涉美业务投资中应关注的 CFIUS 新规［EB/
OL］. 锦天城网站，2021-05-28.

② 中国外交部 . 2020 年 8 月 3 日外交部发言人汪文斌主持例行记者会［EB/OL］，中国
外交部官方网站，2020-08-03.

③ 针对中国的"神秘杀手"：美国外国投资委员会［N］. 环球时报，2020-8-14.

出，从 2018 年美国公布的 301 报告可以看出，美国的单边制裁措施几乎都集中于电子、网络等中国发展正盛的领域，故也不难发现其主要目的在于遏制中国的发展。①

总体来看，在上述美国当局针对中国实体滥用管辖权的案例中，大都体现出存在管辖活动的"提前化"和"超司法性"，管辖依据的"泛化性"，管辖机制的"不确定性"等特征。美国这些滥用域外管辖权的活动，对我国电子通信和互联网企业的海外经营活动产生重大的负面影响。相关企业在美国境内的业务更是遭受严重损失甚至可能被迫退出美国市场。从前述案例中可知，美国以干涉中国互联网技术发展为目的，以国家安全、人权等理由为借口，以列入"实体清单"实施出口管制、禁用金融支付渠道、发布禁令、强制调取信息数据等方式为手段，动辄在金融、特定产品的进出口贸易、信息存储及处理、市场准入条件等诸多领域对中国企业滥用域外管辖。阻断立法的制定和实施，还需要结合本国相关产业在供应链中所处的位置、本国企业或实体受到冲击的可能性、阻断措施的实际效用等多方面因素综合考虑。因此，中国应当考虑区分不同的情形，制定适当的、相应的阻断立法。

（2）借鉴国际经验，健全阻断立法体系

在针对性立法方面，欧盟的做法对我国具有借鉴意义。1996 年，美国先后通过了含有次级制裁条款的《赫尔姆斯-伯顿法》和《达马托法》，严重威胁到了欧盟成员国有关企业和法人的利益。1996 年 11 月，欧盟理事会通过了专门针对美国前述立法的阻断立法——《反对第三国立法域外适用的条例》，禁止欧盟公民和法人遵守外国域外制裁的法律。《反对第三国立法域外适用的条例》正文共计十二条，主要规定了阻断条例的适用范围、报告和信息提供、禁止遵守等制度内容。该条例的"阻断"措施主要包括：要求各欧盟成员国企业在法案生效 30 天内就其经济和金融利益是否直接或间接受到美国制裁影响通知委员会；禁止欧盟企业依照该法所列出

---

① 刘瑛，刘正洋．301 条款在 WTO 体制外适用的限制——兼论美国单边制裁措施违反国际法［J］．武大国际法评论，2019，3（03）：156.

的美国制裁的域外影响来行动，否则企业将面临罚款；允许受影响企业通过欧盟法院向由于制裁而对其造成损害的个人追偿损失；基于制裁的任何外国法院判决或行政决定在欧盟域内无效。① 该阻断立法出台后，美国被迫同意与欧盟通过谈判以解决美国所主张的次级制裁所引起的争议，双方于 1998 年达成协议，同意彼此暂时搁置前述立法和条例对对方的适用。2018 年 5 月 8 日，美国宣布重启此前承诺停止实施的针对伊朗的经济制裁。作为应对措施，欧盟委员会于 2018 年 6 月 6 日通过了修订后的《反对第三国立法域外适用的条例》，根据美国的前述做法对阻断对象进行了重新调整。为了配合该《条例》修订后的实施，欧盟还制定并出台了 2018/1101 号实施规定以及 2018/C 277I/03 号实施指南，这些配套的规定对《反对第三国立法域外适用的条例》中有关制度标准和常见问题做了明确说明。通过将该《条例》中规定的具体阻断制度，与该《条例》的附录中列举的需要阻断的具体法律、法规相结合，欧盟从立法上竭力阻止美国单边制裁法令在欧盟域内的效力，抵制美国的域外管辖。② 2018 年《反对第三国立法域外适用的条例》的附录明确列举了其阻断对象，包括 1992 年《古巴民主法案》中第 1704 和 1706 节的规定、1996 年的《古巴自由和民主团结法案》、1996 年的《伊朗制裁法案》、2012 年的《伊朗自由与反扩散法案》等，共计包含美国的六部法律与两部条例。③

2019 年 4 月 17 日，美国政府宣布，鉴于古巴对西半球国家的所作所为直接威胁到美国国家安全，包括古巴支持委内瑞拉马杜罗政府等行为，决定自 5 月 2 日起，启动实施《赫尔姆斯-伯顿法》第 3 条的规定。欧盟发表声明指出美国此举违反了在 1997 年和 1998 年欧美协议中所作出的承诺，并强调将采取一切适当措施来解决《赫尔姆斯-伯顿法》带来的影响，

---

① 关依然，韩逸轩. 面对美国司法长臂管辖，欧盟"阻断法令"能走多远 [EB/OL]. 澎湃新闻，2018-12-17.
② 何波. 欧盟阻断法令情况及对中国的启示 [J]. 国际贸易，2019，(10)：91.
③ 何波. 欧盟阻断法令情况及对中国的启示 [J]. 国际贸易，2019，(10)：92.

包括在世界贸易组织框架内主张权利、适用欧盟的《阻断法案》等。①

如前所述，中国具有阻断性质的立法一直不够完善，一些阻断性质的规定散见于不同立法之中，中国传统的阻断立法在适用范围方面也大多主要局限于司法协助领域的禁止承认或执行制度，例如禁止向外国司法或行政部门提供证据和文件，禁止执行外国法院的有关判决、裁定或外国政府部门命令的规定，以及豁免、追偿、补偿等问题。与欧盟相比，中国很长时期以来缺乏专门性的阻断法令，这一情形直至 2020 年 9 月中国商务部发布了《不可靠实体清单规定》才有所改观。《不可靠实体清单规定》的出台标志着中国在反对他国过度主张其国内法域外效力方面，有了可资适用的专门法律依据。而且，该规定是在美国滥用其所谓的"实体清单"措施，全力封堵中国华为、字节跳动等企业的海外业务的背景下出台，为反制他国在网络空间的不合理的长臂管辖，维护中国从事网络、信息服务的企业的正当权益提供了立法上的支持。

中国商务部 2021 年 1 月 6 日发布的《阻断外国法律与措施不当域外适用办法》属于一部专门性的适用于经济交往领域的阻断法令，旨在阻断外国法律与措施不当域外适用对中国的影响，维护国家主权、安全、发展利益，保护中国公民、法人或者其他组织的合法权益。商舒教授指出，《阻断外国法律与措施不当域外适用办法》的总体结构和具体细节设计主要参考了 2018 年修订后的《欧盟阻断法》，是一种典型的制裁阻却类立法。中国商务部出台的包括《阻断外国法律与措施不当域外适用办法》和《不可靠实体清单》在内的一系列立法，应当能够在一定程度上起到抗衡美国单边制裁的作用；但另一方面，中国许多现行的重要法律缺失相应的域外适用衔接条款，令法律的域外适用难以发挥效力。因此，当前还应注重在国际法的规则框架下进一步建立健全中国特色的域外规制体系。②

---

① 王宇戈，王子辰. 欧盟称将采取一切适当措施反制美国"赫尔姆斯-伯顿法"第三条 [EB/OL]. 新华网，2019-05-02.

② 商舒. 中国域外规制体系的建构挑战与架构重点——兼论《阻断外国法律与措施不当域外适用办法》[J]. 国际法研究，2021（02）：63-80.

2. 应注重阻断立法发挥阻断效果的可行性、有效性

在制定与实施阻断立法方面，既要有原则性的规定，也应注重加强阻断立法在司法和执法实践中的可操作性。从实际实施效果来看，欧盟的《反对第三国立法域外适用的条例》在实践中很少执行。原因之一是，由于美元的强势地位和美元清算系统在国际金融体系中的重要作用，以及考虑到许多非美国公司产品依靠美国的技术、设备或许可协议，很多欧盟企业会自愿遵从美国的限制和要求。[①]

越来越多的国家公开宣布遵守美国针对伊朗的域外经济制裁措施，表示将减少或不再继续与伊朗进行石油贸易和相关金融来往，以获取美国政府的制裁豁免。越来越多的跨国公司为了避免被美国制裁，被迫在合同中订立"制裁条款"以规避自己的法律责任。所有这些行为使得美国的域外经济制裁越来越具有了准合法的性质。[②]

因此，出台相关的阻断立法仅仅是实施阻断的前提条件之一，但能否实际发生阻断的效果，则取决于是否具备相应的制裁手段和执行力度。

二、通过法院的判决或通过政府发布行政命令实施阻断

在制定阻断立法的基础上，通过本国法院的判决或者政府的行政命令阻断外国过度主张其国内法的域外效力的做法十分必要。实践中，一些国家也曾采用此种方式在一定程度上阻断了或回击了美国的不当域外管辖。

20 世纪 80 年代初，一些西欧国家与苏联达成了天然气和管道交易协议。1982 年 6 月 22 日，里根政府颁布了《石油和天然气管制修正案》，扩展了制裁的适用范围。首先，该修正案将管制对象扩大至由美国公司或公民拥有或控制的外国公司；其次，即使不是美国人所有或控制的外国公司，也不得将采用来源于美国的技术所生产的机器设备出口或转口至制裁目标国。在 1965 年法国法院审理的弗吕霍夫案中，弗吕霍夫法国公司与另

---

① 何波. 欧盟阻断法令情况及对中国的启示 [J]. 国际贸易，2019，(10)：92.

② 杜涛. 欧盟对待域外经济制裁的政策转变及其背景分析 [J]. 德国研究，2012，27 (03)：31.

一家法国公司签订了火车销售合同，后者准备将这批火车销往中国。弗吕霍夫法国公司是弗吕霍夫美国公司的子公司，该母公司拥有法国弗吕霍夫公司三分之二的股份。法国弗吕霍夫公司 8 名董事中有 5 名是美国人。美国财政部下令要求弗吕霍夫总公司禁止其法国子公司销售该批火车。弗吕霍夫法国公司担心失去其最大客户，于是其少数董事在法国法院针对其美国母公司和法国公司的美国董事提出诉讼。法国受诉法院认为，法国弗吕霍夫公司应当为其自身利益而行为，而不应当为其董事的利益而行为。因此法院临时任命了一位管理人，指令其在 3 个月内完成该项交易。此外，荷兰法院在"传感器案"中也曾明确拒绝执行美国对苏联的管道禁运法律。①

在支持本国企业规避或反击美国滥用长臂管辖方面，上述法国、荷兰等国家的做法具有一定的借鉴意义。中方企业福建晋华集成电路有限公司（以下简称"福建晋华"）也曾遭遇美国过度行使域外管辖权的限制和打压。2017 年 12 月，美国镁光公司在美国加州对福建晋华提起诉讼，指控后者"窃取"了自己的内存芯片技术。2018 年 10 月 29 日，美国商务部将福建晋华列入了禁售清单，禁止美国企业向福建晋华出售技术和产品，其理由是福建晋华公司生产的芯片所使用的技术可能源自美国，并可能威胁到美国军方此类芯片供应商的生存，从而对美国国家安全造成"严重风险"（Significant risk）。这一制裁措施将极大限制福建晋华公司以出口、转口、受让等方式从美国获取相关商品、软件和技术的能力。2018 年 11 月 1 日，美国司法部迅速跟进，对福建晋华等公司提起刑事诉讼和民事诉讼，指控其违反美国法。② 2018 年 1 月，福建晋华和中国台湾半导体企业联华电子股份有限公司在大陆对美国镁光公司提起专利侵权诉讼，福州市中级人民法院受理了该案，并于 2018 年 7 月作出裁定，镁光的部分产品涉嫌侵害福建晋华的专利，因而向美光半导体销售（上海）有限公司和美光半导

① 杜涛. 欧盟对待域外经济制裁的政策转变及其背景分析 [J]. 德国研究，2012，27（03）：20-21.
② 廖诗评. 国内法域外适用及其应对——以美国法域外适用措施为例 [J]. 环球法律评论，2019，41（03）：167.

体（西安）有限责任公司发出禁令，要求其立即停止在大陆销售十余款英睿达固态硬盘、内存条及相关芯片，并删除其网站中关于上述产品的宣传广告、购买链接等信息。在该案中，我国司法机构积极受理国内企业提起的诉讼，通过司法判决来阻断美国滥用域外管辖权所造成的消极后果。有观点指出，作为应对措施，我国应当准许并积极推动受制裁的企业或个人在我国法院起诉美国案件中的胜诉方或受益方，以此来对冲美国的法律制裁效果。①

三、通过双边协商或多边国际争端解决程序解决分歧

（一）在必要的情况下通过双边协商解决争议

针对美国的域外管辖权的扩张，一方面我国应当制定相应的阻断立法进行反制，但另一方面，对抗性立法的适用不仅会使得管辖冲突具体化，也有可能在政治、外交等领域引发新的冲突。域外管辖所引起的管辖权冲突在本质上是国家利益的冲突，因此，可以考虑通过对管辖权限制、协调的双边协商，促成双边协议的达成。

通过双边协商解决域外管辖所引起的冲突，在实践中也不乏先例。例如，加拿大为确保本国企业已经签订的涉外合同的履行，曾多次干预美国对法律域外效力的推行，使美国撤回根据出口管制的制裁。另一方面，加拿大不时地与美国行政部门签订工作协议（working arrangements）处理因美国的出口管制引发的问题。② 加拿大在 1973 年颁布《加拿大出口管制清单》，该清单要求自美国进口的货物从加拿大再出口时，需要获得出口许可证。通过这一管制清单制度，加拿大政府显示出会在一定程度上限制美国相关制裁法令所禁止的交易的立场，以便加拿大的公司能继续获得美国出口管制当局的信任。在出口管制审批的实践中，加拿大的官员在很大程

---

① 陈文玲. 美国掠夺世界财富的经济武器与运作密码 [J]. 人民论坛·学术前沿，2020（06）：11.

② 张利民. 经济行政法的域外效力 [D]. 苏州大学，2007：159.

度上会考虑美国政府的观点，从而使得加拿大当局与美国的出口管制当局维持着一种较为密切的合作关系。

在上述案例中，加拿大在一定程度上兼顾美国实施域外制裁的政策目标，认可美国相关立法的域外效力的做法，在维护本国贸易利益、避免与美国的冲突升级方面取得了一定的成效，具有一定的积极意义。近年来，中国也积极寻求通过双边对话，解决美国对中方企业滥用长臂管辖的问题。2016 年 3 月 8 日，在美国当局对中国中兴通讯股份有限公司行使长臂管辖权，将中兴通讯及其子公司纳入进行出口限制制裁的实体清单之后，中国商务部当日发表声明，对美方提出抗议并声明将继续与之进行政府层面的交涉。①

（二）诉诸多边国际争端解决程序

1. 诉诸 WTO 等可供利用的国际多边解决程序

针对美国、印度等一些国家在国际经贸领域日益突出的单边主义行动，借助国际多边机制予以回应，是反制其滥用长臂管辖的重要方式。

欧盟就曾指控美国的单边经济制裁法令违反了 WTO 协议，并与美国就此进行磋商，最终导致美国妥协。1996 年 10 月，欧盟启动世界贸易组织的争端解决机制，指控美国的《赫尔姆斯-伯顿法》以及对古巴的禁运措施等域外管辖做法明显违反了 WTO 相关规则，剥夺了欧盟成员国根据《关税和贸易总协定》以及《服务贸易协定》所享有的自由贸易权。在这一背景下，美国被迫让步，并在 1998 年 5 月与欧盟缔结了协议，同意限制《赫尔姆斯-伯顿法》和《达马托法》部分制裁条款对欧盟企业的效力。②

诉诸 WTO 程序，应注意他国可能会援引《关税和贸易总协定》及相关协议中的"安全例外"条款的问题，如美国在一系列的 WTO 被诉案例中，均以所谓的"安全例外"为由，为其采取的出口管制措施或其他经济

---

① 潘永建，孔焕志，黄凯.警惕美国出口管制的域外适用——"中兴事件"事实与法律三问 [DB/OL].维科先行法律信息库，2018-05-09.
② 何波.欧盟阻断法令情况及对中国的启示 [J].国际贸易，2019，（10）：91.

制裁措施进行辩护。

2. 诉诸其他多边国际争端解决程序

国际法院是联合国的主要司法机关，根据《国际法院规约》的规定，国家如果能够达成将争议提交国际法院的协议，或在条约中明确同意将该条约所涉及的解释、适用等方面的争议提交国际法院，或者争端双方当事国都接受了国际法院的任择条款，则相关争议可以提交给国际法院诉讼解决。因此，如果一国的域外管辖做法严重损害了他国的主权，则不排除当事国将争议提交给国际法院解决的可能。例如，伊朗就曾针对美国的制裁，向国际法院提起诉讼。由于国际法院行使诉讼管辖权的条件限制，国际法院在解决有关国际争端方面仍然存在一些局限性。即如果双方未能达成将争议提交国际法院的协议，双方所参加的国际条约之中亦无将该条约的解释、适用等问题提交国际法院解决的条款，则除非双方均接受了国际法院的任择管辖权，否则国际法院对相关争端并不能行使管辖权。[1]

此外，寻求通过网络治理的多边国际条约建立相应的多边争端解决机制，也是解决在网络空间因某些国家过度行使域外管辖所可能引起的争议的可取尝试。理论上，通过在国际网络治理的多边条约中对国家行使管辖权的前提进行较为明确的界定，明确各国对涉及网络空间活动具体事宜行使管辖权的条件，并规定相应的争端解决程序，也能够达到提高争端解决效率的目的。

四、必要的情况下对他国滥用域外管辖的行为采取反措施

根据《国家对国际不法行为的责任条款草案》第二章的规定，反措施是指受害国针对国际不法行为的责任国不履行其国际法上的义务而采取的措施。

反措施的实施应当遵循一定的前提和限制条件。受害国只在为促使某一国际不法行为的责任国履行其义务时，才可对该国采取反措施。反措施限于受害国暂不履行对责任国所承担的某些国际义务，并应尽可能容许恢

---

[1]　参见：《国际法院规约》第 38 条.

复履行有关义务。反措施必须和所遭受的损害相称，并应考虑到国际不法行为的严重程度和有关权利。

对于美国等国家滥用域外管辖并损害中国国家或国民利益的做法，我们也有权要求其停止相关的不法行为，履行相应义务，否则，可以考虑采取必要的反措施予以反制。2018年9月20日，特朗普签署行政命令，宣布根据《制裁和反击美国敌人法》，对中国中央军委装备发展部及其部长实施"制裁"，原因是中国购买了俄罗斯的苏-35战机和S-400反导系统。2020年2月，美国司法部宣布对4名解放军人员提起诉讼，称他们涉嫌于2017年对美国信用报告机构发起黑客攻击。中国国防部发言人吴谦指出，中国在网络安全问题上的立场一贯清晰明确，中国军队从不从事和参与任何形式的网络窃密活动。美方捏造事实对中方人员提起所谓诉讼，在性质上属于司法霸凌行为。在网络安全问题上，美方是国际公认的窃密惯犯，从"维基解密"到"斯诺登"事件，再到"瑞士加密机事件"，美方至今没有也无法给国际社会一个交代。美方应纠正错误，撤销所谓起诉，以免对中美两国两军关系造成进一步破坏。①

2021年4月，美国驻丹麦大使馆联系丹麦《政治报》，要求该报说明是否使用了华为、中兴、海能达、海康威视和大华这5家中国企业及其子公司和分公司的电子设备。美使馆声称，《政治报》应证明自己从未使用上述中国企业制造的路由器、调制解调器、电子通信设备等技术设备，否则美国驻丹麦大使馆可能会停止订阅《政治报》。美国大使馆还在邮件中称，使馆还向其他"服务供应商"提出了类似要求，并表示这是美国国务院的全球统一要求。对此，丹麦《政治报》隶属的媒体集团的IT部门负责人斯文森表示："我们不会同意这种要求，不会让自己受到美国法律管控。我们高度重视独立性，会自己选择商业合作伙伴。美方要求我们对集团分包商使用中企设备情况进行担保，我们做不到，也不想这样做。"② 美

---

① 倪伟.国防部回应美起诉解放军：美国是名副其实"黑客帝国"[N].新京报，2020-02-28.

② 郭庆娜.美使馆逼丹麦报纸"选边站"被回怼："不同意这种要求"[EB/OL].参考消息网，2021-05-02.

国当局对丹麦《政治报》所提出的前述无理要求，显然是试图将其通过"实体清单"的方式"制裁"中国华为、中兴等通信企业的国内法令的效力推行至全球的一次受挫的尝试。

理论上，如果美国继续其缺乏根据的"起诉"或"制裁"活动，中国不仅应拒绝承认其管辖权的合法性，同时也可以考虑采取必要的反措施，以维护国家主权和中国公民的合法权益。例如，2020 年 9 月 19 日，中国商务部正式对外公布《不可靠实体清单规定》，即日施行。根据该规定，被中方证实为不可靠的外国实体将面临限制签证发放、限制或取消留华资格及在华投资资格等处罚。这一规定的出台，为中国应对美国的霸凌主义做法，采取必要的反措施提供了国内法上的直接依据。

五、构建专门机制，绕开他国对贸易与金融的控制

美国不断扩张、滥用域外管辖，所仰仗的是其在全球范围内的霸权地位。因此，其他国家，特别是综合国力相对较弱的国家，往往难以与美全面对抗。总体来看，当前在国际金融支付领域，由于美国几乎排他性的垄断地位，如果不存在"环球同业银行金融电讯协会"（SWIFT）之外的类似的其他支付机制，则很难制衡依托于强大的美元清算支付体系的美国制裁制度。但另一方面，其他国家仍然可以考虑通过设置特殊的安排或机制，以帮助本国企业与居民在一定程度上减轻或消除美国基于其国内法滥用单边制裁的影响。例如，委内瑞拉在 2018 年 2 月正式发售了依托石油的数字货币，即"石油币"，其他国家的交易主体可以使用该数字货币与委内瑞拉进行交易，以减轻遭受美国金融制裁的影响。伊朗也同样想方设法开拓渠道，在贸易、金融领域帮助其企业免受美国打压，包括开启黄金支付与易货贸易制度等。其他国家可利用黄金、日用品等实物换取伊朗的石油，以及启动"哈瓦拉"（Hawala）等非传统资金转移系统，帮助本国企业完成对外资金的收付与结算。一些国家还在巴拿马、马绍尔群岛等离岸天堂设立"幌子"公司，通过第三方公司名义与被制裁国进行交易。[1] 值

---

[1] 徐飞彪. 美长臂管辖的起源、扩张及应对 [J]. 中国外汇, 2019, (14)：35.

得一提的是，欧盟在 2018 年宣布拟设立独立于美元支付体系的"特殊目的实体"（SPV，Special Purpose Vehicle），帮助欧盟企业与伊朗进行交易。对此，欧洲各国纷纷响应，法、德、英三国随即宣布建立面向伊朗的"贸易往来支持工具"（INSTEX）货币结算机制。该机制总部设在巴黎，其运作类似对敲交易，以欧元结算，但初期主要是涵盖医药等非石油民生物品，以避"与美对抗"之嫌。

针对美国滥用域外管辖的一系列措施，中国也可以考虑适度借鉴前述其他国家的经验。例如，一方面，可以积极探索与其他国家建立相应的合作机构，通过多边协作，共同避免其滥用域外管辖的影响。2021 年初，针对个别国家动辄使用武力或单边经济制裁的做法，在委内瑞拉等国家最初倡议之下，中国、俄罗斯、朝鲜、伊朗、委内瑞拉、叙利亚、古巴、白俄罗斯、巴勒斯坦等 17 个国家作为创始成员国倡议在联合国成立一个名为"捍卫《联合国宪章》之友"的联盟。其创始成员国的常驻联合国代表团，近期已经向联合国的所有成员国发函邀请有意愿的国家继续加盟。创始成员国在概念说明中指出，世界各国正在越来越多地采用单边主义，或频频退出具有里程碑意义的国际协议和多边机构，联盟的成立旨在捍卫《联合国宪章》和国际机构的有效性，尤其是在新冠肺炎疫情的背景下，能够促进对话、宽容和团结。① 另一方面，中国还应积极尝试数字货币在国际贸易实践中的使用，寻求建立美国目前绝对控制的"环球同业银行金融电讯协会"（SWIFT）之外的国际金融支付渠道，以弱化美国在国际金融支付系统方面滥用单边制裁措施所可能造成的消极影响。

六、加强对相关国内企业风险预警、妥善应对等方面的引导

美国国内法的不当域外适用对我国司法主权及我国一部分从事涉外经贸活动的公司企业——特别是涉及网络空间的半导体及通信行业的公司企业的正当利益产生了消极影响。为了维护我国国家主权和国民的正当权

---

① 陈莺迁、江广富. 中俄等 17 国拟成立"反制裁联盟"［EB/OL］. 凤凰网，2021-03-13.

益，我国除在宏观层面通过制定阻断法令、双边或多边协调等方式予以应对之外，还应在微观层面注重积极引导国内相关企业强化风险预警意识，提升企业的具体应对能力。近年来，国内多地正在研究探索支持企业"走出去"法律服务的路径。以江苏省为例，该省已在 15 个国家建立了 16 家海外法律服务中心，就该省企业与"一带一路"沿线重点国家开展招商引资、对外投资与贸易过程中遇到的有关法律问题、防范法律风险和建立相关维权机制等方面，提供法律服务和智库保障。①

（一）引导国内半导体或通信行业的实体注重做好相应的风险防范准备、建立相关预警机制

在对外贸易领域，对于从事涉外业务的半导体或通信行业的企业自身而言，应当结合自身的情况针对他国可能主张或推行的国内法不当域外适用风险建立相关预警机制。

应特别关注的是，除了针对被制裁对象本身的一级制裁外，针对与被制裁对象有关联的第三方的次级制裁，通常也是美国对外单边制裁的重要组成部分。例如，中兴通讯股份有限公司就一再因美国滥用次级制裁而损失惨重。美国当局指控中兴通讯公司或其子公司自 2010 年起向伊朗 TCI 电信公司出售可以监控移动电话、固定电话，以及互联网通讯的监视系统，从而违反了美国的制裁法令——《伊朗交易与制裁条例》。美国多个部门于 2013 年 11 月开始对中兴通讯股份有限公司进行调查，并多次实施了较为严厉的处罚或制裁。

从供应链的角度来看，即便他国的制裁措施在国际法上缺乏合法性，但也必须认识到在一些涉及网络通信技术领域的产品供应方面，中国相关企业仍然对美国、日本、韩国等一些外国的企业所生产的产品存在一定程度的依赖，其生产经营活动在遭遇制裁措施的情况下可能受到严重影响。因此，从事涉外业务的半导体或通信行业的实体应当对所从事的涉及他国

---

① 姜永斌. 反制裁、反干涉、反制长臂管辖涉外领域立法步伐加快 [EB/OL]. 中央纪委国家监委网站，2021-03-20.

制裁目标国家或地区的业务认真进行评估，对其可能遭遇的不合理的域外管辖风险进行预判，并积极采取相应的风险防范措施。

在对外投资领域，随着美国对中国崛起的"不安感"的显著提升，中国在涉美半导体或通讯领域的投资业务受美国外资投资委员会（CFIUS）审查的概率也相应提升。据有关统计，从美国外资投资委员会（CFIUS）的审查国别来看，2005 年至 2015 年期间，中国的投资并购是受到审查数量最多的三个国家之一，以 127 件总量排第三位。而且，中国受 CFIUS 审查的交易数量增长最快，2012 年至 2015 年，中国企业受审查数量及其比重连续 4 年位居榜首。仅在 2013 年至 2015 年期间，中国在金融、信息和服务业的并购受到 CFIUS 审查的数量就达到 15 件。[①] 2016 年 2 月，紫光股份有限公司终止对美国数据存储公司西部数据 37.75 亿美元的入股交易。双方此前签订的《股份认购协议》约定，若未能获得美国外资投资委员会关于该交易不需其进行审查的决定，双方均有权单方终止《股份认购协议》。这是继美方阻止中国投资者收购飞利浦一个部门，以及仙童半导体公司拒绝华润微电子和清芯华创联合提出的收购要约之后，由于担心美国监管机构可能以国家安全为由拒绝批准而终止交易的又一案例。[②] 因此，有关中资企业应对潜在的美国外资投资委员会审查的风险有所准备，对美国不断变化的投资审查监管政策有所把握，以确保投资利益的实现。

（二）鼓励国内实体在必要的情况下借助外国的国内程序寻求救济

由于中国国内公司、企业或其他从事涉外业务的实体对美国的法律与诉讼程序相对陌生，在一些案件中，外国的竞争对手作为原告或投诉方，往往在明知外国当局在管辖权方面缺乏依据时，仍然积极寻求立案并向被告或被投诉方施加压力，在这种情形下，被诉企业应当冷静的分析案件的事实，对于明显存在管辖瑕疵的案件，积极参与该外国的相关

---

① 圣美. 制度障碍对中国企业海外并购完成的影响机制研究——基于 CFIUS 审查视角下的多案例分析 [D]. 中南财经政法大学，2019：24.

② 陈炳欣. 半导体海外并购受阻 CFIUS 核准中国企业如何应对 [N]. 中国电子报，2016-02-26.

司法程序，必要时借助该外国国内法的相关程序寻求救济，以维护自身的正当权益。

一方面，可以考虑借助外国国内法中关于诉讼程序方面的一些限制性规定寻求救济。例如，在美国司法实践中，其法院的"长臂管辖权"的行使也存在一些限制，如"不方便原则""效果原则""自愿承认原则"等等。中国企业应充分利用此类限制原则维护自身的正当利益。以"不方便原则"为例，该原则是指法院因受理具体案件的诉讼程序、取证、执行上存在不方便而放弃管辖。在美国法院滥用"长臂管辖权"侵害中国企业利益的情况下，可考虑基于该原则争取排除美国法院的管辖。

另一方面，被诉企业还应当积极利用有关国家的国内法（特别是宪法）所赋予的权利寻求救济，援引其宪法的有关规定寻求对其域外管辖性质的行政决定进行审查。在这方面比较典型的有发生在美国的三一重工案和前文所提到的 TikTok 及微信封禁案。在三一重工案中，中国三一集团借助美国国内法维护自身权益的做法值得其他中国企业借鉴。2012 年，中国三一集团的关联公司罗尔斯公司收购位于美国俄勒冈州的 4 个风电场项目，但奥巴马政府和美国外资投资委员会（CFIUS）认为风电场距离海军军事基地太近、威胁美国的国家安全。尽管罗尔斯公司同意将风电场南移 2.5 千米，美国外资投资委员会（CFIUS）仍然于 2012 年 7 月颁布临时禁令，要求罗尔斯公司停止风电场所有建设，奥巴马于 2012 年 9 月 28 日签署了该禁令。中国三一集团在向美国政府交涉无果后，在美国法院提起了诉讼。2014 年 7 月，美国受诉法院裁定奥巴马政府在对该项目进行审查时侵犯了罗尔斯的合法权利，程序存在瑕疵。2015 年 11 月，双方正式达成和解，根据和解协议，罗尔斯公司有权将该项目转让给第三方，美国外资投资委员会（CFIUS）也认定罗尔斯在美国进行的其他风电项目收购交易并不涉及威胁美国国家安全的问题。① 美国当局滥用域外管辖的一些措施或做法，也可能会对美国用户的正当利益造成损害，在 TikTok 及微信禁令的

---

① 刘劼 . 财经观察：三一与美国政府诉讼和解的启示［EB/OL］. 新华网，2015-11-13.

案例中，由美国民众主动提起诉讼，依据美国国内法挑战美国当局的霸凌做法，也取得了一定的成效。微信禁令案中，法官叫停了总统令和商务部实施细则的禁止令（Preliminary Injunction），理由是其认为 8 月 6 日的特朗普总统令及 9 月 18 日发布的商务部实施细则均实际造成了在美国境内全面禁封微信的效果，违反了普通民众的宪法第一修正案、平权条款、程序正义条款等根本权利，而美国司法部提供的微信对国家安全构成的所谓威胁的证据又明显不足，加之细则从颁布到生效只有两天时间，给美国用户造成了迫在眉睫和无可挽回的伤害。① 前述案例表明，援引美国国内司法程序，根据其国内相关立法阻断其实施的一些不当的域外管辖措施，这一救济方式也可能是行之有效的。

---

① 澎湃新闻. 美法院紧急叫停微信禁令，美国用户可继续正常访问和使用微信［EB/OL］. 新浪网，2020-09-20.

第七章 中国应在网络空间治理领域适度主张国内法的域外效力

各国主张某些国内法的域外效力，或主张在某些事项上行使域外管辖权，在实践中已经十分常见。仅以反垄断法为例，日本学者伊从宽曾在分析各国反垄断的政策与立法时指出，至 20 世纪末大约已有 50 多个国家在其法律中规定了域外适用。① 由于网络空间的跨国性特征，中国在网络空间适度主张域外管辖权，也是维护国家利益的必然要求。另一方面，值得注意的是，美国过度主张其国内法域外效力的一些极端做法一直以来备受诟病，即便其盟国也纷纷出台阻断法令或反制措施，充分说明一国如果只考虑本国利益而无视他国主权，势必会引起国际社会的抵制和反对。美国过度主张其国内法的域外效力，试图使美国的国内法优先于甚至凌驾于国际法之上，将美国法院当作"世界裁判"的场所，这将直接威胁到其他国家的主权、国际法治运行环境以及构建"人类命运共同体"的进程。因此，中国既不应如美国那样肆意滥用长臂管辖权，也不能逃避问题消极应对，而是应根据国际法积极构建适度行使域外管辖权的机制。② 国际法学者杨松在谈及这一问题时也强调："我们在立法时就应该充分考虑法律的域外适用问题，赋予一些领域国内法域外效力。比如即将修改的反垄断法等，以及一些关系国家重点领域的法律，都要考虑完善域外适用的

① 伊从宽，姜姗. 国际反垄断政策的发展态势 [J]. 外国法译评，1997，(3)：17.
② 肖永平. "长臂管辖权"的法理分析与对策研究 [J]. 中国法学，2019 (06)：39-65.

相关内容。"①

在制定涉及域外适用的国内立法时，中国应当更加注重相关规定在国际法上的正当性，例如，应当设定较为明确的范围，限定域外管辖实施的限度和条件，遵循公认的国际法基本原则等国际习惯法规则等。

一、中国在网络空间构建适度进行域外管辖机制的必要性

（一）传统管辖理论难以完全适应网络空间治理的需要

由于网络空间的超国界性导致传统管辖区域的界限不再清晰，使得主权国家难以依照传统管辖基础对网络空间进行规制。② 网络空间不同于有形空间，属地管辖往往无法完全覆盖这一领域，基于领土的管辖规制一般只能对网络空间相关主体、特定终端设备以及基础设施进行，而随时随地发生的跨境网络空间活动以及可以自由移动的移动终端主体，已经在一定程度上模糊了传统属地管辖所及的范围。属人管辖原则在网络空间的适用也面临考验，因为绝大多数网络行为均以匿名方式进行，即便某国的监管机关能够做到对境内网络行为的实时监控，但要做到准确判断在境内外从事相关网络活动的各类主体的真实身份，也是有极大难度的。保护性管辖也无法在网络安全法律中发挥重要作用。③ 中国不论是抵制奉行网络霸权主义政策的某些国家伸出的"长臂"，还是基于参与国际网络空间治理的需要，都应该在尊重国际法规则的基础上，构建适度行使域外管辖权的机制。

（二）适当行使域外管辖权是维护国家网络主权和国家利益的需要

网络主权通常会被视作国家主权在网络空间的自然延伸，国家基于其

---

① 姜永斌. 反制裁、反干涉、反制长臂管辖涉外领域立法步伐加快 [EB/OL]. 中央纪委国家监委网站，2021-03-20.

② 戴元光. 美国关于网络空间管辖权的立法与争论 [J]. 新闻大学，2018, 148 (02): 98-107.

③ 闫飞. 网络安全法律涉外管辖权问题研究 [J]. 网络空间安全，2019, (3): 54.

主权对本国网络主体、网络行为、网络设施、网络信息、网络治理等所享有的最高权和对外的独立权。① 但是，近年来，各国政府纷纷通过构建国内法律规定中的相关涉外机制来扩大国家的管辖权，从而到达维护网络秩序和保障本国信息安全的目的。② 然而，由于不同国家的互联网技术水平以及发展进程等参差不齐，导致国家主权在网络空间延伸的程度、在网络空间行使主权的理念和实践均存在不小的差异。作为互联网发源地的美国，必然在全球网络空间治理体系中占据绝对优势地位，而越来越多地将域外管辖权扩展到网络空间就是其主导地位的体现。国际网络安全事件也在近年来频频曝光，例如，以美国"斯诺登"事件为代表的泄密和监听事件，Facebook 等大型社交媒体平台泄漏用户个人数据导致的对个人数据的商业侵权事件，以及频频发生的利用网络进行跨国犯罪活动等。③ 此类事件往往具有网络空间的超国界性特征，涉及国家间管辖权的冲突，数据的跨境转移或传输与国家数据主权的矛盾，网络服务提供者的数据处理与公民个人数据权利的矛盾等诸多方面的矛盾和冲突。如何更好地维护公民个人作为数据主体的正当权益，保障本国的信息网络安全，越来越受到各国政府的关注。美国的"斯诺登"事件曝出多位欧洲国家领导人遭到美国情报当局的监听之后，欧盟就出台了号称"史上最严"的、具有长臂管辖色彩的《通用数据保护法案》（GDPR）。

2019 年发布的第 44 次《中国互联网发展状况统计报告》显示，中国互联网普及率近年来不断提升，已然称得上一个互联网大国。④ 与此同时，中国近年来遭遇的跨境网络攻击事件的数量也与日俱增，据国家计算机网络应急技术处理协调中心监测数据显示，仅 2019 年上半年发现并协调处置

---

① 世界互联网大会组委会.网络主权：理论与实践［EB/OL］.世界互联网大会官方网站，2019-10-21.

② 闫飞.网络安全法律涉外管辖权问题研究［J］.网络空间安全，2019，10（03）：53-57.

③ 闫飞.网络安全法律涉外管辖权问题研究［J］.网络空间安全，2019，10（03）：53-57.

④ 中国互联网信息网络中心.第 44 次中国互联网络发展状况统计报告［R/OL］.中国互联网信息网络中心网站，2019-08-30.

中国境内被篡改的网站就将近 40000 个，其中被篡改的政府网站占 222 个。① 网络空间的跨国性决定了国家要维护网络主权，解决网络安全问题，就必须适当地主张有关国内法的域外效力，在网络空间适当行使域外管辖权。

二、制定和完善在网络空间适度进行域外管辖的相关立法

（一）在涉及网络空间的国家安全、社会安全、网络安全、个人信息安全的立法中确立和完善必要的域外管辖

在我国涉及国家安全、社会安全、网络安全、个人信息安全的一些立法中，均存在一些可能具有域外效力的法条规定。完善我国立法中的域外管辖制度，一方面应注重制定、完善具有域外管辖效力的立法，另一方面应从现存法律的解释和适用入手，通过出台司法解释等方式，明确有关域外管辖条款的具体适用条件和范围。

1. 《宪法》

《中华人民共和国宪法》（以下简称《宪法》）第 40 条规定，中华人民共和国公民的通信自由和通信秘密受法律的保护。除因国家安全或者追查刑事犯罪的需要，由公安机关或者检察机关依照法律规定的程序对通信进行检查外，任何组织或者个人不得以任何理由侵犯公民的通信自由和通信秘密。理论上，该条规定的适用会产生域外效力，即从宪法层面间接阻断境外任何组织或个人以任何理由对我国公民通信自由的侵犯。该条的规定意味着，禁止他国主管当局或其他主体在未经我国主管当局同意的情况下在我国境内调取有关的通信证据。该条款在效果上能够实现阻断外国法律在中国适用，性质上属于广义的阻断法范畴。② 因此，该条规定作为能够阻断国外伸往我国的管辖"长臂"的宪法层面的立法，其重要性不言

---

① 中国互联网络信息中心. 第 44 次《中国互联网络发展状况统计报告》［EB/OL］. 中国网信办官方网站，2020-10-25.

② 叶研. 欧盟《阻断法案》述评与启示［J］. 太平洋学报，2020，28（03）：53.

而喻。

2. 《刑法》《刑事诉讼法》等刑事立法及相关司法解释

《中华人民共和国刑法》（以下简称《刑法》）第 6 至 9 条以不同的连接点为基础，赋予我国刑法管辖域外行为的权力。① 《刑法》第 6 条是关于属地管辖的规定，除在第 1 款、第 2 款中规定了主观属地原则外，该条的第 3 款依据客观属地原则，以属地连接点为基础设立了域外管辖权："犯罪的行为或者结果有一项发生在中华人民共和国领域内的，就认为是在中华人民共和国领域内犯罪。"② 当管辖连接点存在于网络空间时，其物理联系在犯罪人与被害人间或被告与法院地间法律关系形成中的作用大大减弱乃至被消除，其对管辖法院的指向链条便会出现脱节，无法如传统案件中一样将案件直接指向现实空间中的法院辖区。在这一问题上，我国法院的审判管辖常以服务器为连接点，充分地体现了我国网络主权的物理逻辑。③

《刑法》第 7 条则以属人连接点为基础设立了域外管辖权："中华人民共和国公民在中华人民共和国领域外犯本法规定之罪的，适用本法，但是按本法规定的最高刑为三年以下有期徒刑的，可以不予追究。中华人民共和国国家工作人员和军人在中华人民共和国领域外犯本法规定之罪的，适用本法。"《刑法》第 8 条以保护管辖权为基础，以国家及国民利益为连接点设立了域外管辖权："外国人在中华人民共和国领域外对中华人民共和国国家或者公民犯罪，而按本法规定的最低刑为三年以上有期徒刑的，可以适用本法，但是按照犯罪地的法律不受处罚的除外。"《刑法》第 9 条以普遍管辖权为基础，以国际社会整体利益为连接点设立了域外管辖权："对于中华人民共和国缔结或者参加的国际条约所规定的罪行，中华人民共和国在所承担条约义务的范围内行使刑事管辖权的，适用本法。"

---

① 廖诗评. 中国法域外适用法律体系：现状，问题与完善 [J]. 中国法学，2019（06）：20-38.

② 我国《刑法》第 6 条的全文规定为："凡在中华人民共和国领域内犯罪的，除法律有特别规定的以外，都适用本法。凡在中华人民共和国船舶或者航空器内犯罪的，也适用本法。犯罪的行为或者结果有一项发生在中华人民共和国领域内的，就认为是在中华人民共和国领域内犯罪。"

③ 刘艳红. 网络犯罪的刑法解释空间向度研究 [J]. 中国法学，2019（06）：202-223.

2015 年 12 月 27 日发布的《反恐怖主义法》第 11 条赋予我国针对在我国领域之外实施恐怖活动的行为以保护管辖或普遍管辖或基础的域外管辖权，该条规定："针对在我国领域外对我国国家、公民或者机构实施的恐怖活动犯罪，或者实施我国缔结、参加的国际条约所规定的恐怖活动犯罪，我国将行使刑事管辖权，依法追究刑事责任。"因此，对于在我国境外利用网络空间进行的恐怖主义活动，如果该行为以我国、公民或者机构为对象，我国便可以国家及国民利益为连接点，以保护管辖权为基础，对该行为进行域外管辖。

1997 年修订的《刑法》第 285 条到第 287 条对计算机犯罪进行了规定。在《刑法》第 287 条规定，"利用计算机实施金融诈骗、盗窃、贪污、挪用公款、窃取国家秘密或者其他犯罪的，依照本法有关规定定罪处罚。"2000 年 12 月 28 日的全国人大常委会通过的《关于维护互联网安全的决定》对侵害计算机系统和利用计算机信息网络实施的非法行为做出了规定，并明确了其中不构成犯罪的行为。2008 年，我国《刑法修正案（七）》适应新时期网络发展的需要，增设了新的网络犯罪罪名，补充了我国网络犯罪立法体系，与《关于维护互联网安全的决定》一起构成了我国以非法侵入计算机信息系统罪和破坏计算机信息系统罪，以及其他所有形式的利用计算机、网络实施的犯罪都按照传统犯罪处理的"两点一面"的网络犯罪立法结构。①

我国《刑事诉讼法》第 24 条规定："刑事案件由犯罪地的人民法院管辖。如果由被告人居住地的人民法院审判更为适宜的，可以由被告人居住地的人民法院管辖。"该条款仅规定了一般刑事案件的司法管辖权分配，但由于网络犯罪的虚拟化和地域模糊等特点，该条款难以解决网络犯罪的司法管辖权分配问题。《最高人民法院关于适用〈中华人民共和国刑事诉讼法〉的解释》第 2 条规定，犯罪地包括犯罪行为发生地和犯罪结果发生地。针对跨境网络犯罪管辖的问题，主管部门参照刑法总则的管辖权规则

---

① 皮勇. 论我国刑法修正案（七）中的网络犯罪立法［J］. 山东警察学院学报，2009（02）：15.

出台了一系列司法解释，包括《最高人民法院关于适用〈中华人民共和国刑事诉讼法〉的解释》《公安机关办理刑事案件程序规定》《最高人民法院、最高人民检察院、公安部关于办理网络犯罪案件适用刑事诉讼程序若干问题的意见》《最高人民法院、最高人民检察院、公安部关于办理电信网络诈骗等刑事案件适用法律若干问题的意见》《最高人民法院、最高人民检察院、公安部关于办理网络赌博犯罪案件适用法律若干问题的意见》等。参考前述法律文件，我国现行的网络犯罪刑事管辖规定是建立在属地管辖为主的基础之上的。前述五份法律文件针对网络犯罪地均采用列举的形式进行规定，不仅对于网络犯罪地规定的形式相同，而且对于网络犯罪地的认定依据也基本相同，即主要以"人的所在地"和"设备所在地"确定犯罪地。从有关的司法实践来看，"人的所在地"被采用的可能性高于"设备所在地"。2016 年 3 月最高人民法院发布的 9 起网络犯罪典型案例中多以犯罪人行为时所在地作为犯罪地，并没有采用实施犯罪的设备所在地确定网络犯罪的犯罪地。① 网络用户上网时往往是经过多个服务器才能获取必要的信息，而这些服务器又往往分布在多个省市地区，甚至跨越国境。因此，单纯地认为"设备所在地"可以连接网络和物理空间，机械地将"设备所在地"用作确定网络犯罪管辖地的观点可能并不恰当。

2014 年颁行的《关于办理网络犯罪案件适用刑事诉讼程序若干问题的意见》中规定网络犯罪的犯罪地包括："设备所在地"，即用于实施犯罪行为的网站服务器所在地和犯罪嫌疑人、被害人使用的计算机信息系统所在地。"人所在地"包括网站建立者、管理者所在地，被侵害的计算机信息系统或其管理者所在地，被害人被侵害时所在地。2016 年颁行的《电信网络诈骗等刑事案件适用法律若干问题的意见》第 5 条第 1 款规定，犯罪地包括犯罪行为发生地和犯罪结果发生地。"犯罪行为发生地"包括用于电信网络诈骗犯罪的网站服务器所在地，网站建立者、管理者所在地，被侵害的计算机信息系统或其管理者所在地，犯罪嫌疑人、被害人使用的计算

---

① 黄海英. 最高人民法院发布九起电信网络诈骗犯罪典型案例 [EB/OL]. 中国长安网，2016-03-04.

机信息系统所在地，诈骗电话拨打地，短信息和电子邮件的发送地、接受地，以及诈骗行为持续发生的实施地、预备地、开始地、途经地、结束地等。"犯罪结果发生地"包括被害人被骗时所在地，以及诈骗所得财物的实际取得地、藏匿地、转移地、使用地、销售地等。2010年颁行的《网络赌博犯罪案件适用法律若干问题的意见》第4条也对网络犯罪进行了解释，规定"犯罪地"包括"赌博网站服务器所在地、网络接入地，赌博网站建立者、管理者所在地，以及赌博网站代理人、参赌人实施网络赌博行为地等"。

不难看出，前述关于网络犯罪治理的规定对犯罪地进行了扩大化解释，相关司法解释及执法细则中倾向于将犯罪地理解为与我国计算机相连且实施了侵害我国利益的地方，这是对保护原则的扩展，不将对我国利益的侵犯主体限定在外国人，也不将犯罪地限定在我国领域外，只要犯罪行为侵犯了我国利益，我国就可管辖。① 虽然这种管辖原则有利于我国打击跨境网络诈骗，但在办理跨国案件时，有些国家以属地原则或当地法律没有相关法律规定为由拒绝我国对办理跨国案件的协助申请。因此我国法律完善网络犯罪管辖原则特别是跨国网络犯罪管辖原则十分必要。②

在与他国之间的刑事司法协助方面，我国也一直十分重视积极推进国际合作。《最高人民法院、最高人民检察院、公安部关于办理电信网络诈骗等刑事案件适用法律若干问题的意见》第6条规定："依照国际条约、刑事司法协助、互助协议或平等互助原则，请求证据材料所在地司法机关收集，或通过国际警务合作机制、国际刑警组织启动合作取证程序收集的境外证据材料，经查证属实，可以作为定案的依据。公安机关应对其来源、提取人、提取时间或者提供人、提供时间以及保管移交的过程等作出说明。对其他来自境外的证据材料，应当对其来源、提供人、提供时间以及提取人、提取时间进行审查。能够证明案件事实且符合刑事诉讼法规定

---

① 陈大鹏. 移动互联背景下跨境网络诈骗法律制度研究［J］. 江西警察学院学报，2016（003）：12.
② 陈结淼. 关于我国网络犯罪刑事管辖权立法的思考［J］. 现代法学，2008，30（003）：92-99.

的，可以作为证据使用。"目前，我国一方面已经与包括泰、缅、老、越等国在内的多国建立了警务合作联席机制，并和越南签署了打击跨境电信网络诈骗合作。另一方面，我国已经签订并生效的刑事司法协助条约 55 项，我国加入的《联合国打击跨国有组织犯罪公约》等一批国际公约也包含了有关司法协助的规定。①

3.《国家安全法》

2015 年，《中华人民共和国国家安全法》（以下简称《国家安全法》）首次将网络空间主权写入立法，该法第 25 条规定："国家建设网络与信息安全保障体系，提升网络与信息安全保护能力，加强网络和信息技术的创新研究和开发应用，实现网络和信息核心技术、关键基础设施和重要领域信息系统及数据的安全可控；加强网络管理，防范、制止和依法惩治网络攻击、网络入侵、网络窃密、散布违法有害信息等网络违法犯罪行为，维护国家网络空间主权、安全和发展利益。"该法因而成为我国网络空间治理的里程碑式的法律。至此，我国针对网络安全有了专门立法，该法律将网络主权从一项政治主张确立为法律宣告，网络空间主权的维护自此有法可依。②《国家安全法》明确将维护网络空间主权入法，一方面为反制以美国为代表的其他国家对我国网络空间主权的侵犯提供了进行防御的法律武器，另一方面为我国以维护国家主权及安全为连接点，主动对境外损害或影响我国网络安全的人或行为进行域外管辖提供了可能性。

《国家安全法》第 11 条以及第 77 条规定了我国公民和组织维护国家安全的义务，列举了维护国家安全的义务的具体要求。其中，《国家安全法》第 11 条规定："中华人民共和国公民、一切国家机关和武装力量、各政党和各人民团体、企业事业组织和其他社会组织，都有维护国家安全的责任和义务。中国的主权和领土完整不容侵犯和分割。维护国家主权、统一和领土完整是包括港澳同胞和台湾同胞在内的全中国人民的共同义务。"

---

① 李斌．"一带一路"倡议下我国与沿线国家刑事司法合作制度研究［J］．南宁师范大学学报（哲学社会科学版），2020，41（01）：180-188．
② 丰诗朵．网安法出台势在必行，将促成国家网络空间治理长效机制［EB/OL］．中共中央网络安全和信息化委员会办公室官方网站，2015-08-04．

《国家安全法》第 77 条规定："公民和组织应当履行下列维护国家安全的义务：遵守宪法、法律法规关于国家安全的有关规定；及时报告危害国家安全活动的线索；如实提供所知悉的涉及危害国家安全活动的证据；为国家安全工作提供便利条件或者其他协助；向国家安全机关、公安机关和有关军事机关提供必要的支持和协助。"

前述《国家安全法》第 77 条中的"危害国家安全活动"很可能既不发生在我国境内也不是我国公民或企业所为，因此不能基于属人管辖、属地管辖而只能以保护管辖为基础行使管辖权，此种情况下我国公民有配合的义务，例如及时报告危害国家安全活动的线索，提供所知悉的涉及危害国家安全活动的证据，包括那些由外国人在我国境外从事的危害我国国际安全的行为的线索、证据，以及向国家安全机关、公安机关和有关军事机关提供必要的支持和协助等。

《国家安全法》第 25 条规定："国家建设网络与信息安全保障体系，提升网络与信息安全保护能力，加强网络和信息技术的创新研究和开发应用，实现网络和信息核心技术、关键基础设施和重要领域信息系统及数据的安全可控；加强网络管理，防范、制止和依法惩治网络攻击、网络入侵、网络窃密、散布违法有害信息等网络违法犯罪行为，维护国家网络空间主权、安全和发展利益。"该条规定要求防范、制止和惩治的网络攻击、网络入侵、网络窃密、散布违法有害信息等网络违法犯罪行为，显然也包括在境外实施并在我国境内产生损害我国国家网络空间主权、安全和发展利益后果的网络活动，因此也体现了在网络犯罪治理方面的保护性原则。

4.《网络安全法》

我国于 2016 年颁布了《网络安全法》，这是我国首部调整网络空间法律关系的法律，为我国行使网络空间管辖奠定了法律基础。《网络安全法》第 2 条确立了属地管辖为基本原则，规定："在中华人民共和国境内建设、运营、维护和使用网络，以及网络安全的监督管理，适用本法。"

《网络安全法》第 37 条是我国对个人信息和重要数据的存储和跨境传输的法律规制，在关键信息基础设施的运营者将前述数据向境外传输的情况下，具有一定的域外效力。该条规定："关键信息基础设施的运营者在中华人民共和国境内运营中收集和产生的个人信息和重要数据应当在境内存储。因业务需要，确需向境外提供的，应当按照国家网信部门会同国务院有关部门制定的办法进行安全评估；法律、行政法规另有规定的，依照其规定。"对于如何界定关键信息基础设施，《网络安全法》并未列明具体范围，而是在该法第 31 条第 1 款中规定由国务院进行具体规定："国家对公共通信和信息服务、能源、交通、水利、金融、公共服务、电子政务等重要行业和领域，以及其他一旦遭到破坏、丧失功能或者数据泄露，可能严重危害国家安全、国计民生、公共利益的关键信息基础设施，在网络安全等级保护制度的基础上，实行重点保护。关键信息基础设施的具体范围和安全保护办法由国务院制定。"国家互联网信息办公室在有关文件中界定关键信息基础设施时指出："关键信息基础设施指的是面向公众提供网络信息服务或支撑能源、通信、金融、交通、公用事业等重要行业运行的信息系统或工业控制系统，这些系统一旦发生网络安全事故，可能影响重要行业正常运行，对国家政治、经济、科技、社会、文化、国防、环境及人民生命财产造成严重损失。"① 国家互联网信息办公室于 2017 年 7 月 10 日发布的《关键信息基础设施安全保护条例（征求意见稿）》第 18 条规定"运行、管理的网络设施和信息系统，一旦遭到破坏、丧失功能或者数据泄露，可能严重危害国家安全、国计民生、公共利益的，应当纳入关键信息基础设施保护范围。"②

《网络安全法》第 75 条是该法中具有域外效力的重要条款，该条规定了境外个人或实体危害我们国家关键信息基础设施的法律责任："境外的机构、组织、个人从事攻击、侵入、干扰、破坏等危害中华人民共和国的关键信息基础设施的活动，造成严重后果的，依法追究法律责任；国务院公安部门和有关部门可以决定对该机构、组织、个人采取冻结财产或者其

---

① 国家互联网信息办公室. 全国范围关键信息基础设施网络安全检查工作启动 [EB/OL]. 国家网信办官方网站，2016-07-08.

② 国家互联网信息办公室. 关于《关键信息基础设施安全保护条例（征求意见稿）》公开征求意见的通知 [EB/OL]. 国家网信办官方网站，2017-07-11.

他必要的制裁措施。"在属地管辖原则的基础上，如果"关键信息基础设施"位于中国境外，这项规则的连接点既是以保护管辖为基础，也是以客观属地管辖为基础，甚至可以说是以"效果原则"为基础。①

在法律责任方面，《网络安全法》第 66 条规定了违规跨境传输个人信息和重要数据的法律责任："关键信息基础设施的运营者违反本法第三十七条规定，在境外存储网络数据，或者向境外提供网络数据的，由有关主管部门责令改正，给予警告，没收违法所得，处五万元以上五十万元以下罚款，并可以责令暂停相关业务、停业整顿、关闭网站、吊销相关业务许可证或者吊销营业执照；对直接负责的主管人员和其他直接责任人员处一万元以上十万元以下罚款。"可见，境内外的当事人违规跨境传输个人信息和重要数据的，最高处以 50 万元人民币的罚款，相对 GDPR 动辄数千万欧元的违规处罚，我国《网络安全法》的处罚上限有待商榷。②

5.《个人信息保护法》

全国人大常委会于 2020 年 10 月 22 日公布《中华人民共和国个人信息保护法（草案）》后，又于 2021 年 4 月 29 日公布了《中华人民共和国个人信息保护法（草案二次审议稿）》，并最终于 2021 年 8 月 20 日通过《中华人民共和国个人信息保护法》。《中华人民共和国个人信息保护法》第 3 条的规定在一定程度上具有域外效力。该条规定："在中华人民共和国境内处理自然人个人信息的活动，适用本法。在中华人民共和国境外处理中华人民共和国境内自然人个人信息的活动，有下列情形之一的，也适用本法：（一）以向境内自然人提供产品或者服务为目的；（二）为分析、评估境内自然人的行为；（三）法律、行政法规规定的其他情形。"由于境外数字服务企业只需要将其软件上传到应用商店或其他分发平台，即可对全球的用户提供商品或服务。在这一过程中，只要有中国用户使用，该境外数字服务企业就必然会涉及对中国用户的个人信息的收集和处理。因

---

① 廖诗评. 中国法域外适用法律体系：现状，问题与完善 [J]. 中国法学，2019（06）：20-38.

② 闫飞. 网络安全法律涉外管辖权问题研究 [J]. 网络空间安全，2019，10（03）：57.

此，在域外效力方面，《中华人民共和国个人信息保护法》第3条与欧洲议会所颁布的《一般数据保护条例》（GDPR）第3条第2款十分相似，并未局限于传统的属地管辖或属人管辖原则，而是以是否涉及境内自然人的个人信息为原则确定管辖范围。① 如果有关主体在我国境外处理个人信息的活动涉及向中国境内自然人提供产品或者服务为目的，或者活动的目的是为了分析、评估我国境内自然人的行为，则我国有权予以管辖，因而该条规定在一定程度上体现了管辖权方面的"效果原则"。

《中华人民共和国个人信息保护法》第三章是"个人信息跨境提供的规则"的规定，其中第42条规定："境外的组织、个人从事损害中华人民共和国公民的个人信息权益，或者危害中华人民共和国国家安全、公共利益的个人信息处理活动的，国家网信部门可以将其列入限制或者禁止个人信息提供清单，予以公告，并采取限制或者禁止向其提供个人信息等措施。"这一规定以列入清单的方式，对从事损害中华人民共和国公民的个人信息权益，或者危害中华人民共和国国家安全、公共利益的个人信息处理活动的境外的组织、个人实施制裁，是直接规定其自身具有域外效力的条款。其中的第43条则规定："任何国家和地区在个人信息保护方面对中华人民共和国采取歧视性的禁止、限制或者其他类似措施的，中华人民共和国可以根据实际情况对该国家或者该地区采取相应措施。"这一规定属于反制性或阻断性规定，根据这一规定，其他国家或地区不当主张其相关国内法的域外适用，对中国相关主体采取歧视性措施的，则可以根据本条采取相应的限制措施。

（二）在经济行政领域完善涉及网络空间的相关立法

经济行政领域与网络空间相关的立法主要是涉及该领域企业行为、经济活动以及网络空间的知识产权侵权等行为的规制。我国所制定的经济行政立法之中，通常包含了一些具有强制性规定性质的条款，其中，有些条

---

① 孟也甜. 中国式"长臂管辖"：个人信息保护法（草案）的域外效力［EB/OL］. 搜狐网，2020-10-21.

款明确规定了其域外效力，具有"直接适用的法"的性质，例如《中华人民共和国反垄断法》（以下简称《反垄断法》）的第 2 条。但另一方面，也有些具有强制性规定性质的条款对于是否具有域外效力并未做出说明，可能需要以修改或解释的方式加以明确。

1. 在反垄断方面完善网络空间相关立法

我国的《反垄断法》于 2008 年 8 月生效，其中第 2 条主要以"效果原则"为依据设立了明确的域外适用效力，该条规定："中华人民共和国境内经济活动中的垄断行为，适用本法；中华人民共和国境外的垄断行为，对境内市场竞争产生排除、限制影响的，适用本法。"

在司法实践中，涉及反垄断法域外适用的 2014 年"马士基、地中海航运、达飞设立网络中心经营者集中案"是具有重要意义的案例之一。在该案中，我国商务部反垄断局做出了《商务部公告 2014 年第 46 号 商务部关于禁止马士基、地中海航运、达飞设立网络中心经营者集中反垄断审查决定的公告》，该公告以"在亚洲——欧洲航线集装箱班轮运输服务市场可能具有排除、限制竞争效果"为由，禁止了马士基航运、地中海航运、达飞设立网络中心的经营者集中行为。[①]

针对《反垄断法》第 2 条，即域外适用条款，我国暂没有配套法律对该条所规定的域外适用标准，即"对境内市场竞争产生排除、限制影响"做出明确、具体的解释。因此，这一概括性的表述所导致的结果是我国《反垄断法》执法机关在对经营者集中行为、垄断协议、滥用市场支配地位行使域外管辖权时，运用各种不同的标准。[②] 未来可考虑通过建立配套的指引，将该建议落在实处，为《反垄断法》域外适用标准增加限制性因素，保证《反垄断法》域外适用标准的合理运用。[③]

---

① 中华人民共和国商务部.商务部关于禁止马士基、地中海航运、达飞设立网络中心经营者集中反垄断审查决定的公告：商务部发［2014］46 号［A/OL］.中国商务部官方网站，2014-06-17.
② 黄潋.《反垄断法》域外适用标准与冲突解决问题研究［D］.华东政法大学，2019：02.
③ 黄潋.《反垄断法》域外适用标准与冲突解决问题研究［D］.华东政法大学，2019：66.

在涉及网络空间的经济活动方面，互联网企业在其商业经营活动中很容易形成垄断，境外的互联网巨头如亚马逊、Facebook、Google 等企业在相关领域具有明显的垄断地位，其所实施的有关垄断行为，也非常有可能"对境内市场竞争产生排除、限制影响"。因此，理论上我国的《反垄断法》对于前述企业的有关垄断行为应予以适用，但在具体适用的条件方面，还有待于通过立法或司法实践进一步予以明确。

2. 在反不正当竞争方面完善网络空间相关立法

反跨国商业贿赂往往牵扯到相关国家间的管辖权冲突问题。全球跨国公司中不乏涉及网络空间的企业，规制跨国商业贿赂行为的法律制度当然适用于这类企业。美国、英国针对跨国商业贿赂均出台了专门的法律，即美国的《反海外贿赂行为法》和英国的《反贿赂法案》加以应对。我国没有针对跨国商业贿赂进行专门性立法，对该行为的规范分散在《刑法》《中华人民共和国反不正当竞争法》（以下简称《反不正当竞争法》）的有关规定当中。例如，我国《反不正当竞争法》第 8 条规定："经营者不得采用财物或者其他手段进行贿赂以销售或者购买商品。在帐外暗中给予对方单位或者个人回扣的，以行贿论处；对方单位或者个人在账外暗中收受回扣的，以受贿论处。"我国刑法修正案（八）则填补了规制跨国贿赂行为的空白，规定针对"贿赂外国公职人员或国际公共组织官员"的行为，如涉案数额较大则"处三年以下有期徒刑或者拘役"；如数额巨大则"处三年以上十年以下有期徒刑"。

医药企业葛兰素史克（中国分公司）曾于 2013 年被曝出行贿丑闻，据称该企业以提高药品在中国的销售额为目的，向政府官员、行业协会内部人员以及医生等行贿，涉案金额约 5 亿美元。我国最终针对该行贿案件向葛兰素史克最终开出 30 亿人民币的罚单。该公司中国负责人马克锐（英国国籍）也因行贿罪被判处有期徒刑三年，缓刑四年，并处驱逐出境。① 该案中，中国主要行使的是属地管辖权，因为该犯罪行为发生在中

---

① 邹伟，罗沙，陈文广. 葛兰素史克中国公司行贿事件：中国不是法外之地 [EB/OL]. 中国法院网，2014-09-19.

国境内。另外，该公司（涉案公司是葛兰素史克的中国分公司）是按照中国法律成立的法人，我国也可以按照属人管辖来对其行使管辖权。再则，我国是《联合国反腐败公约》的缔约国，贿赂外国公职人员的行为在该公约中被规定为犯罪，因此依据普遍管辖权，我国也可以对该案件进行管辖。综上，针对该类案件，我国应坚持以属地管辖为主，以属人管辖、普遍管辖为辅进行管辖。另一方面，我国还应根据《联合国反腐败公约》中有关管辖权确立和冲突解决规则对域外管辖规则进行完善，在减少管辖权行使不确定因素的同时增加管辖权行使的灵活性。

2018 年的"缤客公司（Booking.com）案"是中国行政主管部门对于域外有可能破坏中国市场秩序的行为进行处罚，实现中国《反不正当竞争法》的域外适用的典型案例。① 缤客公司（Booking.com B. V. 公司）的注册地址为荷兰阿姆斯特丹，长期在全球范围内发布酒店信息。2018 年 7 月，缤客公司通过"春秋航空"APP 设置链接，跳转到其自有网站（网址：www.booking.com），发布将上海建工浦江皇冠假日酒店宣传为"五星级"酒店的相关信息。此外，缤客还通过微信公众号"中国东方航空"（微信号：mu_95530）设置链接，跳转到其自有网站，发布将中国内地的两家酒店宣传为"五星级"酒店的相关信息。客户预订酒店过程全部在缤客网站完成，并由其完成酒店预订业务的咨询及销售事宜。经查明，前述 3 家酒店实际未获评"五星级旅游饭店"资质。2018 年 12 月 10 日，上海市工商局机场分局执法人员向缤客公司送达《行政处罚听证告知书》，指出其上述行为违反了《中华人民共和国反不正当竞争法》第 8 条第 1 款"经营者不得对其商品的性能、功能、质量、销售状况、用户评价、曾获荣誉等作虚假或引人误解的商业宣传，欺骗、误导消费者"的规定，构成了对由其提供的商品（服务）性能或质量的虚假宣传行为，根据《中华人民共和国行政处罚法》及《中华人民共和国反不正当竞争法》的相关规定，对缤客公司作出责令停止违法行为、罚款人民币 20 万元的行政处罚。

---

① 商舒. 中国域外规制体系的建构挑战与架构重点——兼论《阻断外国法律与措施不当域外适用办法》[J]. 国际法研究，2021（02）：78.

据了解，缤客公司曾于 2017 年 4 月 1 日因同样事由受到过行政处罚。①

3. 在出口管制方面完善网络空间相关立法

除了以属地、属人、保护、普遍管辖权为连接点的域外管辖权外，以物项和技术为连接点的域外适用规则也在逐渐发展，有学者称之为以新型连接点为基础的域外适用规则。②

2002 年 8 月 22 日国务院发布了《中华人民共和国导弹及相关物项和技术出口管制条例》。该法规定了对导弹技术实行许可证管理，其中第 6 条规定导弹相关物项和技术出口的接受方，"未经中国政府允许，不将中国供应的导弹相关物项和技术用于申明的最终用途以外的其他用途，不将中国供应的导弹相关物项和技术向申明的最终用户以外的第三方转让。"这是一种域外效力的规定，即使导弹物品和技术已位于中国境外，仍应接受中国政府的管制，管制方式是由接受方作出承诺和保证。③ 对物项和技术实行出口许可制度的法规还有《有关化学品及相关设备和技术出口管制办法》，其第 5 条规定国家对《管制清单》所列物项和技术的出口实行许可证制度；另外还有《中华人民共和国生物两用品及相关设备和技术出口管制条例》等。

2020 年 10 月出台的《中华人民共和国出口管制法》进一步扩大了出口管制规则的域外适用范围，该法第 3 条将中国公民、法人及其他组织在境外向第三方转让涉管物项及技术也视为"出口"，纳入管制范围；第 18 条规定管制物项或包含中华人民共和国管制物项且其价值达到一定比例的外国产品，从境外出口到其他国际（地区）的，适用该法。换言之，即使对于已经出口的管制物品，在符合相关条件的前提下，该物品的再利用、出口或转移也将受到出口管制法的约束。这种制度安排既是中国国家安全的需要，也是中国全面履行相关国际义务的需要；第 54 条规定，对出口管

---

① 邹娟. 虚假宣传酒店为五星级，Booking.com 被罚 20 万元［EB/OL］. 澎湃新闻网，2019-01-03.

② 廖诗评. 中国法域外适用法律体系：现状，问题与完善［J］. 中国法学，2019 (06)：20-38.

③ 张利民. 经济行政法的域外效力［D］. 苏州大学，2007：313.

制违法行为进行教唆、通谋或提供代理、货运、报关、第三方电子交易平台和金融等服务的，国家出口管制主管部门可视情节给予警告、罚款和没收违法所得等处罚。针对网络空间，以上出口管制领域的域外规则一方面覆盖了该领域物项和技术的出口；另一方面，由于提供金融和第三方电子交易平台的行为有可能发生在境外，本条事实上使得主管部门可以对这类个人和机构进行处罚。

在涉外技术出口方面，根据中国《技术进出口管理条例》规定，只要可能导致技术从中国境内向境外转移，无论是转让专利权、专利申请权、技术秘密，还是通过专利实施许可、技术服务和其他方式从境内向境外转让技术，都应遵守《技术进出口管理条例》《技术进出口合同登记管理办法》和《中国禁止出口限制出口技术目录》的规定。在"Tiktok案"中，由于相关交易中涉及字节跳动的核心算法技术，商务部的出口禁令就对特朗普总统令起到了较为有力的反制作用。①

2020 年 8 月 28 日，商务部会同科技部发布了"关于调整发布《中国禁止出口限制出口技术目录》的公告"，继续对技术出口实行负面清单管理。该次修订在第 45 项之下新增的第 18 条关于"18. 人工智能交互界面技术（包括语音识别技术，麦克风阵列技术，语音唤醒技术，交互理解技术等）"，以及第 21 条关于"基于数据分析的个性化信息推送服务技术"等控制要点，就涉及北京字节跳动公司 2020 年期间一度被美国当局要求的转让其美国子公司 tiktok 所涉及的技术交易。根据前述公告，TikTok 核心算法以及字节跳动公司研发的基于数据分析的个性化信息推送服务技术的出售，若不履行相应的报批程序，则不得进行。② 中国该调整后的《中国禁止出口限制出口技术目录》公布后，中国商务部发言人于 2020 年 9 月 24 日指出，北京市商务局已经收到北京字节跳动公司提交的技术出口许可

---

① 商舒. 中国域外规制体系的建构挑战与架构重点——兼论《阻断外国法律与措施不当域外适用办法》[J]. 国际法研究，2021（02）：79.

② 贾章范. 论算法解释权不是一项法律权利——兼评《个人信息保护法（草案）》第二十五条 [J]. 电子知识产权，2020，（12）：49–61.

申请，后续将按照相关规定和程序，依法依规处理。①

4. 在证券市场发行和交易方面完善网络空间相关立法

2020 年 3 月 1 日起我国施行了新《证券法》，新增第 2 条第 4 款的规定："在中华人民共和国境外的证券发行和交易活动，扰乱中华人民共和国境内市场秩序，损害境内投资者合法权益的，依照本法有关规定处理并追究法律责任。"显然，该规定具有域外效力，使得中国证监会有权在一定条件下对于境外的证券发行和交易活动行使管辖权，适用该法的有关规定予以处理。针对在美上市的瑞幸咖啡海外造假事件，不少学者当时就提出了境内投资者可以根据《证券法》中新引入的上述规定在中国法院进行追偿。但至今并没有任何投资者的个人或者集体诉讼出现，可能因为与《证券法》相衔接的行政监管和司法审判实务的具体落实层面尚存在一定障碍，投资者在法律适用上面临不确定性，相关法院也缺乏类似的案件审判经验。这使得《证券法》的域外规制体系目前仅停留在理论层面。②

就《证券法》与网络空间活动的关系而言，如果境外的证券发行和交易活动涉及网络空间的有关事项或行为，如涉及证券发行和交易的网络虚假信息，利用网络空间从事内幕交易等，则理论上《证券法》的相关规定也应予以适用。

三、通过司法实践积极在网络空间行使域外管辖权

（一）适当强化国内法院在网络空间行使域外管辖权的主动性

国内法的域外适用是一国对外关系法的组成部分。法院越来越多地参与对外关系是近年来国际法与国内法发展的总体趋势。③ 鉴于美国的宪法

---

① 陈炜伟. 商务部回应字节跳动公司技术出口许可申请问题［EB/OL］. 新华网，
2020-09-24.

② 商舒. 中国域外规制体系的建构挑战与架构重点——兼论《阻断外国法律与措施不当域外适用办法》［J］. 国际法研究，2021（02）：78.

③ 蔡从燕. 中国崛起、对外关系法与法院的功能再造［J］. 武汉大学学报（哲学社会科学版），2018，71（05）：130-143.

架构、整体法治状况及其国际地位，美国的法院在参与对外关系方面经验丰富，也是进行国内法域外适用司法实践最频繁的国家。尽管美国存在滥用域外管辖的倾向和问题，但其通过积极行使域外管辖维护国家利益的做法，并非没有借鉴意义。

我国法院在适当的情况下强化国内法域外适用的司法实践具有积极意义，一方面，法院通过该类司法实践以及树立典型案例的指导作用，有利于更充分地体现我国的司法主权，并通过适用我国相关法律更好地维护国家利益；另一方面，在这一过程中对于我国国内法的解释运用以及可能与国际法律规则产生的互动，有可能对相关领域的国际法律规则的形成和发展产生影响，从而提高我国的国际法律话语权。

从多年来的实践来看，我国法院在行使域外管辖权方面一向比较谨慎。客观上，由于我国法院没有被赋予参与行政机关行政处罚程序的权力，亦没有创设行政机关起诉相对人的"官告民"的制度，因此提供给法院参与国内法域外适用的空间比较有限。基于比较保守的外交政策以及政治、经济、国际舆论等方面的综合考量，我国很少主张国内法的域外适用。① 以我国《网络安全法》为例。虽然该法为中国在网络安全领域构建域外管辖机制提供了国内法依据，但是中国法院对外行使域外管辖权的态度仍然过于谨慎。② 有了确立国内法域外效力的规则，保证域外管辖权的实施就要依靠司法管辖权和执法管辖权。因此，中国法院应重视基于具有域外管辖性质的相关法律规定，积极在网络安全领域行使司法管辖权。并且，可以结合中国司法实践的惯常做法——由最高人民法院发布指导性案例，③ 发挥典型案例的指导作用，为法院将"网络运营者"或"信息处理主体"等法律术语做扩大解释的做法提供司法依据，从而进一步完善《网

---

① 廖诗评. 中国法域外适用法律体系：现状，问题与完善 [J]. 中国法学，2019（06）：20-38.

② 肖永平. "长臂管辖权"的法理分析与对策研究 [J]. 中国法学，2019（06）：39-65.

③ 2014 年最高人民法院将"华为技术有限公司与交互数字技术公司、交互数字通信有限公司、交互数字公司滥用市场支配地位纠纷上诉案"纳入典型案例。

络安全法》和《个人信息保护法》等法律的域外适用。

（二）应注重在网络空间合理、适当地完善涉及域外管辖的规则

1. 在立法方面应注重管辖连接点的选择和完善

（1）适当扩大属地连接点的适用范围

域外管辖权若要以属地管辖为基础，也就是意味着此类域外管辖强调管辖对象与本国领土存在着某种联系。根据实践总结，属地管辖的扩张形式共有两种：第一种是将管制对象与本国领土之间产生联系的门槛降低；第二种是拓宽境外行为对本国的影响范围。两种方式均可以达到域外管辖的目的。①

欧盟出台的 GDPR 是通过扩大属地连接点来实行域外管辖的典型。GDPR 在第 3 条中界定了其适用的"地域范围"。据此，GDPR 在以下三种情况下得以适用：第一，适用于设立在欧盟内的控制者或处理者对个人数据之处理，无论该行为是否发生在欧盟域内。第二，适用于对欧盟域内数据主体的个人数据处理，即使控制者和处理者没有设立在欧盟域内，但其处理行为只要满足以下两个条件之一即可适用：其一，发生于向欧盟域内的数据主体提供商品或服务的过程中，不论此项商品或服务是否需要数据主体支付对价；其二，是对数据主体发生在欧盟域内之行为进行的监控。第三，适用于虽然设立在欧盟域外，但基于国际公法欧盟成员国的法律对其可予以适用的地点的控制者对个人数据之处理。② 可见，针对"在欧洲运营"这一因素，GDPR 做了扩大解释，即只要收集处理了欧盟居民的个人数据，即便实际的数据处理行动不发生于欧盟域内，但只要该处理行动对欧盟的数据主体产生了一定程度的影响，该企业也要受到 GDPR 规制。

此外，《巴西通用数据保护法》也采用了与 GDPR 相类似的做法，甚至可以说是 GDPR 的"镜像"。《巴西通用数据保护法》第一章第 3 条

---

① 廖诗评. 国内法域外适用及其应对——以美国法域外适用措施为例［J］. 环球法律评论，2019，41（03）：166-178.

② See General Data Protection Regulation.

规定：

"不论法律实体总部所在国或数据所在国是在何处，本法适用于自然人或者受公法或私法管辖的法律实体所进行的任何数据处理操作，但需要符合下列条件：

Ⅰ. 处理操作是在巴西境内进行；

Ⅱ. 以提供货物或服务为目的的处理活动，或者处理位于巴西境内的个人数据；

Ⅲ. 所处理的个人数据在巴西境内收集。

第 1 款：在巴西境内收集的数据视为数据主体被收集数据时处于巴西境内。

第 2 款：本法第 4 条 Ⅳ 项规定的数据处理活动系本条 Ⅰ 项规定之例外情形。"①

可见，属地原则除了适用于在本国境内进行的数据处理或收集行为，而且可以扩大适用于虽然在本国境外进行，但却与境内产生一定联系（对境内提供商品或服务、对境内行为进行监控）的数据处理或收集行为。

（2）适当扩大属人连接点的适用范围

域外管辖权若以属人管辖为基础，也就意味着该管辖权往往以与个人或组织之国籍、住所地、经常居所地等作为行使管辖权的连接点。随着一国扩大其国内法域外管辖的现实需要，主权国家往往会从更为宽泛的角度解释属人连接点。

在扩大属人连接点适用范围的立法实践中最具代表性的是美国的《云法案》。据该法规定，"美国企业"除"注册在美国的企业"之外，还涵盖了"面向美国公众提供电子通信服务的提供商、远程计算服务提供商，在美国有比较实质性的存在"的境外企业。② 而且《云法案》规定："除非满足少数排除条件，当上述数据服务商被认定为美国数据控制者，则其

---

① 崔丽莎等.《巴西〈通用数据保护法〉译文》[DB/OL]. 百度网盘，2020-07-10.
② 弓永钦. 美国《云计算法案》引发的个人数据法律管辖权思考 [J]. 北京劳动保障职业学院学报，2018，103（04）：28-31.

必须与美国政府配合调取全球各地数据信息。"① 可见，美国采取的是扩大对网络服务提供主体的范围以及采用"数据控制者标准"的方式，强化了美国对于个人数据的管辖权。换言之，通过"长臂管辖权"，美国不仅对于"注册在美国的企业"主张管辖权，对于面向美国公众提供电子通信服务、在美国有比较实质性的存在的境外数据服务商企业也同样主张管辖权。由此可见，美国通过该法案将其对网络空间数据服务商的管辖权几近扩展至全球范围。

（3）强化保护性管辖原则的适用

在制定与网络安全相关的法律法规时，可以考虑以效果原则等体现保护管辖权性质的连接点为基础，将境外特定行为纳入域外效力范围，从而确立相关国内法的域外效力。②

域外管辖权若以保护管辖权为基础，则主要强调了主权国家所规制的对象侵害了本国国家或者国民的基本利益。但由于"基本利益"这一连接点太过抽象，实践中往往是主张管辖权的国家根据实际情况自行判断，因此当各国针对域外行为实施域外管辖时，通常的做法就是援引国内有关保护本国利益的规定为法律依据，主张本国基本利益遭受侵害。③ 这种做法实际上也是"效果原则"的一种应用体现。如 2019 年 1 月，越南官方媒体发表声明，称 Facebook 允许其用户在其平台上发布反政府言论，并且还允许通过个人账号上传包含"诽谤性"内容、传播反政府情绪、污蔑个体和组织的帖子，越南信息通信部表示"这些内容严重违反了越南《网络安

---

① 闫飞. 网络安全法律涉外管辖权问题研究 [J]. 网络空间安全, 2019, 10 (03)：53-57.
② 廖诗评. 中国法域外适用法律体系：现状, 问题与完善 [J]. 中国法学, 2019 (06)：20-38.
③ 肖永平. "长臂管辖权"的法理分析与对策研究 [J]. 中国法学, 2019 (06)：39-65.

全法》",① 以及政府在互联网服务管理、提供和使用问题上制定的法规。②

(4) 重视普遍性管辖原则的适用

相较于前三种管辖连接点，以保护国际社会整体利益为目的的普遍性管辖原则的适用性要小得多，但由于普遍性管辖本身具有"维护国际社会整体利益"的天然正当性，因此只要适用得当，将会为我国法律域外效力的扩展提供广阔的空间。

一些国际公约明确规定了缔约国应予打击的跨国犯罪行为。以《联合国反腐败公约》为例，虽然我国并没有制定专门规制跨国商业贿赂的单行法，但在具体的司法实践中，针对在我国境内发生的或是由在我国注册的法人进行的跨国商业贿赂行为，除了分别援引属地管辖或属人管辖权外，还可以根据我国缔结的《联合国反腐败公约》，在我国所承担条约义务的范围内行使管辖权。我国参加的类似的条约还有《联合国打击跨国有组织犯罪公约》等。

此外，根据有关国际习惯法规则，对于一些通过实施跨国网络攻击并导致严重的损害后果，如足以满足一些国际罪行（如反人类罪等）的构成要件的行为，各国也有权行使普遍性管辖权。当然，此种情况下，对于跨国网络攻击的界定，相关的证据标准等问题，目前在理论和实践中仍然存在一些争议，需要进一步结合国际、国内的相关实践予以明确、澄清。

(5) 通过相关立法确立"最低限度的联系"原则

我国在立法中也有必要用最低限度联系原则作为国家明确对外国被告管辖的标准，适当扩张我国法院的国际民事诉讼管辖权，维护中国的国家利益、助力"一带一路"建设。③ 在互联网治理领域，参考美国长臂管辖

---

① 越南《网络安全法》第三章第十六条列明了三类七种"含有宣传反对越南社会主义共和国，鼓动暴乱、扰乱社会治安，侮辱、污蔑，破坏经济管理秩序内容的信息"，将利用网络发布这些信息的行为视为"侵害网络安全的行为"。

② 晴天. 越南称 Facebook 违了其新出台的网络安全法 [EB/OL]. 新浪网，2019-01-09.

③ 霍政欣，金博恒. 美国长臂管辖权研究——兼论中国的因应与借鉴 [J]. 安徽大学学报（哲学社会科学版），2020, 44 (02): 89.

的有关实践，中国在确立域外管辖权依据时，应当坚持以属地原则作为确立域外管辖权的基础，以最低联系原则作为确立域外管辖的辅助依据，从而在互联网纠纷领域中合理扩大我国法院的司法管辖范围。

从合理性的角度来看，以联系原则作为域外管辖的依据之一是我国目前经济发展的客观需要。美国的长臂管辖实际上是经历了二战后确立、各州法院扩张再到近几年美国最高法院限制的过程，这一历程深刻地反映了美国经济的发展轨迹。近年来，我国经济快速发展，在全球化的进程中不断扩大对外开放的力度，当下的经济形势也需要我国以联系原则作为确定域外管辖的法律依据。其次，随着全球化的深入发展，为了保护我国企业和公民的正当利益，以联系原则作为确立域外管辖的依据已成为现实需要。据相关统计，我国境外服务贸易支出已经多年连续增长，这一趋势说明，我国居民与非居民之间发生法律纠纷的可能性日益增加。如果我国公民不熟悉外国的法律制度，或者无法在国外获得有效救济时，以联系原则确立对非居民被告的管辖，能在某种程度上加强对我国公民自身利益的保护。第三，改革开放以来，外商在华投资日益增加，这种增长实际上说明外商行为对我国社会经济产生的影响不断扩大，以联系原则作为确定域外管辖的依据也符合外商在我国投资日趋增加的客观需求。

从可行性的角度来看，将联系原则作为确定对非居民管辖权的依据与以属地管辖原则作为确定管辖权的依据并不矛盾。我国长期以来坚持的主要管辖原则是以属地管辖为基础，以被告住所地为依据确定管辖权。如果参考肯尼迪大法官在尼卡斯特案中给出的意见，只要转化视角，将非居民所导致的行为与法院地的联系视为被告对法院所在地主权的服从。① 进而将联系原则作为属地管辖原则的一种补充，作为扩张法院管辖权范围的依据，应不存在理论上的矛盾。而且，从立法上看，我国并不排除以非居民与法院地之间的联系作为确立管辖权的依据。我国《民事诉讼法》第265条确立了以非居民被告行为所产生的与我国之间的联系作为管辖依据的原

---

① 张丝路. 长臂管辖效果辩正及对我国的启示［J］. 甘肃社会科学，2017，（5）：179-185.

则，比如侵权行为地或合同签订地、合同履行地在我国境内，可以使得我国法院享有对非居民的管辖权。这些管辖连接点的规定与美国的长臂管辖法案的规定也有相似之处。例如，美国纽约州的长臂法案规定，当非居民所约定的合同履行地在纽约州范围内或诉讼源于非居民在纽约州内的侵权行为时，纽约州法院可以对非居民进行管辖，这显然是以非居民与法院地之间的联系作为确立管辖权的依据。此外，从司法角度来讲，将联系原则作为确立对非居民管辖权的依据的同时，结合不方便法院原则的适用，在一定程度上也能够避免出现过度扩大管辖范围的问题。我国 2015 年最高院出台的关于《民事诉讼法》的司法解释实际上已经采用了不方便法院原则。该司法解释第 532 条规定："涉外民事案件同时符合下列情形的，人民法院可以裁定驳回原告的起诉，告知其向更方便的外国法院提起诉讼：（一）被告提出案件应由更方便外国法院管辖的请求，或者提出管辖异议；（二）当事人之间不存在选择中华人民共和国法院管辖的协议；（三）案件不属于中华人民共和国法院专属管辖；（四）案件不涉及中华人民共和国国家、公民、法人或者其他组织的利益；（五）案件争议的主要事实不是发生在中华人民共和国境内，且案件不适用中华人民共和国法律，人民法院审理案件在认定事实和适用法律方面存在重大困难；（六）外国法院对案件享有管辖权，且审理该案件更加方便。"因此，我国法院完全可以适用不方便法院原则，排除对一些与我国缺乏真正联系的案件行使管辖权。

此外，我国在采用联系原则对非居民行使管辖权时，尤其是针对互联网领域的有关案件时，还应考虑以下因素：

第一，物理位置的联系性。

互联网的发展大大减小了当事人争议与物理位置之间的联系的紧密程度，因此必须在法院和非发生在法院地的行为之间，以及法院与当事人的关系中确定哪些因素对管辖权的确定更为关键。

第二，权利的平衡及可预测性。

我国基于联系原则对非居民的行为实施管辖权，还应注重将维护当事人权利的平衡作为重要的考量因素。同时，法律规范对人的行为的指导应当建立在行为主体对法律的可预测性上。如果管辖权的确定明显超出了可预期的范围，则此种管辖规则就是不合理的。要为管辖权规则设立合理的边界，但还要注重其灵活性，不能太过僵化。美国的长臂管辖规则受到诟病的主要原因就是美国利益至上而无视国际法规则。如若能够将标准适当放宽，除本国或本州居民可以做原告，非本国或本州的居民也能够运用该原则进行诉讼，则将更有利于实现实质正义和公平。然而，这种普遍的公平只能是一种设想，因为这样一来美国有限的司法资源可能会被大量消耗，美国不会愿意放宽标准。因此如何把握尺度、找到其中的平衡是关键，① 这也是我国根据联系原则设立合理域外管辖所应当认真衡量的问题。

2. 在行使域外管辖权方面注重适度的自我限制

我国网络空间适度主张和行使域外管辖权的必要性已如前述，但在设计、构建域外管辖机制的同时，还应考虑该机制的自我限制，在域外管辖权的"扩张"与"限制"之间找到一个平衡点，这样一来，首先对外可以尽量避免以美国为典型的由于滥用长臂管辖权而引起的抵制和反对；其次，对内而言，由于扩张的管辖需要以极其高昂的成本为代价，不加节制地扩张域外管辖权可能带来"自我破产"的风险，② 因此，我国在制度构建之初，就应该考虑到制度的自我限制问题。

根据美国的经验，美国法院主要通过收紧司法解释并根据"不方便法院原则"和"反域外推定原则"等，来限制其长臂管辖的适用范围。但是"不方便法院原则"以及"反域外推定原则"实际上是美国为了避免其司法体系因为本国公民的诉讼而陷入"透支"甚至瘫痪状态，因为即使是美国，其一国的司法能力也不可能足以解决世界范围内与其相关的各类法律纠纷。③ 换言之，美国对于其长臂管辖的自我限制本质上更多的还是在本国范围内，出于司法资源有限的现实考虑，而对于长臂管辖制度进行的制约，并缺乏对于伸出"域外"的长臂进行的主动的自我限制。

---

① 孟鑫. 长臂管辖原则在美国的晚近发展 [J]. 法制与经济，2016，(10)：194-196.
② 肖河. 美国的长臂管辖：概念、实践及其回应 [EB/OL]. 光明网，2019-06-21.
③ 肖河. 美国的长臂管辖：概念、实践及其回应 [EB/OL]. 光明网，2019-06-21.

与美国联邦制的国情不同，我国在国内并不存在州际"长臂管辖"的问题，相应也就不存在对该制度在国内进行自我限制问题。而且，在我国的域外管辖制度尚处于初步确立阶段的情况下，重心必然是设计管辖权的扩张而非限制，但制度的自我限制的重要性并不能被忽视。我国可以在域外管辖司法实践的过程中，通过立法、司法解释等方式对域外管辖的"扩张"与"限制"进行平衡与调整，如列举联系原则的例外与豁免情形，节约国内司法资源，避免过度扩张。

四、在网络空间强化涉及域外管辖的行政执法

强化行政机关在网络安全领域的执法管辖权也是保证国内法域外实施效力的必要手段。传统的行政执法观念通常侧重于对本国的人、物或行为的管辖权。因此，行政机关必须充分意识到国际法赋予自身实施域外管辖时的广阔空间，追求在执法过程中实现域外适用的目标。[①]

在涉及网络空间活动的反垄断、反不正当竞争、出口管制等领域，我国有关主管部门均有必要强化域外管辖的行政执法。

在反垄断方面，如前所述，互联网企业巨头很容易在其商业经营活动中形成垄断并利用其垄断地位。以苹果公司为例，苹果公司的应用商店是该公司的重要收入来源，2019 年 App Store 苹果应用商店的收入达 5190 亿美元。2020 年 6 月 17 日，欧盟委员会正式宣布，对苹果应用商店和苹果支付发起反垄断调查。据一些与苹果合作的经营商指控，苹果向通过 iOS 应用商店购买软件的用户收取每月 15%～30% 的订阅费，无论用户何时购买 iOS 应用程序的数字产品（如电子书），或在 iOS 应用程序中发起订阅，苹果都会在第一年收取 30% 的费用，在随后的所有年份收取 15% 的费用。2019 年 3 月，Spotify 向欧盟当局提出对苹果公司的投诉，苹果公司向应用内付费收取 30% 分成，这导致 Spotify 不得不将套餐价格从 9.99 欧元提高到 12.99 欧元，但 Apple Music 随后却以 9.99 欧元上线。Spotify 认为，苹

---

① 廖诗评. 中国法域外适用法律体系：现状，问题与完善［J］. 中国法学，2019（06）：20-38.

果利用其垄断地位不公平地限制了其音乐流媒体服务的竞争对手，剥夺了消费者的选择。① 2021 年 4 月 30 日，欧盟反垄断监管机构宣布就苹果公司在其应用程序商店设定限制性条款发起反垄断诉讼。欧盟委员会表示，苹果公司限制条款可能会扭曲苹果设备上的流媒体音乐服务竞争。相关分析指出，这是欧盟首次对苹果公司提起反垄断诉讼，这可能导致苹果公司被处以相当于其全球营收 10% 的罚款。② 依据我国的《反垄断法》的有关规定，苹果公司的此类垄断性质的活动，也非常有可能"对境内市场竞争产生排除、限制影响"。因此，必要的情况下我主管部门也应考虑通过行政执法等方式对此类行为进行监管。

在反不正当竞争领域，在前述的 2018 年的"缤客公司（Booking. com）案"中，中国上海市工商局机场分局就依据《中华人民共和国行政处罚法》及《中华人民共和国反不正当竞争法》的相关规定，对缤客公司（Booking. com B. V. 公司）域外实施的、产生破坏中国市场秩序的行为进行了处罚。

在技术出口限制领域，美国当局 2020 年期间强迫北京字节跳动公司转让其美国子公司 Tiktok 后，中国商务部会同科技部于 2020 年 8 月 28 日发布"关于调整发布《中国禁止出口限制出口技术目录》的公告"，新增了"18. 人工智能交互界面技术（包括语音识别技术，麦克风阵列技术，语音唤醒技术，交互理解技术等）"，以及第 21 条关于"基于数据分析的个性化信息推送服务技术"等控制要点。中国商务部发言人随后于 2020 年 9 月 24 日指出，对于北京字节跳动公司提交的技术出口许可申请，将按照中国相关立法审查处理。

总体来看，我国在涉及网络空间活动的反垄断、反不正当竞争、出口管制等领域已经存在一些通过行政执法实施域外管辖的实践，但仍然存在进一步完善、强化相关执法机制的空间。例如，在涉及个人信息保护、网

---

① 石飞月. 欧盟对苹果支付和 iOS 应用商店发起反垄断调查［EB/OL］. 北京商报网，2020-06-17.

② 轻舟. 欧盟反垄断下狠手，苹果罚金或达其全球营收 10%［EB/OL］. 中关村在线网，2021-05-02.

络安全等具体的执法实践中，行政机关应适时行使自由裁量权，在必要的情况下扩大解释"网络运营者"或"信息处理主体"的适用范围，因为相关立法并未将这两者的范围限制于中国境内。

总之，在不违反国际法义务的前提下，为维护本国的网络主权和国家利益，我国应参考有关国际实践，结合本国国情，从立法、司法和执法等方面，在网络空间构建和完善适当的域外管辖机制。

第八章 积极推进国际社会在网络空间 治理方面的国际合作

在传统国际法上，管辖权冲突的解决不仅关乎个体利益，更涉及不同国家和地区的利益。通过协调而非制裁等单边主义的方式解决分歧，更有助于网络空间治理管辖权冲突所引起的争端的和平解决。

一、加强国际合作是各国更好地维护网络主权与网络安全的必由之路

网络主权是国家主权在网络空间中的自然延伸和表现。① 每一个主权国家都有权强调并维护本国的网络主权，是包括中国在内的多数国家当前在网络空间治理方面形成的共识。但是，维护网络主权并不意味着应当以"网络安全"为由主张过度的域外管辖。

近年来，美国和欧洲的一些发达国家动辄以维护国家安全为由，在网络空间治理方面过度行使域外管辖权。例如，美国政府在 2018 年接连发布《美国国家网络战略》等多份重磅网络战略文件，不遗余力地渲染网络空间的大国竞争色彩，在突出美国一贯的强硬姿态的同时，强调要提升美国网络空间实力，维护优势地位，并积极与盟友及伙伴开展合作，试图主导网络空间国际规则。同时，美国《云法案》规定美国执法机构可以向美国企业（包括为美国市场提供数字服务的境外企业）索取存储在外国的犯罪嫌疑人相关数据，将其对个人数据的管辖权拓展到境外企业。这些措施充

---

① 李鸿渊. 论网络主权与新的国家安全观 [J]. 行政与法，2008（08）：120.

分展现出美国积极扩张其管辖权，捍卫其网络强国霸主地位的意志。欧盟于 2018 年 5 月 25 日通过的《通用数据保护条例》（GDPR）在地域范围条款中也采取了属地与属人管辖权相结合的方式。它规定，任何收集、传输、保留或处理涉及欧盟所有成员国内的个人信息的机构组织均受该条例的约束，其适用范围十分广泛。欧美的前述主张已经在一定程度上超出了传统行使管辖权的范畴，用传统的"保护性管辖"解释也比较牵强，因此这种过度拓展管辖权的行为很容易导致与其他国家管辖权的冲突。

可见，欧美等国目前采取的是一种"自我中心"式的管辖权确定标准，一边不遗余力地扩张对于涉及网络空间事项的管辖权，试图引领网络空间的治理、发展方向，一边反对其他国家在网络空间——尤其是在跨境数据流动和网络空间信息传播和流动的领域——对西方国家采取类似的行动。随着新兴国家和发展中国家的崛起，出于对国家主权和利益的维护，必然会对欧美国家过度拓展管辖权的做法进行抵制。因此，在全球网络空间的治理进程中，只有推动各国平等参与网络空间治理，积极通过管辖权的协调进行国际合作，才能兼顾各国的共同利益，更好地维护各国的网络主权和网络安全。美国学者戴维·克拉克（David Clark）指出，用户是网络空间的重要组成部分，数量庞大且年轻活跃的网络用户是发展中国家争取网络空间治理主导权的重要优势，同时，用户结构和数量的变化也极有可能影响国家在网络空间中的地位与权力。[①] 与上半场以社会精英为主体网民的特点不同，下半场的网民将主要由社会底层民众组成，网络行为模式也将由这一新兴群体塑造，因此，广大发展中国家在网络空间治理方面将具有经验优势和话语权。[②]

在信息时代，各国对于网络的控制需求不断增加，相关的国别立法也存在许多冲突。以各国在数据治理方面的立法冲突为例，我国的《网络安全法》与俄罗斯的《个人数据保护法》均规定在境内经营的网络服务提供

---

① Clark D. Characterizing cyberspace：past，present and future ［J］. MIT CSAIL，Version，2010，1：2016-2028.

② 李海敏．"数字丝路"与全球网络空间治理重构 ［J］. 国际论坛，2019，21（06）：24-25.

者应将收集的公民个人信息和重要数据存储在境内服务器上，① 而美国的《云法案》与欧盟的 GDPR 则通过"长臂管辖权"对在其境外但可能涉及境内公民数据的企业实施管辖。可见，中俄与美欧间的立法存在重大冲突，必然会影响全球数据治理统一规则的形成。② 因此，理顺、协调各国涉及网络空间的管辖权同样十分必要。再以打击跨国网络犯罪为例，由于网络的虚拟性和跨国性，打破了传统的时空和边界界限，跨境网络犯罪大量增加，使得各国在打击跨国网络犯罪时捉襟见肘，并往往会造成管辖权的冲突，由此带来的问题已非单一国家所能够独立解决，而是需要各国之间协调和合作。因此，各国应通过编纂、制定国际统一的网络空间治理条约等方式，积极开展管辖权的协调与合作，才能更好地实现网络空间的有效治理。

二、注重通过缔结国际双边或多边条约的方式加强网络空间活动的管辖权的协调与合作

由于网络空间无处不在以及无边界性的特点，导致任何国家都可能试图对特定的网络活动主张不同种类的管辖权，由此引起国家间的混乱和摩擦。因此，各国相互之间通过国际合作限制管辖权的扩张，并在管辖标准上达成一致意见，才能达到和谐共赢的局面。

网络空间的国际治理上，双边与局部的协议往往更容易达成。以下以美欧之间和中欧之间在网络空间的管辖权协调与合作为例做一些分析。

（一）美欧在网络安全领域的管辖权协调方面的双边合作

在网络安全领域，美欧网络安全合作颇具代表性。随着网络的快速发

---

① 中国《网络安全法》第 37 条规定："关键信息基础设施的运营者在中华人民共和国境内运营中收集和产生的个人信息和重要数据应当在境内存储。因业务需要，确需向境外提供的，应当按照国家网信部门会同国务院有关部门制定的办法进行安全评估；法律、行政法规另有规定的，依照其规定。"

② 李海敏. "数字丝路"与全球网络空间治理重构 [J]. 国际论坛, 2019, 21（06）: 21.

展以及时局变化，美欧网络安全合作尽管出现各种波折，但仍然通过协商达成了一些阶段性的双边协议，故而对于世界网络安全合作具有一定的借鉴意义。

1. 美欧之间缔结的《安全港协议》

长期以来，欧美在跨境数据流动的管理、隐私保护等方面既有分歧，也有合作。欧盟倾向采取严格的立法规范个人数据跨境流动，欧盟 1995 年制定的《个人数据保护指令》的第 25 条规定，只有当第三国能够为个人数据提供"充分程度"的保护时，欧盟才允许将个人数据传输至第三国，这一点也成为欧盟一直援引的充分保护标准。美国则一向主张自律机制，反对政府为个人数据跨境流动设置障碍。

由于欧盟的"充分标准"为美国企业在欧开展业务设置了政策门槛，2000 年 12 月美国商业部跟欧盟签订了《安全港协议》（Safe Harbour Agreement，亦称《避风港协议》），以调整美国企业传输以及处理欧洲公民的个人数据（例如名字和住址）。随后，欧洲委员会通过"2000/520 号充分保护决定"，确认安全港隐私原则及附属条款对个人数据的保护达到了欧盟的充分保护要求。[①]

《安全港协议》是美国为保持其数字服务企业在欧洲市场中的优势地位，在一定程度上接受欧盟提高对个人数据保护水平的要求作出妥协的产物。"安全港"是指由美国商务部建立一个公共目录，在交通运输部和联邦贸易委员会管辖下的任何机构以自愿的形式加入。机构加入时应承诺完全接受安全港原则的约束，并每年向商务部提交公开隐私政策的书面报告，以此来证明自身确实遵循这些原则，否则便被视为商业欺诈。[②] 机构要达到"安全港"的要求并享受相应的将欧盟数据传输至美国境内的权利，则有义务参加符合"安全港"原则的自律性隐私权保护项目，或制定符合"安全港"原则的自律政策，或承诺遵守有关保护个人隐私权的法律

---

① 曹建峰，柳雁军，田小军. 美欧个人数据跨境流动 20 年政策变迁 [EB/OL]. 人民网，2016-05-19.

② 马运全. 个人金融信息管理：隐私保护与金融交易的权衡 [D]. 山东大学，2014：97.

规范，在采取上述三项措施之一的同时，还应自愿承诺遵守"安全港"的七条隐私保护原则：（1）通知原则；（2）选择原则；（3）向外移转原则；（4）安全原则；（5）资料完整原则；（6）获取原则；（7）执行原则。①在此基础上，前述机构就被认为达到了"充分保护"的要求，可以继续接受、传输来自欧盟的个人数据。

《安全港协议》还规定如果美国互联网企业因美国法律明文规定的强制性义务而提供有关数据，从而导致违反"安全港"原则，则欧盟对此予以豁免。

《安全港协议》实施以来，包括 Google、Facebook 等 4000 多家美国科技公司的欧洲运营模式都在该协议下受到保护，得以将欧洲用户数据传输至美国存储及进行分析。② 奥地利律师施雷姆斯（Max Schrems）自 2011年起开始向 Facebook 的欧洲总部所在地爱尔兰数据保护专员（DPC）提出投诉，指出 Facebook 向美国政府提供欧洲公民的相关数据，未能达到《安全港协议》规定的充分保护要求。爱尔兰当局以《安全港协议》为由驳回了施雷姆斯的申诉。2013 年美国国家安全局承包商前雇员斯诺登披露"棱镜"监听项目后，施雷姆斯向爱尔兰高等法院提出起诉，指控爱尔兰数据保护专员不作为，受理该案的法官认为，该案涉及爱尔兰法律和欧盟法律，应优先适用欧盟法律，因此该案应转交欧盟最高法院审理。③ 出于对美国情报机构监控所有 Facebook 欧盟用户信息的担忧，欧盟最高法院——欧洲法院于 2015 年 10 月 6 日最终裁定欧盟不认可美国对数据达到了充分保护标准，从而导致《安全港协定》失效。④

2. 美欧之间缔结的《隐私盾协议》

欧洲法院于 2015 年 10 月对施雷姆斯投诉 Facebook 案的判决直接导致了《安全港协议》在欧盟域内无法再继续适用。在欧盟的要求下，美欧双

---

① 张继红. 个人数据跨境传输限制及其解决方案 [J]. 东方法学，2018（06）：40.
② 刘栋. 欧洲法院判决《安全港协议》无效对欧美意味着什么 [EB/OL]. 中国社会科学网，2015-10-12.
③ 俞飞. 两次扳倒美欧数据协议的法律人 [J]. 方圆，2020，（16）：64.
④ 张继红. 个人数据跨境传输限制及其解决方案 [J]. 东方法学，2018（06）：41.

方加速了已经启动的数据保护总协议谈判，为横跨大西洋两岸数据传输提供了新的基本的保护框架，也为双方修改《安全港协议》奠定了基础。在此基础上，欧盟中止《安全港协议》并于2016年7月14日与美国达成了《隐私盾协议》（EU-US Privacy Shield）。

从《隐私盾协议》的内容来看，美国承担了更多义务，如美国公司必须向美国商务部"自我证明"遵守了协议中的隐私条款、承担"稳健义务"，即明确告知数据采集、传输和使用流程及目的，并保证获取欧盟数据的透明度和安全性；协议严格禁止美国对欧盟实行大规模的监听，美国联邦调查局、国家安全局等情报机构从欧盟采集数据必须得到数据权利主体的许可；为了定期监督协议执行，欧美将联合进行年度的审查，数据采集、隐私保护、国家安全准入都将纳入审查内容；美国商务部负责监督本国企业的执行情况。欧盟拥有了更多权力，个人数据被滥用的欧盟公民可以向欧盟监察专员提起申诉，欧盟数据监察专员可以将投诉移交给美国商务部和联邦贸易委员会，且这种救济机制不收取费用。① 通过《隐私盾协议》，欧美之间的个人数据得以跨区域流通，美国数字企业可以在满足有关保护标准的前提下自欧盟采集数据，欧盟维护网络安全及个人数据权利的诉求也进一步得到了体现。

《隐私盾协议》确立了一种互惠合作的网络空间协定模式，该协议直接禁止没有合法理由的大规模、无差别的监控行为，规定由美国商务部与欧盟委员会共同行使审查权，同时为欧洲公民其个人数据遭受侵害提供更多有效的救济途径。其规定的联合审查执法机制与隐私保护专家仲裁等救济方式等都间接防止了单方面的域外管辖所可能导致的冲突，具有一定的借鉴意义。

在欧盟的《通用数据保护条例》（GDPR）生效后，《隐私盾协议》又重新受到了审视，欧盟的政治家与活动家发现了"隐私盾"的很多不足之处，特别是在Facebook与剑桥分析公司（Cambridge Analytica）数据泄露

① 单寅. 欧美达成《隐私盾》协议引发的博弈思考［EB/OL］. 中国信通院官方网站，2016-10-27.

事件中所暴露出来的问题。2019 年 12 月 6 日，美国联邦贸易委员会（FTC）在官网发布公告，正式裁定"Facebook 数据泄露门"中的剑桥分析公司违反了美国联邦法律，该公司被指控通过欺骗性的方式获取了数千万 Facebook 用户的个人信息，并用来影响他们在美国大选中的投票行为。① 根据美国联邦贸易委员会（FTC）发布的命令条款，剑桥分析公司必须删除其在 Facebook 上收集的所有用户数据，并且今后不得对其收集数据的方式作出虚假陈述。在此事件中，美国联邦贸易委员会依据美国国内法对剑桥分析公司进行调查、作出裁决是美国积极扩张网络空间管辖权的一种行为。首先，从属人原则看，剑桥分析公司在美国注册，实际运营于英国，在 24 个不同国家和地区拥有分部。所以，虽然它是一家美国公司却具有很强的涉外性质。同时，该公司的所作所为违反了《美国反外国腐败法》和《英国反贿赂法案》，因此，美国和英国对剑桥分析公司骗取个人信息的行为均有管辖权。其次，从消极属人原则（受害者国籍原则）角度来看，剑桥分析公司以不正当方式获取了大约 5000 万 Facebook 用户的个人信息，除美国之外，这些用户来自欧洲、亚洲以及非洲等不同地区的多个国家，理论上这些作为受害者的用户的国籍国对剑桥分析公司的行为也享有管辖权。

Facebook 与剑桥分析机构作为美国公司，都在《隐私盾协议》下完成了自我认证，所以欧盟普遍认为这起丑闻应引起对重新审查《隐私盾协议》的重视。在剑桥分析公司事件发生后，奥地利律师施雷姆斯（Max Schrems）又根据 GDPR 对 Google 和 Facebook 提起诉讼，指控它们强迫用户接受其数据收集政策，在不对美国的监控机制做防护措施的情况下将欧盟个人的数据（包括内容和元数据）传输至美国，而由于 Facebook 受到美国当局监控规则的约束，欧盟个人数据无法得到依据欧盟立法所应受到的充分保护。受理案件的爱尔兰法官再次将案子提交给欧盟最高法院审理。

---

① FTC. FTC Issues Opinion and Order Against Cambridge Analytica For Deceiving Consumers About the Collection of Facebook Data, Compliance with EU - U. S. Privacy Shield ［EB/OL］. Federal Trade Commission，2021-04-25.

欧盟法院认为《隐私盾协议》允许美国情报机构访问并转移大量欧盟个人数据，从而可能在缺乏严格、必要的条件限制的情况下获取欧盟的个人数据，而欧盟的公民并无独立的司法追索权，不能在美国提起法律诉讼以保护自己的个人信息，这不利于保护欧盟公民的个人信息，因此法院于2020年7月16日作出判决，裁定用于保护数据隐私的标准格式条款（SCC）合法，但是欧美之间签署的《隐私盾协议》无效。欧盟对于数据向域外转移区分为两种情况分别做了规定。首先，那些被认为"与欧盟基本等同"的国家和地区，无须特别授权即可直接传输数据，此前的《隐私盾协议》就将欧美之间的数据传输归于这一类。有超过5000家美国公司根据这一协定传输数据，其中70%是中小企业。其次，欧盟允许数据接收方在遵守有关"标准合约条款"（SCC）的条件下获取欧盟数据。欧盟法院对《隐私盾协议》的无效判决并未禁止基于后一种情形的规定将欧盟数据传输到美国，因此欧美之间在社交网络等方面的日常数据转移可能不会受到显著影响，多数企业会转换至"标准合约条款"下继续转移数据。①

总体来看，美国为了保持其数字服务企业在欧洲市场的竞争优势，获取将欧洲个人数据传输至美国的权利，而先后与欧盟达成了《安全港协议》及《隐私盾协议》，但这两个协议均因为遭到欧盟成员国公民的指控而最终被欧洲法院宣判无效，其本质是美国的监控立法使得欧盟法令中关于个人数据保护的充分性要求难以得到满足，美国数字服务企业自欧盟调取数据仅剩下最后一种途径，即承诺满足"标准合约条款"（SCC）的条件。可见，美欧在数据传输方面既有合作，也有冲突，欧盟通过GDPR等立法不断提高的个人数据保护标准，以及美国当局出于安全考虑的全球数据监控机制，是影响双方在这一领域的合作取得进展的重要因素。

（二）英美间跨境获取电子数据的双边协议

2018年11月，美国与欧盟发表联合声明，表示双方将进一步推动适当扩大美欧执法机构在预防、制止和打击网络犯罪领域的合作，一致认可

---

① 凯文编译. 欧盟法院判定"隐私盾"无效［EB/OL］. 欧洲时报网，2020-07-16.

执法和司法当局迅速直接获取跨境电子证据的重要性，并积极探索在跨境获取电子证据领域签订协议的可能性。①

2019 年 10 月，美国率先与英国签订了为控制严重犯罪而跨境获取电子数据的双边协议。该协议中确立了数据控制者管辖标准以及数据跨境获取的双边执法机制。因英国退出欧盟的程序已经接近尾声，此处单独就美英之间围绕电子数据跨境获取而达成的双边协议做一分析。

美国《云法案》的相关规定，对美英两国之间达成电子数据跨境获取的双边协议起促进作用。美国 1986 年通过的《存储通信法案》并未明确规定美国政府的搜查令是否能要求服务商提交存储在境外的数据。2018 年 3 月，美国国会通过的《云法案》确定了两项对于跨境数据治理而言极为重要的原则和制度，第一项是数据控制者管辖标准；第二项则是与适格政府的跨境获取数据的双边执法协议机制。根据《云法案》的规定，允许美国与各国达成"执行协议"，从而实现信息和数据的相互交换，即特定外国政府可以直接向美国的服务提供者发出内容数据调取命令，但该特定外国政府必须也给予美国对等的待遇且同时满足一系列苛刻的条件。《云法案》的第 105 条规定美国与其他国家政府的关于数据跨境获取的双边执法协议机制，除司法互助协议以外，两国执法机构可就电子数据的证据获取等事项直接要求域外主体提供配合。② 即当与美国签订了《云法案》所指的关于数据跨境获取的双边协议的外国政府向美国供应商发布了寻求数据的命令时，该供应商可以交付所请求的数据，而不受 1986 年《电子通信隐私法》（ECPA）规定的民事或刑事处罚。③

美国通过的《云法案》为与其他国家签订条约奠定了国内法基础，但并没有直接授予其他国家司法、行政机关对美国服务供应商发布命令的权

---

① 何治乐，安会杰. 网络主权视野下的美国域外执法权改革及中国应对［J］. 信息安全与通信保密，2019，（12）：42-43.

② 吴沈括，张力威. 英美数据跨境执法新协议的制度设计及其应对［J］. 中国信息安全，2019，（12）：60.

③ *See* Stephen P Mulligan（Legislative Attorney），*Cross-Border Data Sharing Under the CLOUD Act*，Congressional Research Service，p 16（2018）.

力，这需要他国国内法予以规定。在这方面，欧盟委员会于 2018 年 4 月发布了欧盟立法提案以创建欧洲提交令，用以作为电子证据获取措施的一部分。① 拟议的欧洲提交令将允许一个欧盟成员国的司法机关直接向在欧盟提供服务的服务供应商请求提供电子证据（比如应用程序中的电子邮件、短信或消息），无论数据位于何处，该服务供应商有义务在 10 天内作出回应，紧急情况下在 6 小时内（而现行的欧洲调查令为 120 天，司法协助程序为 10 个月）。欧盟委员会表示，这项提议将"使警方和司法当局更容易、更快捷地获取电子证据，例如位于云端的电子邮件和文件，这将方便他们调查、起诉和定罪罪犯和恐怖分子"②。

英国本可以直接加入欧盟前述创建欧洲提交令的法案，但由于当时脱欧在即，英国最终选择寻求与美国直接缔结双边协议。③

英国内政部一直认为，电子信息对于刑事犯罪的调查和起诉越来越重要。④ 随着信息技术的发展，电子证据对刑事犯罪调查和起诉工作的重要性日益凸显，跨境取证成为数据跨境流动的一个重要方面。然而在英国，提供生成或存储此类数据服务的公司通常位于英国境外，尤其是美国，而英国现行立法并未赋予英国法庭的命令域外效力。在 2014 年至 2018 年 8 月期间担任英国国家安全副顾问的帕迪·麦吉尼斯（Paddy McGuinness）在接受采访时解释了这如何给英国调查人员和检察官带来困难："我们的执法和安全机构告诉我，90%的嫌疑人使用美国通信服务，这反映了这些服务在英国市场的广泛渗透。因此，我们可以从中了解到在我们进行的几乎每一次（恐怖主义）调查中，关于那些严重的和有组织的犯罪和恐怖主

---

① See European Commission, Security Union: Commission Facilitates Access to Electronic Evidence [EB/OL]. European Commission, 2021-05-05.

② *See* European Commission, Security Union: Commission Facilitates Access to Electronic Evidence [EB/OL]. European Commission, 2021-05-05.

③ *See* Home Office of UK, Explanatory Memorandum on Proposal for a Regulation of the European Parliament and of the Council on European Production and Preservation Orders for Electronic Evidence, COM (2018) 225 final 2018/0108 (COD), para. 16.

④ *See* Home Office of UK, Crime (Overseas Production Orders) Bill Factsheet, at https://assets.publishing.service.gov.uk/government/uploads/system/uploads/attachment_data/file/720706/copo-factsheet.pdf, 2021-05-10.

义的数据，我们都在使用美国通信服务提供商（CSP）提供的服务。……
同样是在英国策划重大毒品交易、谋杀、绑架、贩卖人口或性虐待儿童的
犯罪分子，如果通过短信交流，他们的通讯可以被截获，但如果他们使用
美国公司的服务，英国执法部门则无法获取他们的数据，这很不合理。"①
英国内政部解释说，这使得现有的英国国内法院无法获得这些数据，如果
这些数据不在英国境内或无法从英国获取，则无法作出判决。②

　　调取境外存储的电子证据的主要途径——司法协助程序（MLA）复杂
且缓慢，使得执法部门跨境数据的调取面临诸多困境，难以满足英国政府
打击网络犯罪的效率需求。③ 2018 年美国《云法案》生效，为英美之间的
数据共享协议提供了条件。2019 年 2 月，英国通过《犯罪（境外提交令）
法案》，授予英国执法机构依据英国法庭命令，在与英国签订相关国际协
议的国家或地区直接获取境外数据的权力。

　　在当时的条件下，英国当局若要寻求从海外供应商处获取数据作为证
据，他们必须借助司法协助渠道。④ 司法协助条约（MLAT）是指两个或
两个以上国家之间签订的协议，各国政府根据国际法有义务相互协助刑事
调查和起诉。⑤ 例如，要对 Google、Facebook、Yahoo 和 Twitter 等公司通过
MLAT 请求访问在线记录（如用户详细信息、电子邮件内容、元数据和社
交媒体），因为这些公司绝大多数的数据都是位于加利福尼亚州，因此受
加利福尼亚州管辖。截至 2016 年，英国已与包括美国在内的 40 个国家签

---

① *See* Andrew Keane Woods, Interview: The British Perspective on the Cross-Border Data
　　Problem [EB/OL]. Lawfareblog. com, 2021-05-10.

② *See* CRIME（OVERSEAS PRODUCTION ORDERS）BILL [HL] EXPLANATORY
　　NOTES, at https://publications. parliament. uk/pa/bills/lbill/2017 - 2019/0113/
　　18113en. pdf, 2021-05-10.

③ 公安三所网络安全法律研究中心. 英国《犯罪〈境外提交令〉法案 2018》解读
　　[EB/OL]. 安全内参网站, 2020-08-06.

④ *See* Home Office of UK, Crime（Overseas Production Orders）Bill: Impact Assessment,
　　IA No: HO0315, p. 5.

⑤ *See* Mutual Legal Assistance Treaties: Frequently Asked Questions, www. gov. uk, 2021-
　　05-07.

署了双边协定，并通过欧盟和欧洲委员会等机构加入了多边协定。① 但是，司法协助条约（MLAT）系统可能涉及许多步骤，这意味着对信息或其他协助的请求可能需要很长时间才能得到处理。英国参与安全和执法的官员对 MLAT 程序的官僚作风和耗时性提出批评。在此背景下，为解决执法部门境外数据的调取问题，自 2015 年，英国开始与美国进行数据共享谈判。2018 年美国《云法案》生效，为英美之间的数据共享协议提供了条件。为配合美国的《云法案》，英国政府积极推动制定相关国内立法，以满足《云法案》所规定条件，以便英美之间签订双边的数据共享协议。

2018 年 5 月，英国内政部牵头，提请制定英国自己的《犯罪（境外提交令）法案》。② 2018 年 6 月 27 日，英国上议院声明该法案将通过创建一个具有域外效力的新的境外提交令来解决司法协助条约（MLAT）系统的限制问题，而只有在英国和另一个国家之间的总体国际协议授权的情况下，英国法院发出的境外提交令才会在另一国生效。2019 年 2 月，英国通过《犯罪（境外提交令）法案》，授予英国执法机构依据英国法庭的命令，在与英国签订相关国际协议的国家或地区直接获取境外数据的权力。该法案共有 21 条，基本框架包括"境外提交令"（Overseas production orders）、"补充条款"（Supplementary）、"总则"（General），对境外提交令的申请、发布、内容、变更与撤销等做出了规定。

有了国内法的支撑后，2019 年 10 月，英美两国政府签署了首个美国《云法案》及英国《犯罪（境外提交令）法案》授权下的跨境数据调取合作协定——《美英反严重犯罪电子数据访问协定》，规定双方特定机构可直接向信息与通信技术（ICT）服务提供商发布数据调取命令。该协定在经过为期 180 日的两国议会和国会审议期后，已经正式生效。

英国的《犯罪（境外提交令）法案》在美国颁布了《云法案》以及

---

① *See* Home Office of UK, International MLA and Extradition Agreements the UK Is Party To，April 2016.

② *See* Home Office of UK, Crime（Overseas Production Orders）Bill：Impact Assessment，IA No：HO0315, p. 5.

欧盟提出了电子证据跨境调取提案的国际背景下产生，试图在现行的司法协助条约（MLAT）之外，通过双边或多边国际合作协议模式来解决执法机构跨境调取电子证据所面临的困境。① 目前美国是唯一一个在英国《犯罪（境外提交令）法案》生效后达成此类协议的国家，但英国政府表示，该法案的起草是为了反映"未来执行此类国际协定或安排所需的预期未来框架"，英国政府"设想通过类似的安排，逐渐将该法案更广泛地适用于其他国家"②。尽管有观点认为，美国的《云法案》降低了数据的保护标准，有过度行使长臂管辖权之嫌。但在《云法案》的铺垫下，《英美反严重犯罪电子数据访问协定》为英美两国司法机关的取证调查活动提供了便利，有利于打击刑事犯罪活动。可以预见，这种双边协议的模式可能会对其他国家缔结类似的协议产生积极影响。

（三）中欧在网络安全和信息化领域的双边对话合作机制

美欧间的网络安全合作是基于双方传统历史和政治经济关系，而中欧间的网络安全合作一方面源于"斯诺登"事件的影响，另一方面源于中国作为网络空间中发展最快的新兴力量，与积极推进自身数字市场建设的欧盟之间存在加强双边合作的共同需要。近年来，中欧双方通过多种方式和安排推动在网络安全领域的双边合作。

1. 中欧信息技术、电信和信息化对话机制

2009 年，在中国工业和信息化部与欧盟委员会通信网络、内容和技术总司等主管部门的推动下，在北京举行了第一次中欧信息技术、电信和信息化对话，双方围绕信息通信基础设施建设、电子商务、电子政务，以及数字转型等内容进行了探讨。③ 此后，该对话轮流在中国与欧盟之间举办。

---

① 公安三所网络安全法律研究中心. 英国《犯罪（境外提交令）法案 2018》解读 [EB/OL]. 安全内参网，2020-12-20.

② *See* Home Office of UK, Crime（Overseas Production Orders）Bill：Impact Assessment, IA No：HO0315, p. 5.

③ 鲁传颖. 试析中欧网络对话合作的现状与未来 [J]. 太平洋学报，2019，27（11）：79.

随着时间的推移以及国际网络形势的变化，中欧之间的合作逐渐深化。

2. 中欧网络工作组

中欧双方于 2012 年联合发布的《第 14 次中欧峰会联合宣言》宣布，计划由中国外交部与欧盟对外行动署联合建立"中欧网络工作组"，这是一个由双方外交部门牵头的关于国际网络安全的跨部门沟通协商机制。①2013 年，"斯诺登"事件曝光成为国际政治、安全的重要话题，"大规模监听"进入公众视野，并引起各国重视，中国和欧盟通过该机制强烈谴责了这一事件，并进一步加强双方在网络安全领域的合作，就网络空间中的国家行为准则、关键基础设施保护、国际法适用和网络犯罪等问题进行了讨论。

3. 中欧网络安全与数字经济专家组

2016 年 7 月，由中国国家互联网信息办公室与欧盟委员会通信网络、内容和技术总司共同组织的"中欧网络安全与数字经济专家组"成立。②该专家组主要围绕数字经济领域的法律法规、相关专业人才的培养等方面展开对话合作。2016 年欧洲议会通过的《通用数据保护条例》（GDPR）第 48 条规定："如第三国的法院、裁判所、行政机关要求数据控制者或数据处理者，提供或公布个人数据，则仅当该要求是基于国际协定时才有效，例如欧盟或成员国与第三国签订的双边司法协助条约。"在欧盟《通用数据保护条例》（GDPR）和中国《个人信息和重要数据出境安全评估办法（征求意见稿）》出台后，必然会对双方企业在管理运营方式上造成一定影响，也可能产生司法管辖权的冲突。借助"中欧网络安全与数字经济专家组"这一对话机制可以帮助双方就前述问题及时沟通，增强网络互信。

达沃斯论坛发布的 2019 年全球风险报告显示，数据欺诈、网络攻击等技术类型的风险已成为仅次于极端气候事件、应对环境变化的适应措施失

① 鲁传颖. 试析中欧网络对话合作的现状与未来［J］. 太平洋学报，2019，27（11）：80.
② 中国国家互联网信息办公室. 中欧数字经济和网络安全专家工作组第三次会议在比利时鲁汶成功举办［EB/OL］. 中国网信办官方网站，2020-11-09.

效以及自然灾害的全球性风险。① 而美国政府自特朗普上台以来一直强调
"美国优先"的理念。2018 年,美国政府发布了《国家网络战略》,奉行
"以实力求和平",强调威慑在维护网络空间秩序中的作用,希望借此强化
美国在国际网络空间治理中的领导地位。2013 年"斯诺登"事件的影响,
以及美国在网络空间采取的美国优先的战略,使得欧盟开始寻求包括中国
在内的更多的合作伙伴,以便逐渐摆脱在网络空间治理方面形成的"美主
欧从"的局面。通过上述对话机制,中国与欧盟的合作在目前的国际网络
空间治理中正扮演着越来越重要的作用,双方完全有可能在此基础上进一
步缔结在网络空间进行管辖权分配、协调的国际协议。

(四)推动缔结有关网络空间管辖权协调的区域性或全球性国际公约

缔结有关网络空间管辖权协调的多边国际公约,是解决各国管辖权冲
突,特别是消除因过度行使域外管辖权而引起的国际冲突问题的重要
途径。

当前,涉及网络空间治理的全球性多边国际条约主要包括世界知识产
权组织(WIPO)的《世界知识产权组织版权条约》(WCT)和《世界知
识产权组织表演和录音制品条约》(WPPT)、国际电信联盟的《国际电信
规则》(ITR)、世界贸易组织的《服务贸易总协定》(GATS)、《与贸易有
关的知识产权协议》(TRIPS)等,这些多边条约通常是仅仅涉及网络空间
治理的某些方面,而并非专门调整网络空间活动的公约。区域性的多边国
际公约也在近年来相继出现,以打击国际网络犯罪为例,这方面主要有
《网络犯罪公约》《阿拉伯国家联盟打击信息技术犯罪公约》(Arab Conven-
tion on Combating Information Technology Offences)、《上海合作组织成员国保
障国际信息安全政府间合作协定》(Agreement Between the Governments of
the SCO Member States on Cooperation in the Sphere of Ensuring International
Information Security)和《非洲联盟网络安全和个人数据保护公约》(African

---

① 商务部. 达沃斯论坛发布 2019 年全球风险报告 [EB/OL]. 中国商务部官方网站,
2019-01-22.

Union Convention on Cyber Security and Personal Data Protection）等。①

　　总体来看，专门调整国际网络空间活动，包括对此类活动的管辖权进行协调和规制的全球性国际公约，目前尚付阙如。这也充分说明，在全球范围内，由于发达国家和发展中国家在网络空间治理理念方面存在的分歧，各国彼此间立场的冲突和国家利益的博弈导致暂时难以制定出有广泛代表性的多边国际公约。以网络犯罪治理为例，由于跨国网络犯罪的类型层出不穷，而欧洲委员会的《网络犯罪公约》、阿拉伯国家联盟的《打击信息技术犯罪公约》以及非洲联盟《网络安全与个人信息保护非洲公约》等有关条约的成员国数量均有限，而北约的《塔林手册2.0版》并非官方文件，这些均无法有效解决全球网络犯罪管辖权的冲突问题。主要发达国家拥护的致力于通过国际合作打击网络犯罪的《网络犯罪公约》作为全世界第一部针对网络犯罪行为所制订的国际公约，同时也是当前最全面的打击网络犯罪的多边公约，在区域合作打击网络犯罪方面发挥了积极作用。该公约的目的和宗旨之一是力求使国际社会对于网络犯罪的立法有一致的或共同的参考标准，并强化对于网络犯罪进行有效规制的国际合作。尽管该公约是当今签署国家最多，最具影响力的关于跨国网络犯罪的公约，但由于该公约主要由西方发达国家协商制定，包括中国在内的广大发展中国家的利益诉求并未得到充分体现，从而导致该公约在普遍接受性方面存在缺陷。截至2016年，该公约只有47个缔约国，其中仅有8个为非欧洲委员会成员国。② 在民事领域，与《网络犯罪公约》类似的缺乏普遍接受性的条约还有2000年12月22日欧盟理事会通过的《关于民商事诉讼中管辖权和承认与执行判决问题的条例》（亦称《布鲁塞尔条例》）。

　　在网络空间协调各国管辖权的冲突及相互合作，还应特别重视缔结涉

---

① 张鹏，王渊洁. 积极参与联合国打击网络犯罪公约谈判，构建网络空间命运共同体[J]. 中国信息安全，2020（09）：69.
② 马新民. 网络空间的国际法问题[J]. 信息安全与通信保密，2016，（11）：30-31.

及网络空间的双边或多边民事及刑事司法协助条约。① 网络空间的虚拟超国界性，致使网络跨境侵权、犯罪成为互联网时代的特有产物。侵权人或犯罪嫌疑人往往会利用跨国司法衔接的不畅和管辖的漏洞，在网络空间实施违法行为，并试图逃避惩罚或制裁。数据的跨境流动性使得网络犯罪尤其是重大的网络犯罪案件往往具有跨国性质，因此，为有效打击此类犯罪，国际司法协助是必不可少的手段。然而各国法律制度存在的差异无疑为打击跨国网络犯罪增加了很大难度。以中美为例，两国的立法因为思想文化观念、社会制度等方面的不同导致刑事法律制度方面的诸多差异。在程序法上，中国刑事案件的侦查权主要由公安机关负责，而美国却是分散于多个部门。在有关通信内容的调查取证方面，美国关于通信内容取证的程序设置比较复杂，导致中方在两国合作中从未能成功获取过对方通信内容方面的证据，而中国在案件达不到刑事案件立案标准时，禁止调取涉及公民隐私的信息。可见，各国由于法律规定的不同，国家间难以通过开展司法协助来有效打击网络犯罪，这也是当前解决网络空间司法管辖权重叠冲突的一个棘手问题。② 因此，为提升对国际网络犯罪活动的治理效果，协调管辖权的冲突，各国还应通过积极缔结双边或多边司法协助条约等方式，完善跨境电子取证、引渡等司法协助制度。跨境电子取证主要涉及取证的合法性和取证效率问题。取证的合法性是指跨境电子取证活动不仅应符合本国的国内法，同时还应符合相关的国际法规则，避免侵犯他国的网络主权以及司法管辖权；取证的效率问题主要是指由于电子证据本身的不稳定性和易灭失性，以及取证程序的国别差异，使得跨境的电子取证在所耗费的时间和成功率方面面临的不确定性。因此，努力寻求构建跨境电子证据司法简易程序，在尊重他国网络主权、平等互利的基础上，简化取证程序，

---

① 司法协助是指一国的法院或者其他的司法机关，根据另一国的法院或者其他司法机关的请求，代为或者协助实行与诉讼有关的司法行为，司法协助通常包括民事司法协助、刑事司法协助两大类。

② 顾坚. 加强国际合作携手打击跨国网络犯罪［EB/OL］. 国务院新闻办公室官方网站，2010-11-09.

兼顾跨境电子取证合法性和高效性，是司法实用性、可行性较高的模式。①

总体来看，在对待网络空间治理的多边国际条约方面，虽然发达国家与发展中国家在立场方面的分歧表现得十分明显，但在联合国等国际组织的推动之下，在这方面仍然存在一些多边协商和有益的尝试。

三、注重通过国际组织、国际机制加强网络空间活动的管辖权的多边协调与合作

注重充分利用多边国际组织、国际机制作为网络空间管辖权协调的多边参与平台，也十分必要。

（一）借助国际网络治理论坛加强交流并寻求强化网络空间的管辖权协调与合作

在网络空间治理方面，各国可以通过在信息社会世界峰会、互联网治理论坛、国际网络空间会议等一系列多边网络治理论坛上的合作，积极探索网络空间治理的多边解决之道。一些国家积极通过本国主导的论坛或国际会议倡议强化这方面的合作。例如，2018 年 11 月 12 日，法国政府在巴黎数字周（包含第 13 届联合国互联网治理论坛、治理技术峰会）上发起了呼吁各国加强在网络治理方面进行合作的《巴黎网络空间信任和安全倡议》（Paris Call for Trust and Security in Cyberspace）。

近年来，中国在参与及构建国际网络治理平台、塑造相关的国际法规则、推动议程设置方面也进行了积极的尝试。2014 年以来，中国连续在乌镇主办"世界互联网大会"，搭建中国与世界互联互通的国际平台和国际互联网共享共治的中国平台。中国还推动在上海合作组织成立了国际信息安全专家组，并于 2015 年 1 月以上合组织的名义向联大提交了 2011 年"信息安全国际行为准则"的更新案文。

中国还积极参与国际组织主导下的网络空间治理规则的研讨平台，如

---

① 王立梅 . 论跨境电子证据司法协助简易程序的构建［J］. 法学杂志，2020，41（03）：82-92.

联合国信息安全政府专家组（GGE）、国际电信联盟全球网络安全议程（GCA）、互联网治理论坛（IGF）等。自 2006 年起，中国互联网协会积极参加历届互联网治理论坛（IGF），加强与国际互联网业界的沟通。在 2018 年 11 月第 13 届联合国互联网治理论坛上，中国科学技术协会代表团从数据开放、网络治理与可持续发展的角度探讨新一代信息技术在人类社会发展中的重要作用，呼吁世界各国共同迎接科技革命浪潮、共享科技创新成果。在 2019 年 2 月第 55 届慕尼黑安全会议上，以 5G 网络为代表的数字基础设施建设和欧洲议会选举安全成为会议的重点议题。针对美国一再通过长臂管辖对华为技术有限公司及其关联公司 5G 设备的"封杀"这一问题，中方呼吁世界各国坚持走开放融通、互利共赢之路，共同营造开放、公平、透明的国际合作环境，不搞技术霸权，缩小数字鸿沟。中方代表在会议上坚定维护多边主义、积极倡导国际合作的立场得到了德国等大多数与会国的支持。总体来看，中国近年来为推动公平合理、多边共赢的网络治理模式、规则的形成，以及促进各国在网络空间的管辖权的协调与合作方面，作出了一个新兴网络大国应有的贡献。

（二）坚持以联合国作为核心的网络空间管辖权协调的多边平台

联合国作为权威性的政府间国际组织，是协商、制定涉及网络空间治理规则，协调各国管辖权的重要平台。近年来，国际社会也开始重视利用联合国积极推动网络空间治理规则的编纂和发展。

联合国框架下已经先后出现了多个互联网治理的协商平台或机构，例如信息社会世界峰会进程（WSIS）、互联网治理论坛（IGF）、信息安全政府专家组（GGE）、网络犯罪问题政府间专家组、国际电信联盟"全球网络安全议程"（GCA）等。① 联合国互联网治理论坛（IGF）自 2006 年成立以来，截至 2019 年已经连续举办 14 届，对于互联网治理的相关议题进行了广泛而深入的讨论，产生了重要影响。

---

① 林婧. 网络安全国际合作的障碍与中国作为［J］. 西安交通大学学报（社会科学版），2017，37（02）：76-77.

在新兴国家的推动下，联合国大会在 2012—2013 年成立了信息安全政府专家组（GGE）。2013 年，GGE 达成的最后报告确认国际法——特别是《联合国宪章》——应适用于网络空间，并强调："国家主权和源自主权的国际规范和原则适用于国家进行的信息通信技术活动，以及国家在其领土内对信息通信技术基础设施的管辖权。"① GGE 在其 2015 年报告中继续强调"国际法、《联合国宪章》和主权原则的重要性，它们是加强各国使用通信技术安全性的基础"，并指出："各国在使用通信技术时，除其他国际法原则外，还必须遵守国家主权、主权平等、以和平手段解决争端和不干涉其他国家内政的原则。国际法规定的现有义务适用于国家使用通信技术。"②

联合国的专门机构国际电信联盟（ITU）也在推动网络空间治理规则完善方面发挥了重要作用，正积极倡导"利益相关方"（stakeholder）理念，号召全球各国参与维护国际社会网络安全的进程。③

2011 年，中国、俄罗斯、塔吉克斯坦和乌兹别克斯坦向联合国大会第 66 届会议联合提交了《信息安全国际行为准则》，主张联合国在网络空间治理中发挥主导作用，应对信息安全领域的共同挑战。后来，吉尔吉斯斯坦和哈萨克斯坦加入成为共同提案国，相关国家 2015 年又对前述《准则》重新进行了修订。

在探讨制定打击网络犯罪的全球性公约方面，联合国框架内的推进工作已经取得了一些进展。2015 年 4 月，联合国围绕俄罗斯提出的"网络犯罪"国际公约展开对话。2019 年 12 月 27 日，第 74 届联合国大会，通过了中国、俄罗斯等 47 国共同提案的"打击为犯罪目的使用信息通信技术"决议，要求联合国设立一个代表所有区域的不限成员名额的特设政府间专

---

① 方滨兴. 从"国家网络主权"谈基于国家联盟的自治根域名解析体系 [EB/OL]. 新华网，2020-05-05.

② 白皓. 网络空间安全治理的中国主张——以主权原则为视角 [J]. 信息安全与通信保密，2017（04）：30-38.

③ 丛培影，黄日涵. 网络空间冲突的治理困境与路径选择 [J]. 国际展望，2016，8（01）：113.

家委员会，拟定打击网络犯罪全球性公约的草案。① 2021 年 5 月 27 日，第
75 届联合国大会通过关于打击网络犯罪公约谈判安排的决议，确定公约谈
判将于 2022 年 1 月正式启动。中国外交部发言人指出，中方将建设性参与
公约谈判，与各方密切合作，共同推动尽早达成一项具有权威性、普遍性
的公约，为国际社会合作应对网络犯罪挑战提供务实有效的解决方案。②

联合国正在积极推进网络空间治理向国际合作的方向迈进，但依旧面
临挑战。可以预见，美国以及西方国家在这些关键性问题上已经达成共
识，不会轻易妥协，发展中国家暂时也难以提出更好的折中方案。如何发
挥联合国的主渠道作用，需要中国更多地去参与和推动。③

（三）推动通过国际组织的示范法文本等方式倡导协调国际网络空
间管辖权的规则

通过国际组织制定的示范法文本或建议性文件，倡导处理国家间管辖
权冲突和协调的规则，也是被实践证明的行之有效的途径。

以国际税收立法的域外效力冲突的协调为例，为合理划分国际税收利
益、避免国际双重征税，有关国际组织推出了并存的两个示范法文件，一
个是经济合作与发展组织（OECD）的《关于对所得和财产避免双重征税
的协定范本》，即《经济合作与发展组织范本》；另一个是联合国的《关于
发达国家与发展中国家间避免双重征税的协定范本》，即《联合国范本》。
两个范本中均对于非居住国对"所得"行使地域管辖权的征税范围作出了
明确规定。2014 年 6 月 15 日，经济合作与发展组织联合 G20、欧盟以及其
他利益相关者提出共同申报准则（Common Reporting Standard，简称 CRS），
旨在通过加强全球税收合作提高税收透明度，打击利用跨境金融账户逃
税、避税行为。共同申报准则（CRS）鼓励各经济辖区在他们的经济制度

---

① 国际动态［J］. 中国信息安全，2021（04）：14-15.
② 郭超凯. 中方对联大通过决议、启动打击网络犯罪公约谈判表示欢迎［EB/OL］. 中
新网，2021-05-28.
③ 鲁传颖. 2016 网络空间治理的总体形势回顾与展望［J］. 信息安全与通信保密，
2017（01）：22.

框架内收集信息以达到每年自动与其他经济辖区交换信息的目的。共同申报准则（CRS）对于被用于交换的经济账户信息、需要报告的经济制度框架、不同种类的账户和纳税义务人，还有在经济制度框架内各方应共同遵守的严格评估的程序均作出了较为明确的规定。① 在这一合作模式下，各国基于国家主权的相互认同与信息网络安全的保障，加强国际合作，有利于其税务部门掌握本国税收居民海外资产的收入状况。共同申报准则（CRS）虽然并非具有法律效力的示范法文本，但发起共同申报准则（CRS）的经济合作与发展组织倡导各成员国应参考有关要求，签署公民涉税信息交换的协议，并取得了积极的成效。

近年来，在法国等国家对互联网公司征收数字税引起与美国之间的争议之后，经济合作与发展组织也通过讨论并寻求达成相关的示范法文本的方式，为推进争议的解决发挥了积极作用。据有关统计，截至 2018 年年初，全球排名前 20 名的互联网科技企业中，美国占 11 家，中国占 9 家，而欧洲企业则鲜有数字经济领域的跨国巨头，在中美主导的数字经济国际格局中明显落后。面对这一不利局面，法国首次提出在欧盟框架下推行数字服务税，② 并一直酝酿出台一项向互联网巨头征收数字服务税的国内法法案。2019 年 7 月 11 日，法国参众两院联合委员会通过一项法案，决定从 2019 年 1 月 1 日开始追溯征收临时性数字服务税（DST），并提出该临时数字服务税将在各国统一数字服务税政策后取消。2019 年 7 月 24 日，法国总统马克龙签署了该数字服务税法案（DST）。根据该法案，纳税对象包括在法国提供广告服务、向广告公司销售用户数据、提供中介服务的数字企业。从 2020 年起，全球数字业务年营业收入超过 7.5 亿欧元（约合 8.4 亿美元），以及在法国境内年营业收入超过 2500 万欧元（约合 2814 万美元）的企业将被征收 3% 的数字服务税。由于全球的互联网巨头中，大多数都是美国公司，美国的 Google、亚马逊、Facebook 和苹果等四大互联

① OECD. Standard for Automatic Exchange of Financial Account Information in Tax Matters (Second Edition). 2017-05-27.
② 杨成玉. 反制美国"长臂管辖"之道——基于法国重塑经济主权的视角 [J]. 欧洲研究，2020，38（03）：28-29.

网巨头都将受到影响。因此，美国政府试图通过实施单边经济制裁措施的方式向法国施压，迫使法国让步。2019 年 7 月 11 日，美国贸易代表办公室（简称 USTR）宣布启动 301 条款对法国数字服务税发起调查，指责法国的前述法案的有关规定对美国企业构成歧视，并公布了具体调查的程序和时间安排。2019 年 7 月 26 日，时任美国总统特朗普宣称，将对法国的 DST 采取对等报复措施，并暗示可能对自法国进口的葡萄酒征税。法国财政部长勒梅尔则回应称，法国政府将坚持执行数字服务税法案（DST）。美法这场跨大西洋数字税之争将直接影响目前正在进行的经济数字化全球税改谈判，从而引发巨大反响。在 2019 年 8 月举行的 G7 峰会上，法国和美国同意将这一问题交给国际经合组织，由该组织成员讨论并提交一项有关征收数字税的规则文本，法国则承诺一旦经合组织能够达成共识，则将会取消 3% 的税收，届时向法国缴纳了数字税的企业将会获得税收返还。在法国出台数字服务税法案（DST）决定征收数字税的同时，英国财政部也宣布了类似的立法草案，计划对在英国营收超过 2500 万英镑、全球营收过 5 亿英镑的企业征收 2% 的数字服务费。① 此外，意大利、奥地利、土耳其、西班牙和比利时等国也纷纷跟进，出台相关法案，响应法国倡议。②

2019 年 12 月，美国对法国的数字税展开"301 调查"，以"法国数字税歧视美国企业"为由，提出将于 2020 年 1 月开始对总价值 24 亿美元的法国进口商品征收最高 100% 的关税，包括奶酪、葡萄酒、手袋、化妆品等具有代表性的法国产品。法国政府也无意退让，表示如果美国额外加征关税，欧盟将予以报复。之后，为缓和冲突，两国政府达成共识，表示可以暂时搁置相关争议，共同等待经济合作与发展组织提出的数字税方案。③ 经济合作与发展组织的相关谈判涉及 100 多个国家，内容是对全球税收规

---

① 李超民. 深度解读法国数字服务税，为何互联网巨头是被征收重点 [ED/OL]. 界面网，2019-07-15.

② 杨成玉. 反制美国"长臂管辖"之道——基于法国重塑经济主权的视角 [J]. 欧洲研究，2020，38（03）：29.

③ 杨立群. 美法数字税之争"休战"，特朗普和马克龙各自怎么盘算 [EB/OL]. 上海观察网，2020-01-21.

则进行重大改革，以适应数字时代的需要，但因所涉问题较为复杂，暂时难以就有关文本的内容达成一致。2020 年 6 月，美国退出谈判，宣布对法国、印度和土耳其等国采用或考虑征收的数字服务税展开调查。2020 年 7 月 10 日，美国政府宣布为报复法国政府向美国互联网企业征收数字税，将对总值为 13 亿美元的法国进口商品加征 25% 的关税，涉及手提包、化妆品、香皂等。同时，美国贸易代表办公室还表示，由于法国尚未开始征收数字税，新的关税措施将暂停启动最长达 180 天。① 2021 年 6 月 2 日，美国贸易代表办公室（USTR）宣布将向英国、意大利、西班牙、土耳其、印度和奥地利等 6 个国家总价值超 20 亿美元的商品征收 25% 的关税，作为这些国家向美国互联网公司征收数字服务税的回应。美国当局还强调，预计对这 6 个国家的有关商品征税的总额与 2019 年它们向美国公司征收的数字服务税总额相等，但前述征税政策将延期最多 180 天执行，以便留出更多时间与各国进行谈判。② 不难看出，美国此次针对英国、意大利、西班牙等国启动的 301 调查及做出的征税决定并非偶然，而是对前述有关国家可能产生域外管辖效果的数字服务税法案（DST）所采取的反制措施，而美国一再采取延期征税的策略，显然意在以压促谈，希望借此阻止其他国家将征收数字税的立法或政策实施，以维护美国的 Google、苹果、亚马逊、Facebook、推特等大型数字服务企业的利益。美国与其他国家围绕数字税的争议虽然持续数年，但迄今尚未能得到解决，如果经济合作与发展组织能够达成一项有关征收数字税的示范法规则文本，则能够为双方围绕数字税这一问题达成解决方案提供重要参考。

总之，在联合国、经济合作与发展组织等国际组织的主导下制定涉及网络空间管辖权协调的建议性文件或示范法文本，在当前难以达成广泛接受的国际公约的情况下，不失为一种有益的尝试。

---

① 商务部. 美国宣布针对法国数字税的关税报复措施［EB/OL］. 中国商务部网站，2020-08-03.
② 沙晗汀. 美国宣布向 6 国征收报复性关税将延期执行［EB/OL］. 中国新闻网，2021-06-02.

后　记

一国主张其国内法的域外效力是指该国以民事、刑事或行政性质的制裁为后盾，基于其国内法的规定管辖位于其域外的主体，基于其国内法为域外的主体设定权利和义务的做法。

互联网的"互通性"特征使得国家在网络空间治理过程中存在行使域外管辖权、主张某些国内法规定具有域外效力的可能性和必要性，但域外管辖权也存在被滥用的可能。判断国家关于其国内法域外效力的主张在国际法上的合法性、合理性，一般需要从国际条约、国际习惯法规则等方面来加以考查。近年来，美国、欧盟成员国等有关国家经常在涉及网络治理的民事领域、网络犯罪、经济行政领域行使域外管辖权，主张某些国内法规定具有域外效力。例如，美国在网络空间的民事诉讼领域依据的是判例和成文法所主张的长臂管辖，以及在网络空间治理领域出台的《云法案》（CLOUD Act）等国内法中所主张的域外管辖，欧盟制定的《通用数据保护条例》（GDPR）及其成员国在涉及网络空间活动的民事领域、网络犯罪治理领域所主张的域外管辖等。针对他国不当主张其国内法的域外效力、滥用域外管辖权损害中国实体和个人正当利益的行为，中国应积极探索在立法、司法、行政等国内层面，乃至于在双边或多边协商的国际层面采取有效的应对措施，如制定阻断法令，通过法院的判决或通过政府发布行政命令实施阻断，谋求通过双边协商或多边国际争端解决程序解决有关争端，或在必要的情况下采取反措施等。此外，还有必要推动构建有关的专门机制以绕开他国对贸易渠道与金融支付系统的垄断性控制，加强对国内企业针对他国的合规性要求建立必要的风险预警、应对措施机制等方面的指导等。

由于网络空间的跨国性特征，中国在网络空间治理方面适度主张有关国内法的域外效力，也是维护网络主权和国家利益的必然要求。中国可对他国相关实践的合理方面予以借鉴，在涉及国家安全、社会安全、网络安全、个人信息安全、经济安全等领域的立法中确立和完善必要的域外管辖，适当强化司法机关、行政机关在网络空间行使域外管辖权的主动性。网络空间的虚拟跨国界特征决定了国际网络空间的有效治理必须建立在合作的基础上。因此，中国应继续基于"网络命运共同体"的理念，通过借助国际组织、国际机制的多边平台的议程设置功能，推动缔结国际双边或多边条约，不断强化各国在网络空间的管辖权的国际协调与合作。

山东政法学院的青年教师王筱博士和中国政法大学的博士生杨一鑫分别参与了本书第六章、第七章部分内容的撰写。此外，北京师范大学研究生陈青梅、韩容、杜娜、孙雨孟、李梦崎等同学，在本书的资料收集、整理、校对过程中提供了协助，在此一并致谢！同时，还应衷心感谢为本书出版而付出辛勤劳动的光明日报出版社的编辑。

由于时间仓促，水平有限，错误和疏漏之处在所难免，恳请读者指正。

李毅

2021 年 10 月 12 日